Aufrisse

Texte und Arbeitsmöglichkeiten für den Deutschunterricht

10. Schuljahr

FERDINAND SCHÖNINGH

W0354870

Herausgegeben von
Christel Gieselmann, Hans-Waldemar Nürnberg und Hans Sembritzki
Verlagsredaktion: Dr. Werner Kugel

Umschlaggestaltung: Gerhard Sander

Alle Rechte, auch die des auszugsweisen Nachdrucks, der fotomechanischen Wiedergabe und der Übersetzung, vorbehalten. Dies betrifft auch die Vervielfältigung und Übertragung einzelner Textabschnitte, Zeichnungen oder Bilder durch alle Verfahren wie Speicherung und Übertragung auf Papier, Transparente, Filme, Bänder, Platten und andere Medien, soweit es nicht § 53 und § 54 URG ausdrücklich gestatten.

© 1979 by Ferdinand Schöningh at Paderborn · München · Wien · Zürich.

Printed in Germany.

Herstellung: Ferdinand Schöningh, Paderborn.

ISBN 3-506-26560-1

Inhalt

Textgruppen (Übersicht) 4

1. Emanzipation der Frau 11
2. Leitvorstellungen 32
3. Manipulation 45
4. Parabeln 65
5. Politische Lyrik 70
6. Schriftsteller und Gesellschaft: Beispiel Grass 80
7. Schriftsteller und Gesellschaft: Beispiel Solschenizyn 97
8. Spiele 109
9. Tod 118
10. Unheimliche Wirklichkeit 130
11. Werther
    Goethe – Kleist – Plenzdorf 143
12. Zukunft und Beruf 163

Autorenverzeichnis 8

Bildverzeichnis 10

Anhang mit Autorenbiographien, Quellenangaben, Werkhinweisen, Wort- und Sacherklärungen 177

Übersicht über die Textgruppen

1 Emanzipation der Frau

Die Emanzipation der Frau ist ein historischer Prozeß und noch nicht abgeschlossen. Klärt Voraussetzungen und Gründe, die den Versuch der Frau zur Befreiung aus bestimmten Rollen veranlaßten.

1. Esther Vilar	Vom Glück der Sklaven	11
2. Haim G. Ginott	Die Rolle des Geschlechts	12
3. Der Meissner	Ein menlich man	15
4. Henrik Ibsen	Nora	16
5. Alice Schwarzer	Liselotte M., 47	25
6. Kurt Marti	sie hat nicht von sich reden gemacht	29
7. Key L. Ulrich	Immer noch das Bild vom Heimchen am Herd	30
8. Bilder	2 Plakate	32

2 Leitvorstellungen

„Leitvorstellungen" aus verschiedenen historischen Epochen und Gesellschaften sind hier chronologisch aufgeführt. Welche Beziehungen bestehen zwischen ihnen? Wo widersprechen sie sich? Beurteilt die Bedeutung dieser Leitvorstellungen für unsere Zeit!

1. Lukas	Aus der Bergpredigt (Lk 6)	32
2. Der Henneberger	Ritter	32
3. Gesetzestext:	Die Grundrechte von Virginia vom 12. Juni 1776, Artikel 1–3	33
4. Karl Marx / Friedrich Engels	Aus dem Manifest der Kommunistischen Partei	33
5. Eidesformeln:	Ärztlicher Eid in der Sowjetunion	39
	Genfer Gelöbnis	39
6. Waldemar Besson / Gotthard Jasper	Das demokratische Menschenbild	40
7. Alvin Toffler	Vorstellungsbilder im Wandel	43

3 Manipulation

Das Wort „Manipulation" ist längst zum Schlagwort geworden; versucht mit Hilfe der angebotenen Texte eine Begriffsbestimmung zu erarbeiten!

1. Hans Weigel	Manipulieren	45
2. Theo Löbsack	Die manipulierte Seele	46
3. Gerold Steiner	Mechanismen kommerzieller Werbung	50
4. Robert Reichardt	Manipulationen in der heutigen Gesellschaft	57

4 Parabeln

In Band 5 habt ihr Tierfabeln kennengelernt. Die Parabeln weisen ähnliche Züge auf. In jedem Text ist eine lehrhafte Absicht verborgen; weist sie nach und diskutiert sie!

1. Arthur Schopenhauer	Die Stachelschweine	65
2. Bertolt Brecht	Wenn die Haifische Menschen wären . .	65
3. Franz Kafka	Kleine Fabel	67
4. Robert Musil	Die Affeninsel	67

5 Politische Lyrik

Welche weltanschaulichen Standpunkte werden in dieser Lyrik sichtbar? Wo dient sie der Bestätigung und wo fordert sie zum Widerstand auf?

1. Horst Bienek	Anweisung für Zeitungsleser	70
2. Heinrich Anacker	Stein und Steinmetz	71
3. Johannes R. Becher	Für Walter Ulbricht	72
4. Hans Magnus Enzensberger	verteidigung der wölfe gegen die lämmer	72
5. Wolfgang Herzfeld	Auf zum Kampf!	73
6. Ingeborg Bachmann	Alle Tage	74
7. Pablo Neruda	Holzfäller, wach auf!	74
8. Günter Wallraff	Hier und dort	79

6 Schriftsteller und Gesellschaft: Beispiel Grass

Viele Schriftsteller engagieren sich heute im politischen Leben. Welchen Einfluß haben diese Autoren auf die gesellschaftliche Entwicklung?

1. Günter Grass	Die Tribüne	80
2. Günter Grass	In Ohnmacht gefallen	87
3. Günter Grass	Jungbürgerrede: Über Erwachsene und Verwachsene	
4. Jürgen Engert	Lästige Wahlhelfer	95
5. Pressenotiz:	Der Dichter und die Politik	96

7 Schriftsteller und Gesellschaft: Beispiel Solschenizyn

Alexander Solschenizyn ist in der Welt mehr noch als durch seine Bücher durch sein persönliches Schicksal bekannt geworden. Weist am „Fall Solschenizyn" Macht und Ohnmacht des Schriftstellers gegenüber dem Staat nach!

1. Alexander Solschenizyn	Ein Tag im Leben des Iwan Denissowitsch	97
2. Alexander Solschenizyn	Lebt nicht mit der Lüge!	102
3. Pressenotizen:	Solschenizyn weigert sich	106
	Solschenizyn dem Staatsanwalt vorgeführt	107
	Solschenizyn zur Ausreise in die Bundesrepublik gezwungen	107

8 Spiele

Ein natürliches Bedürfnis des Menschen ist es zu spielen. In unseren Beispielen sind „Spiele" zu einem brutalen Massenvergnügen entartet. Findet ihr in euch bekannten Massenveranstaltungen und Unterhaltungssendungen Erscheinungen ähnlicher Art?

1. Unbekannter Verfasser	Rollerball – Die Welt von morgen . . .	110
2. Bildgruppe	„Spiel" im Jahre 2018. Aus dem Film „Rollerball"	112
	Im Netz der Verfolger. Aus dem Fernsehspiel „Das Millionenspiel"	113
3. Pressenotiz	Die harten Männer mit dem weichen Keks	110
4. Pressenotiz:	Das neueste Spiel in Amerika: Menschen totfahren – für 25 Cents	111
5. Frank Roberts	Das Mordspiel	112

9 Tod

Man behauptet, daß die Menschen in unseren Tagen mit vielen Tabus gebrochen haben. Gilt dies auch für das Thema „Tod"?

1. Pressenotiz:	Das wäre die Schallmauer	118
2. Robert Leuenberger	Die Tabuisierung des Todes	119
3. Gesetzestext:	12 Paragraphen der „Bill of Rights" für Krankenhauspatienten	125
4. Karlheinz Deschner	Stimmen aus Staub	126
5. Georg Kaiser	Die Insel der tausendjährigen Menschen	128

10 Unheimliche Wirklichkeit

Aus der kunstvollen Verflechtung verschiedener Realitätsebenen gewinnen diese Texte ihre besondere Wirkung auf den Leser.

1. Heinrich von Kleist	Das Bettelweib von Locarno	**130**
2. Edgar Allan Poe	Das Faß Amontillado	**132**
3. Ilse Achinger	Das Plakat	**137**

11 Werther Goethe – Kleist – Plenzdorf

Goethes „Die Leiden des jungen Werthers" war zu seiner Zeit ein aufsehenerregendes Werk. Dieser literarische Stoff hat seitdem immer wieder zu künstlerischen und gesellschaftlichen Auseinandersetzungen geführt.

1. Johann Wolfgang Goethe	Die Leiden des jungen Werthers . . .	**144**
2. Johann Wolfgang Goethe	Aus: Dichtung und Wahrheit	**149**
3. Heinrich von Kleist	Der neue (glücklichere) Werther . . .	**150**
4. Ulrich Plenzdorf	Die neuen Leiden des jungen W. . . .	**152**
5. Interview mit Ulrich Plenzdorf		**161**

12 Zukunft und Beruf

Den persönlichen Vorstellungen vom Beruf werden hier Informationen über heutige Berufsbereiche und mögliche Zukunftsentwicklungen gegenübergestellt.

1. Ludwig Kroeber-Keneth	Berufsanfänger	**163**
2. Hannelore Frank	Berufsziel: „Ich heirat' ja doch"	**166**
3. Schaubild:	Anteilmäßige Verteilung der Erwerbstätigen 1964 – nach 8 Berufsbereichen und 87 Gruppen	**176**
4. Robert Jungk	Die Berufe wandeln sich	**168**
5. Schaubild:	Berufe nach Wirtschaftssektoren 1967 und die Veränderung der Streuung im Zeitraum 1961/1967	**176**
6. Herman Kahn / Anthony J. Wiener	Technische Neuerungen	**171**
7. Walter R. Fuchs	Es ist des Lernens kein Ende	**173**

Autorenverzeichnis

Ilse Aichinger	Das Plakat	137
Heinrich Anacker	Stein und Steinmetz	71
Ingeborg Bachmann	Alle Tage	74
Johannes R. Becher	Für Walter Ulbricht	72
Waldemar Besson / Gotthard Jasper	Das demokratische Menschenbild	40
Horst Bienek	Anweisung für Zeitungsleser	70
Bertolt Brecht	Wenn die Haifische Menschen wären	65
Karlheinz Deschner	Stimmen aus Staub	126
Eidesformeln:	Ärztlicher Eid in der Sowjetunion	39
	Genfer Gelöbnis	39
Jürgen Engert	Lästige Wahlhelfer	95
Hans Magnus Enzensberger	verteidigung der wölfe gegen die lämmer	72
Hannelore Frank	Berufsziel: „Ich heirat' ja doch"	166
Walter R. Fuchs	Es ist des Lernens kein Ende	173
Gesetzestexte:	Die Grundrechte von Virginia vom 12. Juni 1776, Artikel 1–3	33
	12 Paragraphen der „Bill of Rights" für Krankenhauspatienten	125
Haim G. Ginott	Die Rolle des Geschlechts	12
Johann Wolfgang Goethe	Aus: Dichtung und Wahrheit	149
Johann Wolfgang Goethe	Die Leiden des jungen Werthers	144
Günter Grass	In Ohnmacht gefallen	87
Günter Grass	Jungbürgerrede: Über Erwachsene und Verwachsene	87
Günter Grass	Die Tribüne	80
Der Henneberger	Ritter	32
Wolfgang Herzfeld	Auf zum Kampf!	73
Henrik Ibsen	Nora	16
Interview	mit Ulrich Plenzdorf	161
Robert Jungk	Die Berufe wandeln sich	168
Franz Kafka	Kleine Fabel	67
Herman Kahn / Anthony J. Wiener	Technische Neuerungen	171
Georg Kaiser	Die Insel der tausendjährigen Menschen	128
Heinrich von Kleist	Das Bettelweib von Locarno	130
Heinrich von Kleist	Der neue (glücklichere) Werther	150
Ludwig Kroeber-Keneth	Berufsanfänger	163
Robert Leuenberger	Die Tabuisierung des Todes	119
Theo Löbsack	Die manipulierte Seele	46
Lukas	Aus der Bergpredigt (Lk 6)	32
Kurt Marti	sie hat nicht von sich reden gemacht	29
Karl Marx / Friedrich Engels	Aus dem Manifest der Kommunistischen Partei	33

Der Meissner	Ein menlich man	15
Robert Musil	Die Affeninsel	67
Pablo Neruda	Holzfäller, wach auf!	74
Ulrich Plenzdorf	Die neuen Leiden des jungen W.	152
Edgar Allan Poe	Das Faß Amontillado	132
Pressenotizen:	Das neueste Spiel in Amerika: Menschen totfahren – für 25 Cents	111
	Das wäre die Schallmauer	118
	Der Dichter und die Politik	96
	Die harten Männer mit dem weichen Keks	110
	Solschenizyn dem Staatsanwalt vorgeführt	107
	Solschenizyn weigert sich	106
	Solschenizyn zur Ausreise in die Bundesrepublik gezwungen	107
Robert Reichardt	Manipulationen in der heutigen Gesellschaft	57
Frank Roberts	Das Mordspiel	112
Schaubilder:	Anteilmäßige Verteilung der Erwerbstätigen 1964 – nach 8 Berufsbereichen und 87 Gruppen	176
	Berufe nach Wirtschaftssektoren 1967 und die Veränderung der Streuung im Zeitraum 1961/1967	177
Arthur Schopenhauer	Die Stachelschweine	65
Alice Schwarzer	Liselotte M., 47	25
Alexander Solschenizyn	Ein Tag im Leben des Iwan Denissowitsch	97
Alexander Solschenizyn	Lebt nicht mit der Lüge!	102
Gerold Steiner	Mechanismen kommerzieller Werbung	50
Alvin Toffler	Vorstellungsbilder im Wandel	43
Key L. Ulrich	Immer noch das Bild vom Heimchen am Herd	30
Unbekannter Verfasser	Rollerball – Die Welt von morgen	110
Esther Vilar	Vom Glück der Sklaven	11
Günter Wallraff	Hier und dort	79
Hans Weigel	Manipulieren	45

Bildverzeichnis

Bilder im Text

Plakat „Rollerball" 109
Vorlage: United Artists Corporation, Frankfurt

Titelblatt des Bänkelliedes „Eine entsetzliche Mordgeschichte von dem jungen Werther" von Heinrich Gottfried von Bretschneider. Diese Moritat erschien 1774, noch im gleichen Jahr wie Goethes „Die Leiden des jungen Werthers" 143
Vorlage: Kindlers Literatur Lexikon, Bd. IV, Kindler Verlag, Zürich 1964

Illustration zu Ulrich Plenzdorf „Die neuen Leiden des jungen W." 151
Vorlage: Franz Rath, Gräfelfing

Kunstdrucktafeln

Zwei Plakate

1. Frauen-Tag 8. März 1914 . . 16
Vorlage: Anschläge, Politische Plakate in Deutschland 1900 bis 1970, Langewiesche-Brandt, Ebenhausen 1972

2. „Auch Du gehörst dem Führer" 17
Vorlage: Anschläge, Politische Plakate in Deutschland 1900 bis 1970, Langewiesche-Brandt, Ebenhausen 1972

„Spiel" im Jahr 2018. Aus dem Film „Rollerball" 112
Vorlage: United Artists Corporation, Frankfurt

Im Netz der Verfolger. Aus dem Fernsehspiel „Das Millionenspiel" 113
Vorlage: WDR, Köln

Zwei Schaubilder

1. Anteilmäßige Verteilung der Erwerbstätigen 1964 – nach 8 Berufsbereichen und 87 Gruppen 176
Vorlage: Asta Marienfeldt (IAB-Projekt 4/55), Erlangen 1972

2. Berufe nach Wirtschaftssektoren 1967 und die Veränderung der Streuung im Zeitraum 1961/67 177
Vorlage: Asta Marienfeldt (IAB-Projekt 4/55), Erlangen 1972

1

Emanzipation der Frau

Vom Glück der Sklaven **Esther Vilar**

Der zitronengelbe *MG* schleudert. Die junge Frau am Steuer bringt ihn etwas waghalsig zum Stehen, steigt aus und entdeckt, daß der linke Vorderreifen platt ist. Ohne Zeit zu verlieren, trifft sie Vorkehrungen für die Reparatur: Sie blickt den vorbeifahrenden Autos entgegen, als erwarte sie jemand. Auf dieses international genormte Signal weiblicher Hilflosigkeit *(„schwache Frau von männlicher Technik sitzengelassen")* stoppt bald ein Kombiwagen. Der Fahrer erfaßt sofort, was zu tun ist, sagt tröstend: „Das werden wir gleich haben" und bittet die Frau zum Zeichen seiner Entschlossenheit um ihren Wagenheber. Er fragt sie nicht, ob sie das Rad selbst wechseln kann, denn er weiß – sie ist etwa dreißig, modisch angezogen und geschminkt –, daß sie es nicht kann. Als sie keinen Wagenheber findet, holt er seinen eigenen, sein übriges Werkzeug bringt er gleich mit. In fünf Minuten hat er die Sache erledigt und das schadhafte Rad an dem hierfür vorgesehenen Platz verstaut. Seine Hände sind ölverschmiert. Als ihm die Frau ihr besticktes Taschentuch anbietet, weist er es höflich zurück. Er hat für solche Fälle immer einen alten Lappen in seinem Werkzeugkasten. Die Frau bedankt sich überschwenglich und entschuldigt sich für ihre „typisch weibliche" Ungeschicklichkeit. Wenn er nicht gekommen wäre, sagt sie, hätte sie womöglich bis zum Abend hier gestanden. Er entgegnet darauf nichts, aber als sie einsteigt, schließt er galant die Wagentür und gibt ihr über die heruntergekurbelte Fensterscheibe hinweg noch den Rat, den schadhaften Reifen bald ersetzen zu lassen. Sie sagt, sie werde ihren Tankwart noch am gleichen Tag entsprechend anweisen. Dann fährt sie davon.

Während der Mann sein Werkzeug aufräumt und allein zu seinem Wagen zurückgeht, bedauert er, daß er sich jetzt nicht die Hände waschen kann. Auch seine Schuhe, mit denen er während des Radwechsels in feuchtem Lehm gestanden ist, sind nicht mehr so sauber, wie sie es für seine Arbeit – er ist Vertreter – sein sollten. Wenn er seinen nächsten Kunden noch erreichen will, muß er sich beeilen. Er startet den Motor. „Diese Frauen", denkt er, „– eine blöder als die andere", und er fragt sich im

Ernst, was sie nur angestellt hätte, wenn er nicht gleich zur Stelle gewesen wäre. Er fährt, ganz gegen seine Gewohnheit, unvorsichtig schnell, um die Verspätung wieder aufzuholen. Nach einer Weile fängt er an, leise vor sich hinzusummen. Auf eine gewisse Art ist er glücklich.

Die Rolle des Geschlechts

Haim G. Ginott

Richtlinien für Jungen und Mädchen

Jungen und Mädchen brauchen Hilfe, um ihren verschiedenen biologischen Bestimmungen entgegenzureifen. Die Eltern können dadurch nachhelfen, daß sie von einem Sohn nicht dasselbe Betragen verlangen wie von einer Tochter. Den Jungen sei es gestattet, lauter und wilder zu sein als die Mädchen, dies aus zwei Gründen: Erstens haben sie mehr unmittelbare Kraft auszuleben und zweitens verlangt die Gesellschaft von ihnen, daß sie sich durchsetzen.

Mütter und Lehrer müssen sich davor hüten, in den Knaben weibliches Verhalten zu unterstützen. Jungen dürfen nicht Mädchennamen tragen oder enge Kleider oder gar einen Lockenkopf haben. Man sollte von ihnen niemals erwarten, daß sie so ordentlich und nachgiebig sind wie Mädchen oder gar damenhafte Manieren an den Tag legen. Das geflügelte Wort „Jungen wollen Jungen sein" hat seine Gültigkeit und erfordert freie Bahn, die Tatkraft in schweren männlichen Beschäftigungen zu entladen.

Die Eltern müssen sich besonders in den Fällen in acht nehmen, in denen sie dazu neigen, ihrer eigenen Enttäuschung darüber, daß sie keine Tochter bekamen, Ausdruck zu verleihen und ihren Sohn wie ein Mädchen zu behandeln. Ein hübscher Junge mit gelocktem Haar wird von seinen Verwandten als reizend empfunden; seine Spielgefährten hingegen – sollte er überhaupt welche haben – halten ihn sicherlich für einen Weichling. Dieses Brandmal dringt tief in die Persönlichkeit ein. Das Bild eines Kindes über sich selbst und auch seine Stellung bei den Kameraden erleiden Schaden.

Mädchen ihrerseits sollten nicht für die unerfüllte Sehnsucht ihrer Eltern zahlen müssen, die sich ein Kind entgegengesetzten Geschlechts gewünscht hatten. Obwohl ein Mädchen weniger an Ansehen verliert, wenn es ein Wildfang wird, als ein Junge, der ein Weichling bleibt, so ist es doch wichtig, ein Mädchen so zu beeinflussen, daß es an weiblichem Betragen Geschmack findet und Freude bekommt. Mädchen wollen das Gefühl haben, daß man sie wegen ihrer mädchenhaften Art schätzt und sich an ihnen freut. Solche Gefühle werden ihnen am besten durch eine Mutter übermittelt, die gerne Frau ist. Immerhin sollten beide Eltern sich der Notwendigkeit bewußt sein, in ihren Kindern, je nachdem, Männlichkeit oder Weiblichkeit zu erwecken und zu fördern. Für einen Vater ist es durchaus angebracht, seine Tochter zu ihrem Aussehen, zu ihrem Kleid, zu ihrer weiblichen Art zu beglückwünschen. Dagegen ist es für ihn nicht am Platz, sie für Boxübungen und andere rauhe Spiele zu beanspruchen; sie könnte daraus schließen, daß ihr Vater sie lieber hätte, wenn sie als Junge geboren worden wäre.

Das Familienleben sorgt reichlich für Gelegenheiten, den Kindern die wesentlichen Tatsachen darüber nahezulegen, daß Männer und Frauen einander in ihren verschiedenen Rollen brauchen und daß sie gegenseitige Rücksichtnahme nötig haben.

Erziehung zur Männlichkeit oder zur Weiblichkeit

Die Erziehung zur Männlichkeit oder zur Weiblichkeit beginnt schon früh im Leben. Und doch dürfen Kinder nicht gezwungen werden, ihre dem Geschlecht entsprechenden Rollen allzufrüh auf sich zu nehmen. Im vorschulpflichtigen Alter spielen beide, Jungen und Mädchen, gerne mit Puppen und betätigen sich auf mütterliche Art und Weise. Dies ist genau, wie es sein soll. Manche Väter und Mütter entsetzen sich beim Anblick eines fünfjährigen Knaben, der eine Puppe füttert.

Jungen und Mädchen, die noch nicht zur Schule gehen, muß man erlauben, sich mit den gleichen Spielen oder auch mit dem gleichen Spielzeug zu beschäftigen, wenn sie es so wünschen. In diesem Alter ist es nicht nötig, eine scharfe Linie zwischen Unternehmungen der Jungen und derjenigen der Mädchen zu ziehen. Die Väter sollen nicht versuchen, aus ihren vier- bis fünfjährigen Söhnen Boxer zu machen, wenn sich diese lieber mit einer Puppenstube vergnügen. Vor ihrem Schuleintritt sollten Kinder beider Geschlechter die Möglichkeit haben, sich ohne Furcht und Tadel an mädchenhaften wie an jungenhaften Spielen zu erfreuen. Während der Schulzeit müssen dann allerdings die geschlechtlichen Unterschiede betont werden. Es wird von den Jungen und Mädchen erwartet, daß sie verschiedene Interessen entwickeln und verfolgen. Die Jungen sollen sich durch männliche Betätigungen hervortun, die Mädchen durch weibliche Bestrebungen.

Die Schuljahre sind der geeignete Zeitabschnitt, um das Verhältnis vom Sohn zum Vater und von der Tochter zur Mutter zu vertiefen. Dies ist die Zeit, Mädchen mit der Küche und anderen Hausarbeiten vertraut zu machen. Mädchen lernen auch das Nähen, Stricken und die Besorgung des Haushalts. Mit Unordentlichen und Unbeholfenen sollte man Geduld haben. Das Hauptgewicht werde auf die Freude bei der Arbeit im Haushalt gelegt und nicht auf die Sorge um Vollkommenheit darin. Dies ist Mutters goldene Zeit, ihre Tochter an der großen Befriedigung teilnehmen zu lassen, die darin liegt, ein Mädchen, eine Frau, eine Mutter zu sein.

Der Vater sollte die Bereitschaft seines Sohnes, sich nach ihm zu richten, begrüßen und seine Neigung verstehen, seinen Schritt und seine Art zu sprechen nachzuahmen und die gleichen Kleider zu tragen. Diese Nachahmungen sollten nicht ins Lächerliche gezogen werden, die Jungen sollten im Gegenteil dazu ermutigt werden. Nacheiferungen in Sprache und Auftreten führen zur Annahme der gleichen Interessen und Bewertungen. Durch so engen Kontakt zeigt der Vater seinem Sohn, was es heißt, innerhalb der Familie und auch innerhalb der Gesellschaft ein Mann zu sein.

Kinder werden stolz, wenn sie sich selbst von den Kenntnissen und Bemühungen ihres Vaters und auch von seiner Hingabe in Situationen außerhalb des Hauses überzeugen können. Wenn sie mit ihrem Vater am Arbeitsplatz weilen und ihn bei seiner Arbeit oder politischen Tätigkeit beobachten dürfen, so fühlen sie den Stolz und das Interesse, die ein Mann seiner Arbeit und der Gesellschaft entgegenbringt.

Familienmuster

Die besten Vorbilder zur Identifizierung sind Eltern, die ihre eigenen und die gegenseitigen Geschlechtsrollen berücksichtigen. Ihr tägliches Benehmen zeigt den Kindern in vielen zarten Winken, daß Männlichkeit und Weiblichkeit ihre Berechtigung und Geltung haben. In vielen Familien wachsen die Kinder in der Überlieferung auf, daß die Sendung eines Mannes darin besteht, der Welt seinen Stempel aufzudrücken und für Zeit und Ewigkeit Spuren zu hinterlassen. Eine solche Atmosphäre nährt große Träume von Erfolgen, Entdeckungen und Vollendungen auf dem Gebiet der Geistes- und Naturwissenschaften. Von den Frauen wird ebenfalls ein Beitrag an die menschliche Gesellschaft erwartet; die Sorge um die Familie kommt erst an zweiter Stelle. Eine solche Weltanschauung bringt Erfolg, wenn Vater und Mutter ihre verschiedenen Rollen mit Befriedigung annehmen, für ihre gegenseitige Stellung Wertschätzung aufbringen und an dem teilnehmen, was von beiden Seiten vollbracht wird.

In manchen Häusern wird den Kindern eine andere Vorstellung vermittelt. Die Frau findet es langweilig, den Haushalt zu führen und die Kinder zu erziehen, oder der Mann kann all die Feinheiten und die Beanspruchung des doppelten Daseins einer Frau und Mutter nicht verstehen; infolgedessen verachten auch die Kinder die traditionsgebundene Aufgabe der Frau. Mädchen aus solchen Häusern werden oft sehr ehrgeizig und fühlen sich dazu getrieben, Knaben und später Männer auf ihren Gebieten in den Schatten zu stellen.

Und wiederum entsteht in einem Heim, in dem die geschlechtlichen Rollen umgekehrt wurden, eine grundverschiedene Auffassung. Die Frau beherrscht das Feld in Wort und Tat. Mag sie oder mag sie auch nicht die Hauptsorge für die Familie tragen, so ist sie doch die höchste Instanz, auf die man sich in allen wichtigen Angelegenheiten beruft. Wie ein Ehemann sich ausdrückte: „Ich verfüge über die großen Dinge, ob China in die UNO eintreten darf oder ob die Trans World Airlines an die Privatindustrie verkauft werden soll. Meine Frau beschließt die kleineren Dinge: welcher Wagen gekauft wird, in welchem Haus wir wohnen, auf welche Schule die Kinder geschickt werden." Offenbar vermeidet es dieser Ehemann, Herr des Hauses zu sein. Er bezeichnet seine Frau als den „Vorstand". Wenn die Kinder ihn um einen Entschluß bitten, so lautet seine Antwort gewöhnlich: „Frag Mutter." Kinder aus solchen Häusern wachsen mit wenig Achtung und Bewunderung für Männer auf. Jungen wie Mädchen sehen beide den Vater durch die Augen der Mutter: einen süßen, nur „halb-durchbackenen" Jungen, einen gutmütigen Tölpel, eine Karikatur von einem Mann. Söhne und Töchter werden beide ungesund beeinflußt von dem Vorbild eines schwachen Vaters und einer herrschenden Mutter. Die Jungen versuchen dann auf übertriebene Weise den Ausgleich zu schaffen und ihre Männlichkeit zu beweisen durch Trinken, wahllosen Geschlechtsverkehr, Verbrechen oder Grausamkeit gegenüber Frauen. Die Mädchen übernehmen das Beispiel ihres Elternhauses in ihrer eigenen Partnerwahl, und so werden die vertauschten Rollen eine weitere Generation fortgeführt.

Die Schlußfolgerung

Die Wichtigkeit, Söhne und Töchter aufzuziehen, die Menschen um ihrer selbst willen sein wollen, darf die grundlegende Einsicht nicht verdrängen, Persönlichkeiten großzuziehen, die männlich oder weiblich sind.

Auch wenn wir uns nach geschlechtlicher Gleichberechtigung sehnen, dürfen wir nicht vergessen, daß bestimmte biologische Funktionen unveränderlich sind und zweierlei Folgen haben, nämlich soziale und psychologische. Die sozialen Rollen brauchen weder eng an das Vorbild der grundlegenden geschlechtlichen Aufgabe gebunden zu sein, noch können sie gänzlich von ihr gelöst werden. Da die meisten weiblichen Wesen dazu bestimmt sind, Frauen und Mütter zu werden, sollten öffentliche Erziehung und persönliche Erwartungen sie dazu befähigen, aus der Erfüllung dieses Schicksals eine tiefe Befriedigung zu schöpfen. Selbstverständlich werden besonders begabte Mädchen sich entschließen, andere Aufgaben zu wählen; vielleicht wollen sie Ingenieur oder Architektin oder Astronaut werden, ein Geschäft leiten oder sich um einen Sitz in einem Parlament bewerben. Jeder Mensch, ob weiblich oder männlich, sollte über genügend Anpassungsfähigkeit verfügen, um seine Erfüllung in einer beruflichen oder politischen Aufgabe zu finden, aber das Leben wäre natürlicher, wenn Männer und Frauen weniger darauf ausgingen, sich gegenseitig im Konkurrenzkampf zu messen.

Ein menlich man

Der Meissner

Ein menlich man, der sich êrlîchen heldet,
ein wîplich wîp im billich ir hende veldet:
ein menlich man, ein wîplich wîp diz merken sol.
Er sol sie meistern lîbes unde guotes;
sie sî ein wartærinne sînes muotes;
er sî der man, sie sî daz wîp, daz vüeget wol.
Ouch sol er sie êrlîchen halten;
sine sol ân sînen rât niht tuon, daz ist ir guot;
sô mügen sie an vröuden alten.
ein wîplich wîp ir mannes willen billich tuot:
wie stüende, daz ein wîp würde ûz dem manne,
unde ûz dem wîbe ein man? man spraeche danne:
„her Weichelinc, ir sît ein man mit wîbes muot.“

Der nachstehende Text wurde als letzte und entscheidende, in sich geschlossene Handlungseinheit dem 3. Akt des Schauspiels „Nora oder Ein Puppenheim" entnommen, das Henrik Ibsen 1879 schrieb und veröffentlichte. Der zu Beginn gekürzte 5. Auftritt gibt die Schlußszene des Dramas wieder. Die dem abgedruckten Abschnitt vorangehende Handlung, die in allen drei Akten im Hause Torvald Helmers spielt, wird, wie folgt, zusammengefaßt:

1. Akt

Torvald Helmer, Advokat, ist Direktor der Aktienbank geworden. Diese Stellung, die er mit dem Beginn des neuen Jahres antreten wird, sichert ihm und seiner Frau Nora endlich ein finanziell sorgenfreies Leben. Frau Linde, Noras Jugendfreundin, sucht diese nach zehn Jahren am Morgen des Heiligen Abends auf und bittet sie, sich bei Helmer für sie zu verwenden. Sie möchte eine feste Anstellung finden, die sie in Anspruch nimmt und ihre Gedanken beschäftigt. Nora verspricht, ihr zu helfen. Der Freundin, die nach dem Tode ihres Mannes ihre Lage selbständig gemeistert hat, berichtet Nora, die sich von ihrer Umwelt nicht ernstgenommen fühlt, daß auch sie in der Vergangenheit große Widerwärtigkeiten bewältigen mußte. So hat sie Torvald das Leben gerettet, als sie nach seiner schwere Krankheit eine große Geldsumme für die dringend erforderliche Erholungsreise nach Italien beschaffte. Von wem sie das Geld bekam, gibt sie nicht preis, ein Geheimnis, da eine Ehefrau ohne Einwilligung ihres Mannes kein Geld bei einer Bank aufnehmen kann. Torvald selber ahnt nichts von alledem. Auch die Schreibarbeiten hat Nora ihrem Mann verbergen können, von deren Erlös sie nach und nach ihre Schulden abbezahlte. Nun steht nur noch ein kleiner Rest offen. – Als sie wenig später mit ihren Kindern allein ist, dringt Rechtsanwalt Krogstad in das Haus ein und fordert Nora auf, dafür zu sorgen, daß er seine bescheidene Anstellung bei der Bank behält, nachdem Helmer als neuer Bankdirektor ihm bereits die Kündigung in Aussicht gestellt hat. Da Nora zögert, will Krogstad ihre Fürsprache mit dem Hinweis auf eine von ihr begangene Urkundenfälschung erpressen, mit der sie von ihm, der früher auf seine Art undurchsichtige Geschäfte betrieben, einst Geld für die Rettung ihres Mannes geliehen hat. Weil sie nach dem Fortgang ihres Gläubigers die Ernsthaftigkeit der Drohung, ihr Vergehen aufzudecken und einen gesellschaftlichen Skandal zu verursachen, nicht bezweifelt, versucht sie, ihren Mann zu beeinflussen, stößt aber bei ihm auf Ablehnung, weil dieser einen moralisch verdorbenen Menschen, der bereits einmal wegen Unterschriftenfälschung vor Gericht verurteilt wurde, nicht beschäftigen will.

2. Akt

Ein weiterer Versuch am nächsten Tag, ihren Mann zu bewegen, Krogstad in seinem Amt zu belassen, schlägt fehl. Helmer möchte sich vor dem Personal nicht lächerlich machen und außerdem nicht zu der Vermutung Anlaß geben, er sei von verschiedenen Einflüssen abhängig. Von Angst verstört, als ihr Mann das Entlassungsschreiben endgültig an Krogstad aushändigen will, will Nora sich zunächst Dr. Rank, dem Freund des Hauses, anvertrauen, unterläßt es aber, als dieser ihr überraschend seine Liebe gesteht. Erst als sie ihn zurückweist, sieht Dr. Rank, daß er sich in der Einstellung Noras zu ihrem Mann geirrt hat. Das Gespräch findet ein jähes Ende durch einen abermaligen Besuch Krogstads, der Nora unter vier Augen mitteilt, daß er nun, da seine Entlassung beschlossen sei, ihrem Mann in einem Brief ihr Vergehen entdecken werde. Er selbst will damit um jeden Preis aus seinen kümmerlichen Verhältnissen herauskommen und warnt Nora vor unbedachten Schritten, die die gesellschaftliche Ächtung Helmers nicht verhindern würden. Als er den Brief, den er bei sich trägt, in den Briefkasten wirft, gibt Nora entsetzt alles verloren: alleiniger Verwalter des Schlüssels ist Torvald. – Während Nora durch Ausgelassenheit ihren Mann über ihre wahren Gefühle täuschen kann, sucht Christine Linde, der sich die Freundin endlich anvertraut hat und die ihr helfen will, Krogstad auf, mit dem sie früher einmal befreundet war, erfährt aber, daß er bis zum nächsten Abend verreist ist. Das bedeutet für Nora einen Aufschub, wenn es ihr gelingt, Helmer in dieser Zeit am Öffnen des Briefkastens zu hindern.

Heraus mit dem Frauenwahlrecht

FRAUEN-TAG

8. MÄRZ 1914

Den Frauen, die als Arbeiterinnen, Mütter und Gemeindebürgerinnen ihre volle Pflicht erfüllen, die im Staat wie in der Gemeinde ihre Steuern entrichten müssen, hat Voreingenommenheit und reaktionäre Gesinnung das volle Staatsbürgerrecht bis jetzt verweigert.

Dieses natürliche Menschenrecht zu erkämpfen, muß der unerschütterliche, feste Wille jeder Frau, jeder Arbeiterin sein. Hier darf es kein Ruhen kein Rasten geben. Kommt daher alle, ihr Frauen und Mädchen in die am

Sonntag den 8. März 1914 nachmittags 3 Uhr stattfindenden

9 öffentl. Frauen-Versammlungen

Auch Du
gehörst dem Führer

3. Akt

Christine Linde hat Krogstad durch einen Zettel um eine Unterredung gebeten. Er kommt, während Torvald Helmer und seine Frau auf einem Ball sind. Christine, die Krogstad einst verlassen hat, weil ihre äußeren Lebensumstände sie dazu zwangen, findet durch ihren Entschluß, mit Krogstad, der sich selber als Schiffbrüchiger sieht, ein gemeinsames Leben zu führen, eine neue Aufgabe. Sie kann ihn zugleich dazu bewegen, nichts weiter gegen Nora Helmer und ihren Mann zu unternehmen. Doch bittet sie ihn, den Brief an Helmer nicht zurückzufordern, da sie eine offene Auseinandersetzung zwischen Nora und ihrem Mann für unbedingt erforderlich hält. Die Heimlichkeiten und Ausflüchte, deren Zeuge sie in den letzten Tagen war, müssen ein Ende haben. So findet Torvald Helmer, als er und Nora spät abends vom Ball kommen, den Brief Krogstads im Briefkasten ...

Helmer: Nora!

Nora (schrill): Ah!

Helmer: Was ist das? Weißt du, was in diesem Brief steht?

Nora: Ja, ich weiß es. Laß mich, ich will hinaus.

Helmer (hält sie zurück): Wohin?

Nora (versucht sich loszureißen): Du kannst mich nicht retten, Torvald.

Helmer (taumelnd): Also ... ist es wahr, was er schreibt! Entsetzlich. Nein, nein, das kann nicht wahr sein.

Nora: Es ist wahr, ich habe dich über alles geliebt.

Helmer: Ach, bitte keine albernen Redensarten.

Nora (ein Schritt zu ihm): Torvald ...!

Helmer: Du Unglück! Was hast du nun vor?

Nora: Laß mich los. Ich will gehen. Du sollst es nicht auf dich nehmen. Ich will selbst ...

Helmer: Spiel doch nicht Komödie. *(Er schließt die Flurtür ab)* Du bleibst hier und antwortest mir. Weißt du, was du getan hast? Antworte: Weißt du das?

Nora (schaut ihn unverwandt an und sagt mit starrem Ausdruck): Ja, jetzt beginne ich es zu begreifen ...

Helmer (geht umher): Wie entsetzlich muß ich erwachen! Acht Jahre lang ... sie, mein Stolz und mein Glück ... eine Heuchlerin, eine Lügnerin ... nein, noch schlimmer, noch schlimmer ... eine Fälscherin! Was für eine abgründige Gemeinheit ... pfui, pfui!

Nora (schweigt und sieht ihn unverwandt an.)

Helmer (bleibt vor ihr stehen): Ich hätte ahnen müssen, daß so etwas geschieht. Ich hätte darauf gefaßt sein müssen. Die leichtfertigen Grundsätze deines Vaters ... schweig! Du hast alle leichtfertigen Grundsätze deines Vaters geerbt. Keine Religion, keine Moral, kein Pflichtgefühl ... Ah, ich bin dafür gestraft, daß ich Gnade vor Recht ergehen ließ! Deinetwegen habe ich ihn gerettet, und dies ist der Dank!

Nora: Ja, dies.

Helmer: Du hast mir mein Glück zerstört, mein Leben, meine Zukunft! Der Gedanke allein ist entsetzlich! Einem gewissenlosen Menschen ausgeliefert zu sein! Er kann mit mir machen, was er will, kann alles von mir verlangen, mir befehlen, wie er Lust hat, ich darf nicht aufmucken! So tief bin ich gesunken! So jämmerlich muß ich zugrunde gehen für ein leichtsinniges Weib.

Nora: Wenn ich aus der Welt bin, bist du frei.

Helmer: Bitte keine Phrasen. Solche Redensarten hatte dein Vater auch immer zur Hand. Was würde es denn nützen, wenn du aus der Welt bist, wie du sagst? Nicht das geringste würde es nützen. Er kann die Sache immer wieder bekanntmachen! Und tut er das, dann werde ich womöglich verdächtigt, Mitwisser deines Verbrechens gewesen zu sein. Vielleicht würde man sogar denken, daß ich dich angestiftet hätte! Das alles habe ich nur dir zu verdanken. Dir, die ich auf Händen getragen habe in unserer Ehe. Begreifst du jetzt endlich, was du mir angetan hast?

Nora (mit kalter Ruhe): Ja.

Helmer: Es ist unvorstellbar, ich kann es immer noch nicht fassen! Aber wir müssen abbrechen. Nimm den Schal ab. Nimm ihn ab, sage ich dir. Ich muß diesen Menschen auf die eine oder andere Weise zufriedenstellen. Die Sache muß vertuscht werden um jeden Preis. – Was dich und mich angeht: Es muß so aussehen, als ob alles wie früher sei. Aber natürlich nur äußerlich! Vor den Augen der Welt. Du bleibst hier im Hause. Das ist selbstverständlich. Aber die Kinder kannst du nicht erziehen. Die darf ich dir nicht anvertrauen ... das muß gesagt werden – die ich so geliebt habe! Und die ich immer noch ... nein, nein, das ist aus. Das muß aus sein. Jetzt geht es nicht mehr um mein Glück! Es geht darum, die Fassade und den Schein vor den Trümmern aufrechtzuerhalten. *(Es klingelt.)*

Helmer (fährt zusammen): Was ist das? So spät? Sollte das Entsetzliche ... sollte er ... versteck dich, Nora. Sag, du seist krank. *(Nora bleibt unbeweglich stehen. Helmer öffnet die Tür zum Flur.)*

Mädchen (halb angezogen im Flur): Ein Brief für die gnädige Frau!

Helmer: Gib her. *(Er nimmt den Brief und schließt die Tür)* Ja, von ihm! Aber du bekommst ihn nicht. Ich will ihn selbst lesen.

Nora: Dann lies ihn.

Helmer (bei der Lampe): Ich habe kaum den Mut. Vielleicht sind wir schon verloren, wir beide, du und ich. Nein, ich muß es wissen. *(Er reißt den Brief auf, überfliegt einige Zeilen, schaut auf ein beigelegtes Papier und ruft freudig)* Nora!

Nora (sieht ihn fragend an.)

Helmer: Nora! Ich muß es noch einmal lesen. Jaja, es ist wahr. Ich bin gerettet! Nora, ich bin tatsächlich gerettet!

Nora: Und ich?

Helmer: Du natürlich auch. Wir sind beide gerettet, du und ich. Siehst du, er schickt dir den Schuldschein zurück. Er schreibt, es täte ihm leid und er spürte Reue ... in sein Leben sei eine glückliche Wendung gekommen ... ach, es ist ja gleichgültig, was er schreibt. Wir sind gerettet, Nora. Niemand kann dir etwas tun. Nora, Nora ... nein, erst einmal will ich diese häßlichen Papiere aus der Welt schaffen. Ich will nur eben sehen ... *(Er wirft einen Blick auf den Schuldschein)* Nein, ich will es nicht sehen! Für mich ist das alles nur ein schlechter Traum gewesen! *(Er reißt den Schuldschein und beide Briefe in Stücke, wirft alles in den Ofen und schaut zu, wie es verbrennt)* Siehst du, jetzt ist nichts mehr übrig. – Er schreibt, daß du seit Heiligabend ... das müssen drei entsetzliche Tage gewesen sein, Nora.

Nora: Ich habe einen großen Kampf gekämpft in diesen drei Tagen.

Helmer: Du hast dich gequält, ohne einen anderen Ausweg zu sehen als ... nein, wir wollen diese Häßlichkeit rasch vergessen. Wir wollen uns freuen und nur wiederholen: Es ist vorbei, es ist vorbei! Hörst du, Nora, du kannst es wohl gar nicht fassen: Es ist vorüber! Was soll denn dieser starre Ausdruck? Meine arme kleine Nora, ich verstehe dich doch. Du kannst wohl noch nicht fassen, daß ich dir verziehen habe. Aber ich habe es, Nora. Ich schwöre dir: Ich habe alles verziehen. Ich weiß doch, daß du alles nur aus Liebe getan hast.

Nora: Das ist wahr.

Helmer: Du hast mich geliebt, wie eine Frau ihren Mann lieben muß. Nur die Mittel hast du nicht richtig beurteilt. Aber glaubst du denn, daß ich dich weniger liebe, weil du nicht denken und selbständig handeln kannst? Nein, nein, vertraue nur auf mich. Ich werde für dich denken und dich führen. Ich müßte kein Mann sein, wenn diese weibliche Schwäche dich mir nicht doppelt lieb machte! Du mußt nicht an die harten Worte denken, die ich im ersten Schrecken zu dir gesagt habe, als ich glauben mußte, daß alles über mir zusammenstürzt. Ich habe dir verziehen, Nora, ich verspreche es dir, ich habe dir vollkommen verziehen.

Nora: Ich danke für deine Verzeihung. *(Sie geht durch die rechte Tür ab.)*

Helmer: Nein, bleib doch hier ... *(Er sieht ihr nach)* Was willst du im Schlafzimmer?

Nora (draußen): Das Kostüm ablegen.

Helmer (an der offenen Tür): Ja, tu das, und versuche, dein Gleichgewicht wiederzufinden, mein verschrecktes Vögelchen, Ruh dich aus, ich nehme dich unter meine Fittiche. *(Er geht in der Nähe der Tür umher)* Wie unser Heim doch traulich und warm ist, Nora! Hier bist du sicher, hier werde ich die ermattete Taube beschützen, die ich im letzten Augenblick aus den Klauen des Habichts befreit habe. Ich werde dein ängstlich jagendes Herz beruhigen, Nora, glaube mir. Schon morgen wird alles anders aussehen, und bald wird alles so sein wie früher. Ich wiederhole nicht, daß ich dir verziehen habe, das wirst du schon selbst merken. Wie konntest du nur glauben, daß ich dich verstoßen oder dir Vorwürfe machen würde! Du kennst das Herz eines Mannes nicht, Nora. Es empfindet unbeschreiblich süße Befriedigung, zu verzeihen, seiner Frau aus vollem und reinem Herzen zu verzeihen, denn dadurch wird sie ja doppelt zu seinem Besitz. Der Mann gibt sie sozusagen der Welt zurück, sie ist jetzt seine Frau und sein Kind. Und das sollst du von jetzt an auch für mich sein, du armes hilfloses Wesen! Hab keine Angst, Nora. Sei nur offen zu mir. Ich werde dein Willen sein und dein Gewissen. – Was ist los? Nicht im Bett? Hast du dich umgezogen?

Nora (im Alltagskleid): Ja, Torvald, ich habe mich umgezogen.

Helmer: Aber warum? So spät?

Nora: Heute nacht schlafe ich nicht.

Helmer: Aber liebe Nora ...

Nora (schaut auf ihre Uhr): Es ist noch nicht so spät. Setz dich, Torvald. Hierhin. Wir haben sehr viel zu besprechen. *(Sie setzt sich an den Tisch.)*

Helmer: Nora ... was soll das heißen? Dieser starre Ausdruck ...

Nora: Setz dich. Es wird lange dauern. Ich habe viel zu sagen.

Helmer (setzt sich ihr gegenüber an den Tisch): Du erschreckst mich, Nora. Ich verstehe überhaupt nicht ...

Nora: Nein, das tust du nicht. Du verstehst mich nicht. Und ich habe dich auch nie verstanden ... erst heute abend. Nein, unterbrich mich nicht. Du mußt dir anhören, was ich zu sagen habe ... Dies ist eine Abrechnung, Torvald.

Helmer: Wie meinst du das?

Nora (nach kurzem Schweigen): Fällt dir nicht auf, daß wir hier so sitzen?

Helmer: Was soll mir denn auffallen?

Nora: Jetzt sind wir acht Jahre lang verheiratet. Fällt es dir nicht auf, daß wir zum erstenmal uns ernsthaft unterhalten, du, mein Mann, und ich, deine Frau?

Helmer: Ernsthaft, was heißt das?

Nora: In acht langen Jahren ... ja noch länger, gleich von Anfang an haben wir niemals ernsthaft über eine ernste Sache zusammen gesprochen!

Helmer: Aber liebste Nora, das wäre für dich doch nichts gewesen!

Nora: Jetzt kommen wir zur Sache. Du hast mich nie verstanden. Ihr habt mir sehr Unrecht getan, Torvald, erst Papa und dann du!

Helmer: Was? Ausgerechnet wir? Wir beide haben dich über alles geliebt!

Nora (schüttelt den Kopf): Ihr habt mich nicht geliebt. Es hat euch nur Spaß gemacht, in mich verliebt zu sein.

Helmer: Aber Nora, was sind das für Worte?

Nora: So ist es eben, Torvald. Als ich noch zu Hause lebte, erzählte mir mein Vater alle seine Gedanken. Also hatte ich die gleichen Gedanken, und wenn ich einmal einen anderen hatte, mußte ich es verheimlichen, denn das liebte er nicht. Er nannte mich sein Püppchen, und er spielte mit mir wie mit einer Puppe. Dann kam ich schließlich hier in dein Haus ...

Helmer: Was ist das für ein ungehöriger Ausdruck für unsere Ehe!

Nora (unbeirrt): Ich meine, ich kam aus Vaters Händen in deine. Hier hast du alles nach deinem Geschmack eingerichtet, und auf diese Weise bekam ich den gleichen Geschmack wie du. Oder ich tat nur so, ich weiß das nicht genau ... ich glaube, es war beides. Einmal so und einmal so! Wenn ich zurückschaue, sieht es so aus, als hätte ich wie ein armer Mensch gelebt, nur von der Hand in den Mund. Ich habe davon gelebt, dir Kunststückchen vorzumachen, Torvald ... Aber du wolltest es ja so! Du und Papa, ihr habt euch an mir versündigt. Ihr habt die Schuld, daß aus mir nichts geworden ist.

Helmer: Nora, das ist unvernünftig und undankbar. Warst du nicht glücklich?

Nora: Nein, das war ich nicht. Ich glaubte es, aber ich war es nicht.

Helmer: Nicht ... nicht glücklich?

Nora: Nein, nur lustig. Und du warst immer lieb zu mir. Aber unser Heim war nur ein Spielplatz. Hier war ich deine Puppenfrau, wie ich zu Hause Vaters Püppchen war. Und meine Kinder waren wieder meine Puppen. Ich glaube, es war lustig, wenn du mit mir gespielt hast, und ich glaube, es war lustig, wenn ich mit meinen Kinder spielte. Das war unsere Ehe, Torvald.

Helmer: In deinen Worten steckt vielleicht etwas Wahres, wenn sie auch übertrieben und überspannt sind. Aber jetzt soll das anders werden. Die Zeit der Spiele ist vorbei. Jetzt kommt die Erziehung.

Nora: Wessen Erziehung? Meine oder die der Kinder?

Helmer: Die Erziehung der Kinder und deine Erziehung.

Nora: Ach, Torvald, du bist nicht der Mann, um mich zu der richtigen Frau für dich zu machen.

Helmer: Und das sagst du?

Nora: Und ich ... wie kann ich denn meine Kinder erziehen?

Helmer: Nora!

Nora: Hast du vorhin nicht selbst gesagt, diese Aufgabe könntest du mir nicht anvertrauen?

Helmer: In der Aufregung. Wie kannst du das ernst nehmen?

Nora: Nein, du hast recht gehabt. Ich schaffe das nicht. Vorher muß ich eine andere Aufgabe bewältigen: Ich muß mich selbst erziehen. Und du bist nicht der Mann, um mir dabei zu helfen. Das muß ich allein tun. Und deshalb verlasse ich dich.

Helmer (springt auf): Was hast du gesagt?

Nora: Ich muß einmal allein sein, wenn ich Klarheit haben will über mich und alles andere. Deshalb kann ich nicht bei dir bleiben.

Helmer: Aber Nora, Nora!

Nora: Ich will gleich gehen. Kristina wird mich heute nacht sicher aufnehmen.

Helmer: Du bist irrsinnig. Ich verbiete es!

Nora: Es ist sinnlos, mir noch etwas zu verbieten. Ich nehme mit, was mir gehört. Von dir nehme ich nichts, weder jetzt noch später.

Helmer: Das ist Wahnwitz!

Nora: Morgen fahre ich nach Hause ... ich meine, in meine alte Heimatstadt. Dort wird es für mich leichter sein, etwas zu finden.

Helmer: Du blindes, unerfahrenes Geschöpf!

Nora: Ich muß versuchen, Erfahrungen zu sammeln, Torvald.

Helmer: Dein Zuhause, deinen Mann und deine Kinder gibst du auf! Du denkst wohl gar nicht daran, was die Leute sagen werden?

Nora: Darauf kann ich keine Rücksicht nehmen. Ich weiß nur, was für mich notwendig ist.

Helmer: Das ist unglaublich. Sich seinen heiligsten Pflichten einfach zu entziehen!

Nora: Ich habe noch andere heilige Pflichten.

Helmer: Das hast du nicht. Was für Pflichten denn?

Nora: Pflichten mir selbst gegenüber.

Helmer: Du bist vor allem Ehefrau und Mutter!

Nora: Daran glaube ich nicht mehr. Ich glaube, daß ich vor allem ein Mensch bin ... ich genau so wie du ... oder jedenfalls muß ich versuchen, es zu werden. Ich weiß auch, daß die Leute dir recht geben, Torvald, und daß es so auch in den Büchern steht. Aber ich bin nicht mehr damit zufrieden, was in den Büchern steht und was die Leute sagen. Ich muß selber über die Dinge nachdenken und mir Klarheit verschaffen.

Helmer: Hast du keine Klarheit über deine Stellung in der Familie? Hast du in solchen Fragen nicht einen untrüglichen Führer? Hast du keine Religion?

Nora: Aber Torvald, ich weiß doch gar nicht genau, was Religion eigentlich ist.

Helmer: Was sagst du da?

Nora: Ich weiß doch nur, was Pastor Hansen gesagt hat, als ich konfirmiert wurde. Er sagte, die Religion ist das und das. Wenn ich jetzt fortgehe und allein sein werde, will ich das auch untersuchen. Ich will wissen, ob es richtig ist, was Pastor Hansen gesagt hat, oder jedenfalls ob es für mich richtig ist.

Helmer: Das ist doch unerhört von einer so jungen Frau! Aber wenn nicht einmal die Religion dich auf dem rechten Weg hält, werde ich dein Gewissen wachrütteln müssen! Du hast doch moralisches Gefühl? Oder sag mal ... hast du vielleicht kein moralisches Gefühl?

Nora: Torvald, darauf kann ich nicht gut antworten. Ich weiß es einfach nicht. Das verwirrt mich nur. Ich weiß nur, daß ich darüber ganz anders denke als du. Ich höre jetzt auch, daß die Gesetze ganz anders sind, als ich dachte. Aber daß die Gesetze richtig sind, kann ich unmöglich sagen. Eine Frau soll nicht das Recht haben, ihren sterbenden Vater zu schonen und ihrem Mann das Leben retten? Das glaube ich einfach nicht.

Helmer: Du redest wie ein Kind. Du verstehst die Gesellschaft nicht, in der du lebst.

Nora: Nein, die verstehe ich nicht. Aber jetzt will ich mich in der Gesellschaft umschauen. Ich muß versuchen herauszufinden, wer recht hat, die Gesellschaft oder ich.

Helmer: Du bist krank, Nora, du hast Fieber. Ich glaube fast, du bist verrückt.

Nora: Ich habe mich noch nie so klar und sicher gefühlt wie heute.

Helmer: Und klar und sicher verläßt du deinen Mann und deine Kinder?

Nora: Ja, das tue ich.

Helmer: Dann gibt es nur eine Erklärung.

Nora: Was für eine?

Helmer: Du liebst mich nicht mehr.

Nora: Ja, das ist genau richtig.

Helmer: Nora, und das sagst du?

Nora: Ach, das tut mir doch weh, Torvald, denn du warst immer wirklich lieb zu mir. Aber ich kann es nicht ändern. Ich liebe dich nicht mehr.

Helmer (faßt sich mühsam): Ist das auch deine klare und feste Überzeugung?

Nora: Ja, vollkommen klar und fest. Deshalb will ich hier auch nicht bleiben.

Helmer: Kannst du mir vielleicht sagen, warum du mich nicht mehr liebst?

Nora: Ja, das kann ich. Heute abend habe ich aufgehört, dich zu lieben, als das Wunderbare nicht kam und als ich sah, daß du nicht der Mann warst, für den ich dich hielt.

Helmer: Das mußt du genauer erklären: Ich verstehe dich nicht.

Nora: Ich habe so geduldig gewartet, acht Jahre lang, denn ... Gott, ich sehe ja ein, daß etwas Wunderbares nicht jeden Tag kommt. Aber dann kam die Katastrophe, und da war ich absolut sicher: Jetzt kommt das Wunderbare! Noch als Krogstads Brief im Kasten lag, habe ich keinen Augenblick gedacht, daß du dich erpressen läßt. Ich war so sicher, daß du sagen würdest: Machen Sie die Sache doch öffentlich bekannt. Und wenn das geschehen wäre ...

Helmer: Was dann? Wenn ich meine Frau der Schande ausgeliefert hätte?

Nora: Wenn das geschehen wäre, dann wärst du vorgetreten und hättest öffentlich erklärt: Ich war der Schuldige! Davon war ich fest überzeugt.

Helmer: Nora ...!

Nora: Glaubst du, ein solches Opfer hätte ich von dir niemals angenommen? Nein, das ist klar. Aber was wäre meine Aussage gegen deine gewesen? – Das war das Wunderbare, worauf ich so schrecklich hoffte. Und um das zu verhindern, wollte ich sterben.

Helmer: Tag und Nacht würde ich für dich arbeiten, Nora – Sorgen und Not würde ich für dich ertragen. Aber niemand opfert seiner Liebe die Ehre.

Nora: Das haben Millionen Frauen getan.

Helmer: Ach, du denkst und redest wie ein törichtes Kind.

Nora: Mag sein. Aber du denkst und redest nicht wie der Mann, den ich lieben könnte. Als dein Schreck sich gelegt hatte ... nicht über das, was mich bedrohte, sondern über das, was dir bevorstand, und als die Gefahr vorüber war ... da hast du so getan, als wenn nichts passiert wäre. Ich war genau wie vorher dein kleines Vögelchen, deine Puppe, die von nun an doppelt vorsichtig auf Händen getragen werden muß, da sie so zart und zerbrechlich ist! *(Sie erhebt sich)* Torvald, in dem Augenblick ist mir klargeworden, daß ich acht Jahre lang mit einem fremden Mann zusammengelebt habe und daß ich drei Kinder habe ... und ich ertrage es nicht, daran zu denken! Ich könnte mich in Stücke reißen!

Helmer (schwer): Ich sehe es ein, ich sehe es ein. Eine Wand ist zwischen uns entstanden. – Aber Nora, können wir nicht hindurchkommen?

Nora: So, wie ich jetzt bin, bin ich keine Frau für dich.

Helmer: Ich habe die Kraft, ein anderer zu werden.

Nora: Vielleicht ... wenn man dir die Puppe nimmt.

Helmer: Du gehst fort, du gehst von mir weg, Nora? Nein, nein, das kann ich nicht fassen.

Nora (geht rechts hinein): Um so notwendiger ist es! *(Sie kommt mit ihrem Mantel und einem kleinen Koffer zurück, den sie auf einem Stuhl absetzt).*

Helmer: Nora, Nora, nicht jetzt. Warte bis morgen!

Nora (zieht den Mantel an): Ich kann doch nicht während der Nacht in der Wohnung eines fremden Mannes bleiben.

Helmer: Können wir hier nicht wie Bruder und Schwester wohnen?

Nora (setzt den Hut auf): Du weißt ebensogut wie ich, daß das nicht lange gutgehen würde. *(Sie bindet sich einen Schal um)* Lebe wohl, Torwald, ich will die Kinder nicht mehr sehen. Ich weiß, sie sind in besseren Händen als meinen. So, wie ich jetzt bin, kann ich ihnen nichts bedeuten.

Helmer: Aber später, Nora . . . später einmal . . .?

Nora: Wie soll ich das wissen? Ich weiß noch nicht einmal, was aus mir wird.

Helmer: Aber du bist meine Frau, wie du auch bist und was immer aus dir wird!

Nora: Hör, Torvald . . . wenn eine Frau ihren Mann verläßt, so wie ich es tue, dann hat er keine Verpflichtungen ihr gegenüber, wie ich gehört habe. Ich löse dich jedenfalls von allen Verpflichtungen. Du sollst dich in keiner Weise gebunden fühlen; ich will es auch nicht sein. Wir beide müssen volle Freiheit haben. Schau, hier hast du deinen Ring zurück. Gib mir meinen.

Helmer: Das auch noch?

Nora: Das auch.

Helmer: Hier.

Nora: So, ja, nun ist es also vorbei. Hier sind die Schlüssel. Die Mädchen wissen über alles Bescheid, besser als ich. Morgen, wenn ich weg bin, kommt Kristina und packt die Sachen ein, die mir gehören. Die möchte ich nachgeschickt haben.

Helmer: Vorbei! Nora, wirst du nie mehr an mich denken?

Nora: Ich werde sicher oft an dich und die Kinder und das Haus denken.

Helmer: Darf ich dir schreiben, Nora?

Nora: Nein . . . niemals. Das darfst du nicht.

Helmer: Aber ich kann dir doch etwas schicken . . .

Nora: Nein, nichts, gar nichts . . .

Helmer: . . . dir helfen, wenn es nötig ist.

Nora: Nein, nein, sage ich dir. Ich nehme nichts an von fremden Leuten.

Helmer: Nora . . . werde ich dir nie wieder mehr bedeuten als ein Fremder?

Nora (nimmt ihren Koffer): Ach, Torvald, dann müßte etwas Wunderbares geschehen.

Helmer: Sag mir doch, was du darunter verstehst?

Nora: Dann müßten wir uns beide so verändern . . . ach, Torvald, ich glaube nicht mehr an das Wunderbare.

Helmer: Aber ich will daran glauben. Sag es doch: Wir müßten uns so verändern, daß . . .

Nora: . . . daß aus unserem Zusammenleben eine Ehe wird. Auf Wiedersehen. *(Sie geht ab durch den Flur.)*

Helmer (sinkt auf einen Stuhl in der Nähe der Tür und legt die Hände vors Gesicht): Nora! Nora! *(Schaut sich um und steht auf)* Leer. Sie ist nicht mehr hier! *(Eine Hoffnung ergreift ihn)* Das Wunderbare . . .?!

(Unten schlägt eine Tür dröhnend ins Schloß.)

Liselotte M., 47 **Alice Schwarzer**

Halbtagskraft im Textilgewerbe, verh., 2 Kinder, Ratingen

Ich habe damals ganz genau gewußt, daß, wenn er hier ist, ich nicht die Kraft und den Mut haben würde, etwas zu unternehmen, weil ich immer kleingemacht wurde und unterdrückt. Komischerweise war ich, immer wenn er nicht da war, irgendwie freier. Dann wuchs mein Selbstbewußtsein, und ich wurde aufsässig. Innerlich. Er hat also eine Reise unternommen, fünf Tage lang war er unterwegs. In der Zeit hab ich in die Zeitung geschaut, eine Anzeige entdeckt: Bürohilfe gesucht! und mich erst mal telefonisch gemeldet. Ich hatte ja eigentlich nichts vorzuweisen, praktisch nichts gelernt.

Da stand: Dame zwischen 40 und 50 für leichte Bürotätigkeit gesucht. Als ich denen sagte: Ich bin nicht mehr die Jüngste und kann auch nichts vorweisen, hieß es: Wenn Sie wissen, was zwei und zwei ist, dann werden wir schon klarkommen. Ich nichts wie hin. Ich hab vorher noch überlegt, was sollst du sagen, wenn man dich nach deinen Gehaltswünschen fragt. Ich hatte überhaupt keine Vorstellung. Ich habe mir gedacht, du wärst zufrieden, wenn dir so 200 Mark bleiben würden für ein paar Stunden am Tag. Das war 1969. Als die mich dann fragten, hab ich gesagt, sie sollten doch einen Vorschlag machen. Ich dachte, mal sehen, *was du noch so wert bist nach den vielen Jahren*. Und da hab ich eine große Überraschung erlebt: für halbe Tage hat man mir 500 Mark monatlich geboten. Damit hätte ich nie gerechnet. Ich hab also freudig zugestimmt.

Was ich nicht wußte, war, daß das nur eine Stelle für drei Monate, eine Urlaubsvertretung war. Ich hatte gedacht, du kannst dir da was aufbauen. Pustekuchen. Ich war bitter enttäuscht, hab aber nicht einen halben Tag verstreichen lassen und bin sofort zum Arbeitsamt gegangen. Die waren beim Arbeitsamt gar nicht überrascht, daß mit der Stelle nach drei Monaten Schluß gewesen war. Ich hatte das Gefühl, die waren auf dem laufenden über diese Methoden.

Aber ich wollte ja auf keinen Fall aufgeben. Mein Mann hat das alles für eine Laune gehalten, für Kinderei. Er hat mir damals im Beisein der Kinder gesagt: Wenn du Weihnachten noch arbeitest, kriegst du von mir 100 Mark.

Ich hatte mir vorgenommen, daß keiner damit belastet werden sollte, daß ich arbeiten ging. Ich mache die Hausarbeit weiterhin ganz allein. Das ist eigentlich falsch. Vielleicht sollte sich die Frau nicht immer so aufopfern. Warum kann nicht auch mal von den Familienmitgliedern jemand einspringen? Bei meiner Tochter bin ich nicht auf Widerstand gestoßen, aber bei meinem Sohn. Der wollte nicht, daß ich arbeiten gehe. Er hatte wohl doch so seine Befürchtungen, daß die Versorgung dann nicht so ganz klappen würde. Er hat mit allen Mitteln versucht, mir das auszureden, hat geweint und so. Aber inzwischen hat er eingesehen, daß meine Handlungsweise richtig war. Wenn er jetzt mal allein im Haus ist, dann sieht er nämlich, wie trostlos langweilig, wie nerventötend Alleinsein ist.

Ich hab also was Neues gefunden: als Einrichterin in einem Textilbetrieb. Das heißt, ich realisiere die entworfenen Modelle vom Material her, ich stelle Stoffe und Zutaten zusammen und kalkuliere den Fertigungspreis. Das macht mir Spaß, weil es eine ziemlich selbständige Arbeit ist. Man schätzt mich auch, und ich komme mit allen Leuten aus. Ich könnte sogar ganztags arbeiten, wenn ich wollte.

Man macht bei uns übrigens die besten Erfahrungen mit Halbtagskräften. Und mit den Jahrgängen. Der Chef hat schon gesagt, die Jahrgänge ab 40 wären die zuverlässigsten und besten Arbeitskräfte. *Er stellt sich langsam auf dieses Alter um* – auf Frauen, die noch etwas aus ihrem Leben machen wollen und sich Arbeit suchen. Diese Unternehmen profitieren von den Frauen, denn sie sind tatsächlich zuverlässig und machen alles für wenig Geld. Gerade weil sie halbtags arbeiten, sind sie von der ersten Minute bis zur letzten ganz fit. Die Ganztagskräfte sacken in der zweiten Hälfte des Tages ab. *Die Chefs profitieren also doppelt.* Sie zahlen nicht viel und haben auch noch ausgeruhte Kräfte. Außerdem machen sie keine Verträge und so weiter.

Neulich habe ich gehört, daß eine junge Kollegin, eine Neueingestellte, mehr bekam als ich. Da hab ich mich einer Kollegin gegenüber entsprechend geäußert. Daraufhin wurde ich ins Büro zitiert. Da hieß es, wenn das nochmal vorkäme, würde man mich entlassen müssen. In der Firma würde nicht über das Gehalt gesprochen, das stünde in den Verträgen drin. Ich hab aber keinen Vertrag. Erst da hab ich gemerkt, daß die „guten" Angestellten einen Vertrag haben.

Mir hat man so den Mund gestopft, denn ich muß ehrlich sagen, daß ich diese Arbeit nicht verlieren möchte.

Ich wäre bereit, mich zu verteidigen, wenn ich ganztags arbeiten würde. Aber halbtags, für 50 Mark mehr ... Soll ich dafür bitten und betteln und zur Gewerkschaft gehen? Die würden mich dann nur entlassen. Wer bei uns irgend etwas durch die Gewerkschaft durchsetzen will, wird entlassen. Das wird bei uns so unter der Hand gesagt. Und in dem Beruf fänd ich in der Stadt keine Halbtagsstellung mehr.

Als ich nach 20 Ehejahren angefangen hab zu arbeiten, da ging es mir darum, finanziell frei zu sein: Mich frei entscheiden zu können, ob ich weiter meine Ehe fortführen möchte oder nicht. Ein zweiter Grund war, daß ich etwas Abwechslung haben wollte, daß ich aus dem eintönigen Leben einer Hausfrau ein bißchen entfliehen, ein paar Menschen kennenlernen wollte, etwas Kontakt haben mit der Außenwelt. Man ist so abgekapselt als Hausfrau in einem Einfamilienhaus in einer kleinen Stadt.

Man verliert sämtliche Kontakte. Ich hab wohl noch Kontakt mit einigen Frauen, mit denen ich vorher zusammen gewohnt habe im Mehrfamilienhaus, aber es war doch mehr oder weniger nur noch ein Geplänkel. Man hat sich mit drei Frauen getroffen, mit denen man vorher gewohnt hat, aber es kam nichts dabei heraus. Hier in der Nachbarschaft das gleiche. Ich laß es auch ganz bewußt dabei. Ich habe gern Leute, die verschwiegen sind, wenn man mit ihnen redet, daß es nicht irgendwie rumgetragen wird. Und ihre Interessen ... Ich weiß nicht, wie weit das gehen würde, wenn man mal über Politik und Wirtschaft reden würde. Man kommt gerade zu Familiengesprächen.

Die Hausarbeit, die hab ich mehr oder weniger wie eine Maschine gemacht. Man verdummt vollkommen dabei. Man kommt sich unnütz vor. Das ist eine Arbeit, die jeder andere auch machen könnte. Man ist ersetzlich.

Mit der Arbeit wollte ich gleichzeitig mein Selbstbewußtsein stärken, das ja schon fast gar nicht mehr da war. Denn mein Mann hat einen sehr ausgeprägten Charakter, und alles, was um ihn rum klein ist in geistiger Hinsicht, das wird zum Nichts gemacht, das wird in den Boden gestampft. Das führte dazu, daß es kaum noch Gespräche gab zwischen uns, weil ich, die ich nur Volksschulbildung habe, tatsächlich manchmal nicht mitdenken konnte. Wenn er etwas gesagt hat – mein Mann ist Journalist –, dann war es wirklich schwer für mich, da richtig mitdenken zu können. Das führte dazu, daß es immer hieß: *Du verstehst ja doch nichts davon! Du bist zu dumm und zu doof!* Es lohnt sich nicht, mit dir zu sprechen! *Das alles vor den Kindern.* Er ist übrigens selbst Autodidakt und hat durch den Krieg kein Studium.

In den ersten Jahren hat mir das sehr wehgetan, hinterher hab ich mich dran gewöhnt. Aber es hat mir doch gefehlt, weil ich an sich ein Mensch bin, der sich gern über alle Probleme aussprechen möchte mit einem anderen. Ich hab ja Zeit gehabt und hätte studieren können, wie das so manche Bücherwürmer machen. Ich hab's auch versucht. Dann fehlte mir aber der Gesprächspartner. Ich muß, um etwas behalten zu können, darüber *reden können.* Und das war nicht drin mit ihm. Für mich ist er, ehrlich gesagt, eine große Enttäuschung, weil ich meinen Mann auch geheiratet habe aus Bewunderung. Als ich ihn kennengelernt hab, war er einer der klügsten unter meinen Verehrern. *Ich hatte gehofft, durch ihn meine Schulbildung auffrischen und verbessern zu können.*

Ich bin zweisprachig mit Polnisch und Deutsch aufgewachsen. Meine Eltern hatten ein Textilgeschäft und nicht das Geld, uns auf eine private höhere Schule zu schicken. Was mir heute noch wehtut. Meine Lehrerin hat fast Kniefälle vor meinen Eltern gemacht: Ich sollte Berufsschullehrerin werden, das läge mir. Aber meine Eltern waren von vornherein dagegen. Ich selbst hab damals überhaupt keine Zukunftsvorstellungen gehabt. Ich war so verträumt, so weltfremd. Ich hätte den ganzen Tag am Fenster sitzen können und träumen, so wie die Gammler jetzt rumsitzen. Und ich brauch eigentlich noch immer Antrieb von außen.

Als meine älteste Schwester gewagt hat, arbeiten zu gehen, gab es wahnsinnige Kämpfe bei uns. Meine Eltern standen auf dem Standpunkt: ihr habt das nicht nötig! Zu Hause hab ich so gut wie gar nichts getan, denn wir hatten immer unser Mädchen, und da hieß es, die Minna, die macht alles.

Nach der Schule haben sie mich zur Musikschule geschickt, denn etwas, so eine kleine Ausbildung, wollte meine Mutter mir ja doch mitgeben. Ich sollte Gesang studieren. Da ich mit 14 noch zu jung war, hat man mir erst Klavierunterricht gegeben. Mit 16 hat sich dann herausgestellt, daß ich doch keine Stimme habe.

Dann kam der Krieg, Arbeitsdienst, Kriegshilfsdienst. Im Januar mußten wir aus Oberschlesien flüchten. Wir sind im Harz gelandet, und da wir kein Geld mehr hatten, mußten nun alle Mädchen arbeiten. Ich war erst Verkäuferin, dann im Büro. Da hab ich auch meinen Mann kennengelernt. Er war meine große Liebe. Ich wäre besser versorgt gewesen mit einer anderen Partie, denn er war damals noch nichts und auch noch sehr jung, drei Jahre jünger als ich. Ich war nicht auf Heirat aus, obwohl – unbewußt hab ich mich vielleicht schon von zu Hause rausgesehnt. Es war furchtbar damals. Wir wohnten alle in einem Zimmer und schliefen in Doppelbetten. Wirklich sehr deprimierend.

Als wir heirateten, hab ich gleich aufgehört zu arbeiten. Wir sind ja auch weggezogen. Für mich war es selbstverständlich, daß, wenn man sich gern hat und heiratet, man nicht unbedingt arbeiten gehen muß. *Ich wollte eine normale Ehe führen, hab mir sehnlichst Kinder gewünscht.* Ich wollte alles schön machen und nett zu Hause. Zwei Jahre nach der Heirat kam das Mädchen, sechs Jahre später der Junge. In der Zeit hab ich ein bißchen Russisch gelernt, Kurse mitgemacht, es aber – wenn ich heute so überlege – mehr als Spielerei betrachtet. Obwohl die Kämpfe zwischen mir und meinem Mann gleich nach der Heirat losgingen, dachte ich immer noch, das geht so weiter, so trallala.

Ich hatte vorher gesehen, daß er mit Frauen rumschäkerte, aber daß er auch mit ihnen schlafen ging – ich war wie vom Donner gerührt, als sich das rausstellte. Sicher, die Ehe meiner Eltern war auch sehr schlecht, aber gerade darum hab ich immer nur von einer guten geträumt.

Zweimal bin ich weggegangen, wollte die Ehe auflösen. Aber dadurch, daß ich schon ein Kind hatte – und er kann ja auch sehr nett sein. *Es ging damals ums Geld,* und er hat dann gesagt: Du kannst in Zukunft das ganze Geld allein einteilen und verwalten, wie du es für richtig hältst. Und ich bin zurückgegangen ... Und es war wieder die alte Leier. Ich wußte nie, was er verdiente. Ich bekam ein Haushaltsgeld, nie Taschengeld. Bis vor kurzem hab ich 500 Mark im Monat gehabt. Wenn man vier Personen damit sattkriegen und alles bestreiten soll: Bekleidung und was da noch so alles dran ist ... Ich hab ja auch damit Geschenke machen müssen. Ich mache gern Geschenke. Wenn ich mal nicht auskam, noch um 20 Mark bat, dann kriegte ich sie nicht.

Der Auslöser, als ich vor drei Jahren arbeiten ging, war, daß ich dachte: Wenn du noch ein bißchen *Selbstachtung* haben willst, dann mußt du dich freistrampeln. Erstmal in punkto Geld. Du mußt dir auch mal selbst einen Wunsch erfüllen können, und du mußt sparen können, damit du was auf der hohen Kante hast. Das war das erste. Zweitens – ja, ich hatte vor, wegzugehen. Wenn ich erst mal eine bestimmte Summe zusammengespart habe, hab ich die Hoffnung, irgendwo allein leben zu können, nicht mehr angewiesen sein auf sexuelle Beziehungen, die kann ich mir auch woanders holen. Es ist ja heute nicht mehr so, daß ich glaube, den Mann, mit dem ich ins Bett gehe, muß ich auch heiraten. *Als junges Mädchen hab ich geglaubt, daß sexuelle Anziehung Liebe sei. Ich habe das verwechselt. Sonst hätte ich ihn vielleicht doch nicht geheiratet.*

Seit ich arbeite, vermisse ich das fehlende Gespräch zwischen ihm und mir nicht mehr. *Durch den Kontakt mit Kollegen und Kolleginnen konnte ich mir ja einen gewissen Ausgleich schaffen.* Die Stimmung ist seither im Haus besser, weil ich fröhlicher bin, das überträgt sich auf die ganze Familie. Ich bin auch etwas in seiner Achtung gestiegen. Er sagt fast nie mehr: Du bist dumm, mit dir kann man nicht sprechen.

Von dem Geld, das ich verdiene, spare ich zwei Drittel. Das letzte Drittel gebe ich aus für die ganze Familie. Das Gesparte ist für meine Selbständigkeit und Sicherheit. Ich bin nur sicher, wenn ich Geld im Rücken hab. *In vier Jahren macht mein Sohn sein Abitur* – das Mädchen ist schon aus dem Haus –, *und dann will ich mich frei entscheiden,* ob ich noch weiter bei meinem Mann bleibe oder nicht.

Wenn ich gehe, würde ich ganztags arbeiten. Ich würde mir eine Wohnung nehmen und käme prima rum. Warum nicht? Durch den Beruf habe ich sehr nette Menschen kennengelernt, mit denen ich vielleicht einen engeren Kontakt pflegen würde, als ich es jetzt kann. Vielleicht würde ich auch mit einer anderen alleinstehenden Kollegin zusammenziehen. Dann wären wir beide nicht so allein. Ich würde mir einen eigenen Freundeskreis schaffen. Von dem meines Mannes hab ich ja noch nie etwas gehabt, das sind ja alles Kontakte durch seinen Beruf, Leute, die ich höchstens hier mal zum Kaffee sehe, und dann redet man ja nur Blaba.

Er ist mir auch so fremd geworden, weil er nur noch an die Karriere, nur noch ans Geld denkt. Mir ist das alles so egal. Das Haus hier, ich hätte das gar nicht gebraucht. Das kann er alles behalten. Es ist alles nur für seine Karriere. Ich versteh das gar nicht. Früher hat er doch ganz anders gedacht.

sie hat nicht von sich reden gemacht

Kurt Marti

sie hat nicht von sich reden gemacht
sie war in keinem verein
sie wurde geboren
besuchte die schule
welschland wie üblich
coiffeuse sodann
sie heiratete später
gebar ihm zwei kinder
verlor ihn wieder
und war wie man sagt
eine gute gattin und mutter

aber wer spricht
von der lustigkeit ihrer augen
wer redet davon
wie wohl es uns tat
nur schon die anmut zu sehen

mit der sie das haar
aus der stirne sich strich
oder wer erklärt
die magische kraft
ihrer einfachen worte
und wer beschreibt
den beweglichen zauber
der kleinen tüchtigen hände
oder wer lobt gott
für das geschenk
ihres herzhaften lachens?

sie hat nicht von sich reden
sie hat zwei oder drei männer
sie hat ihren gatten
sie hat ihre kinder
sie hat sich selber glücklich gemacht

und das
ist mehr als wir denken

Immer noch das Bild vom Heimchen am Herd **Key L. Ulrich**

Wie sich in Massenmedien die alten Klischees halten / Eine UN-Studie

BONN, 11. Juni. Achtundzwanzig Regierungen und zweiundzwanzig Organisationen haben den Vereinten Nationen Unterlagen für eine Studie über die Rolle der Frau in den Massenmedien geliefert. Der englische Text liegt in Bonn jetzt vor: er soll in der Bundesrepublik einen Forschungsauftrag zu diesem Thema „wieder flottmachen". Die Vereinten Nationen wollten feststellen, ob Fernsehen, Rundfunk, Zeitungen und Zeitschriften bei der Emanzipation der Frau Lokomotiven oder Bremsklötze sind. Ziemlich übereinstimmend berichteten die Regierungen und die Organisationen: Es wird gebremst. („Influence of Mass Communication Media on the Formation of a New Attitude Towards the Role of Women in Present-Day Society", United Nations Economic and Social Council, 1974.)

Besonders interessiert hat die Frage, wie die Hausfrau und die Erwerbstätige dargestellt werden. Das Fazit: Die Hausfrau wird von den Massenmedien eindeutig bevorzugt. Und es ist die Werbung, die am hartnäckigsten an der Version festhält, daß Frauen keine andere Bestimmung haben könnten; danach sind es die Frauenzeitschriften, die Frauen offenbar am wenigsten gern aus alten Banden entlassen wollen.

Die Werbung wird zwar in der Studie als „die heimtückischste Form" bezeichnet, die Wirklichkeit zu verdrehen, für wirkungsvoller halten einige der Berichterstatter jedoch Unterhaltungssendungen, die – vor allem im

Fernsehen – ebenfalls überholte Klischees der Geschlechterrollen ständig aufpolieren und damit ein breites Publikum erreichen. Obwohl 35 bis 55 Prozent der ganztägig Beschäftigten in den Staaten der Welt Frauen seien, ignoriere die Werbung diese Realität fast vollständig, heißt es in der Untersuchung. Die Reklame pflege das Bild der vom Mann abhängigen Hausfrau, die wasche, die Familie abfüttere und sich am Geruch sauberer Wäsche berausche. Diese Frauen ließen, so die Werbung, die Entscheidungen den Mann treffen, doch könnten sie sich durch tüchtigen Gebrauch bestimmter Produkte die Gunst des Brotverdieners erhalten.

Zitiert wird ein Marktforschungsinstitut, das den Anzeigenteil führender amerikanischer Zeitschriften unter die Lupe nahm: Neunzig Prozent der dargestellten Frauen posierten in passiven dekorativen Rollen oder engagierten sich für die Familie und für Freizeitaktivitäten; zwei Drittel der abgebildeten Männer aber traten arbeitend auf, und die wenigen erwerbstätig dargestellten Frauen „jobten" vorzugsweise als Sekretärinnen, Stewardessen oder in ähnlichen dienenden Positionen.

Einige Regierungen und Organisationen vertreten die Ansicht, daß sich die untersuchten Medien als eine Art verlängerter Arm dieser Art von Absatzförderung verstehen. Ein komplexes System bei der Herstellung von Sendungen und Druckseiten diene auch jenseits der Reklame der Darstellung überholter Frauenrollen, weil dies mehr kommerziellen Nutzen verspreche.

Es wird aber in der Studie auch von Silberstreifen am Horizont berichtet. Weil die Frau trotz der ihr eingeredeten Rolle in zunehmendem Maße erwerbstätig werde, akzeptierten Fernsehen, Radio, Zeitungen und selbst Frauenzeitschriften nach und nach diese Realität. Aus Kanada wird berichtet, daß dort viele Zeitungen keine Sonderseiten für Frauen mehr bringen. Übereinstimmend heißt es auch, Fernsehen und Radio griffen in ihren Sendungen für Frauen zunehmend ehemalige Tabuthemen auf. Das Kabelfernsehen biete durch eine Mitbeteiligung der Bevölkerung anscheinend gute Möglichkeiten für neue Trends.

Die Studie der Vereinten Nationen ist eine Mischung aus mehr oder weniger wissenschaftlich fundierten Untersuchungen und aus Meinungsbeiträgen mit pädagogischem Unterton. Zum Schluß wird angeregt, der Gesetzgeber sollte zumindest auf die subventionierten und öffentlich kontrollierten Fernseh- und Rundfunkanstalten zugunsten eines emanzipierten Frauenbildes einwirken. Dem Forschungsbericht der Bundesregierung voraus hat im vergangenen Jahr der Journalist Joachim Besser für die Verbandszeitschrift „Der Journalist" die Rolle der Frau in deutschen Frauenzeitschriften untersucht. Das Ergebnis deckt sich weitgehend mit der Studie der Vereinten Nationen: die heimische Hauspuppe dieser Blätter ist ewig jung und schön, interessiert sich vornehmlich für Mode, Kosmetik, Rezepte und Wohnen und sieht ihren Lebensinhalt darin, dem Mann und ihren Kindern zu dienen. Besser kommt – anders als die UN-Studie – zu dem entschuldigenden Schluß, daß die meistens von Männern gesteuerten „Verdrängungsblätter" den Frauen nicht aus ausbeuterischen Gründen die Emanzipation ausreden wollten, sondern daß Frauen diese „kleine, süße Beruhigungspille inmitten einer unruhigen Welt" offenbar brauchten.

2

Leitvorstellungen

Aus der Bergpredigt (Lk 6) **Lukas**

Feindesliebe

Aber euch, meinen Zuhörern, sage ich: Liebt eure Feinde, tut Gutes denen, die euch hassen, segnet, die euch fluchen, und betet für die, die euch verleumden. Schlägt dich jemand auf die eine Wange, so halte ihm auch die andre hin. Nimmt dir jemand den Mantel, so laß ihm auch den Rock. Wer dich bittet, dem gib. Wer dir das Deinige nimmt, von dem fordere es nicht zurück. Wie ihr von den Menschen behandelt sein wollt, so behandelt auch sie. Wenn ihr nur jene liebt, die euch lieben, welcher Lohn steht euch zu? Auch die Sünder lieben die, von denen sie geliebt werden. Wenn ihr nur denen Gutes tut, die euch Gutes tun, welcher Lohn steht euch zu? Dasselbe tun ja auch die Sünder. Wenn ihr nur denen leiht, von denen ihr etwas zu bekommen hofft, welcher Lohn steht euch zu? Auch die Sünder leihen einander, um das Gleiche dafür wiederzuerhalten. Liebt vielmehr eure Feinde, tut Gutes und leiht, ohne etwas zurückzuerwarten. Dann wird euer Lohn groß sein, und ihr werdet Kinder des Allerhöchsten sein; denn er ist gütig gegen die Undankbaren und Bösen. Seid (also) barmherzig, wie euer Vater barmherzig ist.

Ritter **Der Henneberger**

Swer da gerne ritter wirt mit hôher wirdikeit,
der lege die tugent an sich vür daz hôste kleit,
und lâze daz die künige, vürsten schouwen
Unt dar zuo die besten, unt swerz sehen wil,
sô wirt im lob unt dâ bî stæter êren vil,
ouch lobent in die tugenthaften vrouwen.
Daz swert nem' er durch ritters tât,
daz er sich wer vor sünden unt vor schanden.

er minne got, habe rehten rât,
sô wirt sîn lop gehôt in allen landen.
den schilt nem er durch rehten vride, sô daz er decke vor missetât,
und habe ritterlîchez leben: sô wizzet, daz sîn lop die volge hât.

Die Grundrechte von Virginia vom 12. Juni 1776 — Gesetzestext

Artikel 1–3

Eine Erklärung der Rechte, von den Vertretern der guten Bevölkerung von Virginia, in vollständiger und freier Versammlung zusammengetreten, abgegeben über die Rechte, die ihnen und ihrer Nachkommenschaft als Grundlage und Fundament der Regierung zustehen.

Abschnitt 1

Alle Menschen sind von Natur aus in gleicher Weise frei und unabhängig und besitzen bestimmte angeborene Rechte, welche sie ihrer Nachkommenschaft durch keinen Vertrag rauben oder entziehen können, wenn sie eine staatliche Verbindung eingehen, und zwar den Genuß des Lebens und der Freiheit, die Mittel zum Erwerb und Besitz von Eigentum und das Erstreben und Erlangen von Glück und Sicherheit.

Abschnitt 2

Alle Macht ruht im Volke und leitet sich folglich von ihm her; die Beamten sind nur seine Bevollmächtigten und Diener und ihm jederzeit verantwortlich.

Abschnitt 3

Eine Regierung ist oder sollte zum allgemeinen Wohle, zum Schutze und zur Sicherheit des Volkes, der Nation oder Allgemeinheit eingesetzt sein; von all den verschiedenen Arten und Formen der Regierung ist diejenige die beste, die imstande ist, den höchsten Grad von Glück und Sicherheit hervorzubringen, und die am wirksamsten gegen die Gefahr schlechter Verwaltung gesichert ist; die Mehrheit eines Gemeinwesens hat ein unzweifelhaftes, unveräußerliches und unverletzliches Recht, eine Regierung zu verändern oder abzuschaffen, wenn sie diesen Zwecken unangemessen oder entgegengesetzt befunden wird, und zwar so, wie es dem Allgemeinwohl am dienlichsten erscheint.

Aus dem Manifest der Kommunistischen Partei — Karl Marx / Friedrich Engels

Im Jahre 1847 beauftragte das Londoner Zentralkomitee des Bundes der Kommunisten Karl Marx und Friedrich Engels mit der Abfassung eines für die Öffentlichkeit bestimmten theoretischen und praktischen Parteiprogramms. Gemeinsam veröffentlichen jene 1848 das

3 Aufrisse 10 (26560)

„Manifest der Kommunistischen Partei", dem nachstehende Ausschnitte entnommen wurden. Wenngleich Marx als eigentlicher Verfasser des Manifestes gilt, so ist der Anteil Engels unbestritten, aber in seinem Ausmaß nicht feststellbar. –

Die zum Verständnis der Ausschnitte wichtigen und vorausgehenden Gedanken werden, wie folgt, teils beschreibend, teils zusammenfassend dargestellt:

Das Manifest beginnt mit der Aussage, daß alle Mächte Europas sich zu einer Hetzjagd gegen das „Gespenst des Kommunismus" verbündet und ihn selbst als Macht anerkannt haben. Es schließt sich eine Folge zusammenhängender Thesen an, die mit dem berühmten Aufruf endet: „Proletarier aller Länder, vereinigt euch!" –

Grundlegender Gedanke ist zunächst die Auffassung, daß die Geschichte aller bisherigen Gesellschaft die Geschichte von Klassenkämpfen ist: So gab es seit jeher Unterdrücker und Unterdrückte, Ausbeuter und Ausgebeutete. In der modernen Gesellschaft stehen sie sich in den Klassen der Bourgeoisie und des Proletariats feindlich gegenüber.

Das Bürgertum, das einst selbst eine revolutionäre Aufgabe erfüllte, indem es die feudale Ordnung des Mittelalters zerstörte, machte sich gleichzeitig auch selbst der Ausbeutung schuldig. An die Stelle der religiös begründeten Gebundenheit des Menschen an seinen „natürlichen" Vorgesetzten trat nichts als das „nackte Interesse", der Eigennutz. Wo sich die Herrschaft der Bourgeoisie aufgrund des Besitzes von Produktions- und Verkehrsmitteln durchsetzte, zwang sie den Menschen ihre Produktionsweise, ihre Produktionsverhältnisse auf, die nur auf Erwerb ausgerichtet sind. Angesehene Berufe wurden zur Lohnarbeit erniedrigt. Das Eigentum konzentrierte sich in wenigen Händen, in den Händen der Kapitalisten. Gleichzeitig wuchs der politische Einfluß der Bourgeosie; es bemächtigte sich des Staates, der Vertreter ihrer Interessen wurde.

Indem die bürgerliche Ordnung das Proletariat hervorbrachte, auf das sie angewiesen ist – die Masse der Ausgebeuteten sichert durch ihre Lohnarbeit die Existenz der Bourgeoisie –, hat sie sich ihren größten Feind geschaffen. Die der Überproduktion entspringenden Krisen zeigen zudem an, daß der Kapitalismus nicht mehr Herr seiner Hilfsquellen ist.

Die Lage des arbeitenden Proletariats wird charakterisiert z. B. durch die wachsende Beziehungslosigkeit des Arbeiters zum Produkt seiner Arbeit; Arbeitsteilung und Ausdehnung der Maschinerie zwingen ihn zu eintönigster Arbeitsleistung; je mehr auf der einen Seite die „Widerwärtigkeit der Arbeit" zunimmt, auch durch Vermehrung der Arbeitsstunden, durch Vermehrung der in einer gegebenen Zeit geforderten Arbeit, beschleunigten Lauf der Maschinen, nimmt auf der anderen Seite der Lohn ab. Der Ausbeutung durch den Fabrikanten folgt, hat der Arbeiter seinen Lohn schließlich in der Hand, die Ausbeutung durch die übrige Bourgeoisie.

Das Proletariat macht verschiedene Entwicklungsstufen durch. Sein Kampf gegen die Bourgeoisie beginnt mit seiner Existenz.

Im Anfang kämpfen die einzelnen Arbeiter, dann die Arbeiter einer Fabrik, dann die Arbeiter eines Arbeitszweiges an einem Ort gegen den einzelnen Bourgeois, der sie direkt ausbeutet. Sie richten ihre Angriffe nicht nur gegen die bürgerlichen Produktionsverhältnisse, sie richten sie gegen die Produktionsinstrumente selbst; sie vernichten die fremden konkurrierenden Waren, sie zerschlagen die Maschinen, sie stecken die Fabriken in Brand, sie suchen sich die untergegangene Stellung des mittelalterlichen Arbeiters wieder zu erringen.

Auf dieser Stufe bilden die Arbeiter eine über das ganze Land zerstreute und durch die Konkurrenz zersplitterte Masse. Massenhaftes Zusammenhalten der Arbeiter ist noch nicht die Folge ihrer eigenen Vereinigung, sondern die Folge der Vereinigung der Bourgeoisie, die zur Erreichung ihrer eigenen politischen Zwecke das ganze Proletariat in Bewegung setzen muß und es einstweilen noch kann. Auf dieser Stufe bekämpfen die Proletarier also nicht ihre Feinde, sondern die Feinde ihrer Feinde, die Reste der absoluten Monarchie, die Grundeigentümer, die nicht-industriellen Bourgeois, die Kleinbürger. Die ganze geschichtliche Bewegung ist so in den Händen der Bourgeoisie konzentriert; jeder Sieg, der so errungen wird, ist ein Sieg der Bourgeoisie.

Aber mit der Entwicklung der Industrie vermehrt sich nicht nur das Proletariat; es wird in größeren Massen zusammengedrängt, seine Kraft wächst, und es fühlt sie mehr. Die Interessen, die Lebenslagen innerhalb des Proletariats gleichen sich immer mehr aus, indem die Maschinerie mehr und mehr die Unterschiede der Arbeit verwischt und den Lohn fast überall auf ein gleich niedriges Niveau herabdrückt. Die wachsende Konkurrenz der Bourgeois unter sich und die daraus hervorgehenden Handelskrisen machen den Lohn der Arbeiter immer schwankender; die immer rascher sich entwickelnde, unaufhörliche Verbesserung der Maschinerie macht ihre ganze Lebensstellung immer unsicherer; immer mehr nehmen die Kollisionen zwischen dem einzelnen Arbeiter und dem einzelnen Bourgeois den Charakter von Kollisionen zweier Klassen an. Die Arbeiter beginnen damit, Koalitionen gegen die Bourgeois zu bilden; sie treten zusammen zur Behauptung ihres Arbeitslohns. Sie stiften selbst dauernde Assoziationen, um sich für die gelegentlichen Empörungen zu verproviantieren. Stellenweise bricht der Kampf in Emeuten aus.

Von Zeit zu Zeit siegen die Arbeiter, aber nur vorübergehend. Das eigentliche Resultat ihrer Kämpfe ist nicht der unmittelbare Erfolg, sondern die immer weiter um sich greifende Vereinigung der Arbeiter. Sie wird befördert durch die wachsenden Kommunikationsmittel, die von der großen Industrie erzeugt werden und die Arbeiter der verschiedenen Lokalitäten miteinander in Verbindung setzen. Es bedarf aber bloß der Verbindung, um die vielen Lokalkämpfe von überall gleichem Charakter zu einem nationalen, zu einem Klassenkampf zu zentralisieren. Jeder Klassenkampf aber ist ein politischer Kampf. Und die Vereinigung, zu der die Bürger des Mittelalters mit ihren Vizinalwegen Jahrhunderte bedurften, bringen die modernen Proletarier mit den Eisenbahnen in wenigen Jahren zustande.

Diese Organisation der Proletarier zur Klasse, und damit zur politischen Partei, wird jeden Augenblick wieder gesprengt durch die Konkurrenz unter den Arbeitern selbst. Aber sie ersteht immer wieder, stärker, fester, mächtiger. Sie erzwingt die Anerkennung einzelner Interessen der Arbeiter in Gesetzesform, indem sie die Spaltungen der Bourgeoisie unter sich benutzt. So die Zehnstundenbill in England.

Die Kollisionen der alten Gesellschaft überhaupt fördern mannigfach den Entwicklungsgang des Proletariats. Die Bourgeoisie befindet sich in fortwährendem Kampf; anfangs gegen die Aristokratie; später gegen die Teile der Bourgeoisie selbst, deren Interessen mit dem Fortschritt der Industrie in Widerspruch geraten; stets gegen die Bourgeoisie aller auswärtigen Länder. In allen diesen Kämpfen sieht sie sich genötigt, an das Proletariat zu appellieren, seine Hilfe in Anspruch zu nehmen und es so in die politische Bewegung hineinzureißen. Sie selbst führt also dem Proletariat ihre eigenen Bildungselemente, d. h. Waffen gegen sich selbst, zu.

Es werden ferner, wie wir sahen, durch den Fortschritt der Industrie ganze Bestandteile der herrschenden Klasse ins Proletariat hinabgeworfen oder wenigstens in ihren Lebensbedingungen bedroht. Auch sie führen dem Proletariat eine Masse Bildungselemente zu.

In Zeiten endlich, wo der Klassenkampf sich der Entscheidung nähert, nimmt der Auflösungsprozeß innerhalb der herrschenden Klasse, innerhalb der ganzen alten Gesellschaft, einen so heftigen, so grellen Charakter an, daß ein kleiner Teil der herrschenden Klasse sich von ihr lossagt und sich der revolutionären Klasse anschließt, der Klasse, welche die Zukunft in ihren Händen trägt. Wie daher früher ein Teil des Adels zur Bourgeoisie überging, so geht jetzt ein Teil der Bourgeoisie zum Proletariat über, und namentlich ein Teil der Bourgeois-Ideologen, welche zum theoretischen Verständnis der ganzen geschichtlichen Bewegung sich hinaufgearbeitet haben.

Von allen Klassen, welche heutzutage der Bourgeoisie gegenüberstehen, ist nur das Proletariat eine wirklich revolutionäre Klasse. Die übrigen Klassen verkommen und gehen unter mit der großen Industrie, das Proletariat ist ihr eigenstes Produkt.

Die Mittelstände, der kleine Industrielle, der kleine Kaufmann, der Handwerker, der Bauer, sie alle bekämpfen die Bourgeoisie, um ihre Existenz als Mittelstände vor dem Untergang zu sichern. Sie sind also nicht revolutionär, sondern konservativ. Noch mehr, sie sind reaktionär, denn sie suchen das Rad der Geschichte zurückzudrehen. Sind sie revolutionär, so sind sie es im Hinblick auf den ihnen bevorstehenden Übergang ins Proletariat, so verteidigen sie nicht ihre gegenwärtigen, sondern ihre zukünftigen Interessen, so verlassen sie ihren eigenen Standpunkt, um sich auf den des Proletariats zu stellen.

Das Lumpenproletariat, diese passive Verfaulung der untersten Schichten der alten Gesellschaft, wird durch eine proletarische Revolution stellenweise in die Bewegung hineingeschleudert, seiner ganzen Lebenslage nach wird es bereitwilliger sein, sich zu reaktionären Umtrieben erkaufen zu lassen.

Die Lebensbedingungen der alten Gesellschaft sind schon vernichtet in den Lebensbedingungen des Proletariats. Der Proletarier ist eigentumslos; sein Verhältnis zu Weib und Kindern hat nichts mehr gemein mit dem bürgerlichen Familienverhältnis; die moderne industrielle Arbeit, die moderne Unterjochung unter das Kapital, dieselbe in England wie in Frankreich, in Amerika wie in Deutschland, hat ihm allen nationalen Charakter abgestreift. Die Gesetze, die Moral, die Religion sind für ihn ebenso viele bürgerliche Vorurteile, hinter denen sich ebenso viele bürgerliche Interessen verstecken.

Alle früheren Klassen, die sich die Herrschaft eroberten, suchten ihre schon erworbene Lebensstellung zu sichern, indem sie die ganze Gesellschaft den Bedingungen ihres Erwerbs unterwarfen. Die Proletarier können sich die gesellschaftlichen Produktivkräfte nur erobern, indem sie ihre eigene bisherige Aneignungsweise und damit die ganze bisherige Aneignungsweise abschaffen. Die Proletarier haben nichts von dem Ihrigen zu sichern, sie haben alle bisherige Privatsicherheit und Privatversicherungen zu zerstören.

Alle bisherigen Bewegungen waren Bewegungen von Minoritäten oder im Interesse von Minoritäten. Die proletarische Bewegung ist die selbständige Bewegung der ungeheuren Mehrzahl im Interesse der ungeheuren Mehrzahl. Das Proletariat, die unterste Schicht der jetzigen Gesellschaft, kann sich nicht erheben, nicht aufrichten, ohne daß der ganze Überbau der Schichten, die die offizielle Gesellschaft bilden, in die Luft gesprengt wird.

Obgleich nicht dem Inhalt, ist der Form nach der Kampf des Proletariats gegen die Bourgeoisie zunächst ein nationaler. Das Proletariat eines jeden Landes muß natürlich zuerst mit seiner eigenen Bourgeoisie fertig werden.

Indem wir die allgemeinsten Phasen der Entwicklung des Proletariats zeichneten, verfolgten wir den mehr oder minder versteckten Bürgerkrieg innerhalb der bestehenden Gesellschaft bis zu dem Punkt, wo er in eine offene Revolution ausbricht und durch den gewaltsamen Sturz der Bourgeoisie das Proletariat seine Herrschaft begründet.

Alle bisherige Gesellschaft beruhte, wie wir gesehn haben, auf dem Gegensatz unterdrückender und unterdrückter Klassen. Um aber eine Klasse unterdrücken zu können, müssen ihre Bedingungen gesichert sein, innerhalb derer sie wenigstens ihre knechtische Existenz fristen kann. Der Leibeigene hat sich zum Mitglied der Kommune in der Leibeigenschaft herangebildet, wie der Kleinbürger zum Bourgeois unter dem Joch des feudalistischen Absolutismus. Der moderne Arbeiter dagegen, statt sich mit dem Fortschritt der Industrie zu heben, sinkt immer tiefer unter die Bedingungen seiner eigenen Klasse herab. Der Arbeiter wird zum Pauper, und der Pauperismus entwickelt sich noch rascher als Bevölkerung und Reichtum. Es tritt hiermit offen hervor, daß die Bourgeoisie unfähig ist, noch länger die herrschende Klasse der Gesellschaft zu bleiben und die Lebensbedingungen ihrer Klasse der Gesellschaft als regelndes Gesetz aufzuzwingen. Sie ist unfähig zu herrschen, weil sie unfähig ist, ihrem Sklaven die Existenz selbst innerhalb seiner Sklaverei zu sichern, weil sie gezwungen ist, ihn in eine Lage herabsinken zu lassen, wo sie ihn ernähren muß, statt von ihm ernährt zu werden. Die Gesellschaft kann nicht mehr unter ihr leben, d. h. ihr Leben ist nicht mehr verträglich mit der Gesellschaft.

Die wesentlichste Bedingung für die Existenz und für die Herrschaft der Bourgeois-Klasse ist die Anhäufung des Reichtums in den Händen von Privaten, die Bildung und Vermehrung des Kapitals: Die Bedingung des Kapitals ist die Lohnarbeit. Die Lohnarbeit beruht ausschließlich auf der Konkurrenz der Arbeiter unter sich. Der Fortschritt der Industrie, dessen willenloser und widerstandsloser Träger die Bourgeoisie ist, setzt an die Stelle der Isolierung der Arbeiter durch die Konkurrenz ihre revolutionäre Vereinigung durch die Assoziation. Mit der Entwicklung der großen Industrie wird also unter den Füßen der Bourgeoisie die Grundlage selbst weggezogen, worauf sie produziert und die Produkte sich aneignet. Sie produziert vor allem ihren eigenen Totengräber. Ihr Untergang und der Sieg des Proletariats sind gleich unvermeidlich . . .

Die Interessen der Kommunisten entsprechen denen des gesamten internationalen Proletariats; die Kommunisten unterscheiden sich von der übrigen Masse des Proletariats lediglich durch „die Einsicht in die Bedingungen, den Gang und die allgemeinen Resultate der proletarischen Bewegung". Ziel der Kommunisten ist die „Bildung des Proletariats zur Klasse, Sturz der Bourgeoisieherrschaft, Eroberung der politischen Macht durch das Proletariat".

Das Proletariat wird seine politische Herrschaft dazu benutzen, der Bourgeoisie nach und nach alles Kapital zu entreißen, alle Produktionsinstrumente in den Händen des Staats, d. h. des als herrschende Klasse organisierten Proletariats, zu zentralisieren und die Masse der Produktionskräfte möglichst rasch zu vermehren.

Es kann dies natürlich zunächst nur geschehen vermittelst despotischer Eingriffe in das Eigentumsrecht und in die bürgerlichen Produktionsverhältnisse, durch Maßregeln also, die ökonomisch unzureichend und unhaltbar erscheinen, die aber im Lauf der Bewegung über sich selbst hinaustreiben und als Mittel zur Umwälzung der ganzen Produktionsweise unvermeidlich sind.

Diese Maßregeln werden natürlich je nach den verschiedenen Ländern verschieden sein.

Für die fortgeschrittensten Länder werden jedoch die folgenden ziemlich allgemein in Anwendung kommen können:

1. Expropriation des Grundeigentums und Verwendung der Grundrente zu Staatsausgaben.
2. Starke Progressivsteuer.
3. Abschaffung des Erbrechts.
4. Konfiskation des Eigentums aller Emigranten und Rebellen.
5. Zentralisation des Kredits in den Händen des Staats durch eine Nationalbank mit Staatskapital und ausschließlichem Monopol.
6. Zentralisation des Transportwesens in den Händen des Staats.
7. Vermehrung der Nationalfabriken, Produktionsinstrumente, Urbarmachung und Verbesserung der Ländereien nach einem gemeinschaftlichen Plan.
8. Gleicher Arbeitszwang für alle, Errichtung industrieller Armeen besonders für den Ackerbau.
9. Vereinigung des Betriebs von Ackerbau und Industrie, Hinwirken auf die allmähliche Beseitigung des Gegensatzes von Stadt und Land.
10. Öffentliche und unentgeltliche Erziehung aller Kinder. Beseitigung der Fabrikarbeit der Kinder in ihrer heutigen Form. Vereinigung der Erziehung mit der materiellen Produktion usw., usw.

Sind im Laufe der Entwicklung die Klassenunterschiede verschwunden und ist alle Produktion in den Händen der assoziierten Individuen konzentriert, so verliert die öffentliche Gewalt den politischen Charakter. Die politische Gewalt im eigentlichen Sinn ist die organisierte Gewalt einer Klasse zur Unterdrückung einer andern. Wenn das Proletariat im Kampf gegen die Bourgeoisie sich notwendig zur Klasse vereint, durch eine Revolution sich zur herrschenden Klasse macht und als herrschende Klasse gewaltsam die alten Produktionsverhältnisse aufhebt, so hebt es mit diesen Produktionsverhältnissen die Existenzbedingungen des Klassengegensatzes der Klassen überhaupt und damit seine eigene Herrschaft als Klasse auf.

An die Stelle der alten bürgerlichen Gesellschaft mit ihren Klassen und Klassengegensätzen tritt eine Assoziation, worin die freie Entwicklung eines jeden die Bedingungen für die freie Entwicklung aller ist.

Ärztlicher Eid in der Sowjetunion — Eidesformel

Genehmigt durch den Bescheid des Präsidiums des Obersten Sowjets der UdSSR vom 26. März 1971.

Bei Erhalt des Ehrentitels Arzt und Aufnahme meiner ärztlichen Tätigkeit gelobe ich mit feierlichem Eid:

all meine Kenntnisse und Kräfte dem Schutz und der Besserung der menschlichen Gesundheit und der Behandlung und Vorbeugung der Krankheiten zu widmen und gewissenhaft zu arbeiten, wo es die Interessen der Gesellschaft erfordern; stets zu ärztlicher Hilfe bereit zu sein, dem Kranken jede Aufmerksamkeit und Sorgfalt zu widmen und das ärztliche Geheimnis zu wahren;

meine medizinischen Kenntnisse und meine fachliche Kompetenz dauernd zu vervollständigen und durch meine Arbeit zur Entwicklung der ärztlichen Wissenschaft und Praxis beizutragen;

meine Kollegen zu Rate zu ziehen, wenn die Interessen des Patienten es erfordern, und ihnen auch meinerseits niemals Rat und Hilfe zu verweigern;

die edlen Traditionen der nationalen Medizin einzuhalten und zu fördern, immer gemäß den Prinzipien der kommunistischen Moral zu handeln, den Ehrentitel des sowjetischen Arztes stets im Sinne zu haben und mir jeder Zeit meiner Verantwortung dem Volk und dem Sowjetischen Staat gegenüber bewußt zu sein. Ich schwöre, diesem Eid mein Leben lang treu zu bleiben.

Genfer Gelöbnis — Eidesformel

Für jeden Arzt gilt folgendes Gelöbnis:

„Bei meiner Aufnahme in den ärztlichen Berufsstand gelobe ich feierlich, mein Leben in den Dienst der Menschheit zu stellen.

Ich werde meinen Beruf mit Gewissenhaftigkeit und Würde ausüben. Die Erhaltung und Wiederherstellung der Gesundheit meiner Patienten soll oberstes Gebot meines Handelns sein.

Ich werde alle mir anvertrauten Geheimnisse wahren.

Ich werde mit allen meinen Kräften die Ehre und die edle Überlieferung des ärztlichen Berufes aufrechterhalten und mich in meinen ärztlichen Pflichten nicht durch Religion, Nationalität, Rasse, Parteipolitik oder soziale Stellung beeinflussen lassen.

Ich werde jedem Menschenleben von der Empfängnis an Ehrfurcht entgegenbringen und selbst unter Bedrohung meine ärztliche Kunst nicht in Widerspruch zu den Geboten der Menschlichkeit anwenden.

Ich werde meinen Lehrern und Kollegen die schuldige Achtung erweisen. Dies alles verspreche ich feierlich auf meine Ehre."

Das demokratische Menschenbild **Waldemar Besson / Gotthard Jasper**

Die gleiche Freiheit aller Bürger ist eine unabdingbare Forderung an die Demokratie. Der heutige Geltungsbereich der klassischen Definition der Demokratie läßt sich deswegen danach abschätzen, wieweit die jeweiligen konkreten Formen der Demokratie, die durch diese Definition gegeben sind, Freiheit und Gleichheit der Bürger respektieren und ermöglichen. Ob uns historische Erscheinungen der Demokratie noch ein Vorbild sein können, wird danach entschieden werden müssen, wie weit sie diese demokratischen Grundwerte erfüllt haben.

Demokratie geht dabei von einem bestimmten Menschenbild aus. Die Menschen sollen frei sein, d. h. ihre Person nach eigener Entscheidung bilden und entfalten können. Dahinter steht – ob christlich oder humanistisch-idealistisch begründet – die Auffassung, daß jeder Mensch eigene Würde habe, durch die er Person sei und sich vom Tier unterscheide. Dieses der Demokratie zugrunde liegende Menschenbild fügt sich im übrigen auch ein in die Ergebnisse der modernen wissenschaftlichen Anthropologie und wird von diesen als reale Möglichkeit bestätigt. Würde schließt die Fähigkeit des Menschen ein, sich kraft seines Geistes seiner selbst bewußt zu sein und in eigener Verantwortung sich und seine Umwelt frei zu gestalten. Soll der Mensch als Mensch leben können, dann muß seine personale Würde auch für die politischen Machtträger unantastbar sein. Das bedeutet: er darf nicht als Objekt behandelt, zum Werkzeug gemacht oder zur beliebig manipulierbaren Sache für z. B. politische, weltanschauliche oder ökonomische Zwecke herabgewürdigt werden. Als Objekt behandelt wird aber, um nur ein Beispiel zu nennen, wer bei der Wahrheitsermittlung durch Polizei- oder Strafjustiz durch physischen Zwang und durch Anwendung chemischer und psychotechnischer Mittel in seinem freien Willen ganz oder teilweise beeinträchtigt wird. Solche Mittel machen den Menschen zu einer Registriermaschine. Sie rauben ihm die spezifisch-menschliche Fähigkeit, sich in den konkreten Situationen seines Lebens frei zwischen den verschiedenen Möglichkeiten des Handelns entscheiden zu können. Denn nur, wer aus eigenem Willen zu handeln vermag, handelt verantwortlich. Wer von dieser Personalität des Menschen überzeugt ist, der wird dem Menschen um seiner Würde willen ein Recht auf Freiheit zusprechen, denn nur ein freier Mensch kann sich und seine Umwelt in eigener Verantwortung mitgestalten. Des weiteren aber folgt aus diesem Menschenbild die Forderung, alle Menschen in ihrem persönlichen Freiheitsraum und im Recht auf freie Entfaltung ihrer Persönlichkeit gleich zu behandeln. Ins Politische gewendet bedeutet das, daß alle Macht und Herrschaft an der unantastbaren Würde jedes einzelnen Menschen ihre Grenze finden muß. Macht bedarf prinzipiell der Begrenzung und Kontrolle, und sie muß dazuhin auf die Zustimmung der ihr Unterworfenen gründen, da eine uneingeschränkte Zugriffsmöglichkeit den einzelnen in seiner Würde verletzen und entmündigen würde. Denn alle, insbesondere staatliche Macht hat dem Ziel zu dienen, die Möglichkeit und Chancen eines freien menschenwürdigen Lebens für alle Glieder des Gemeinwesens zu sichern und zu steigern.

Freiheit ist dabei nichts Abstraktes, sondern heißt sehr konkret Freiheit in der persönlichen Lebensgestaltung, Religions- und Gewissensfreiheit, Freiheit der Berufswahl, freie Möglichkeit zur Gestaltung des Familienlebens, freie Verfügungsgewalt über das persönliche Eigentum, Freiheit und Unverletzlichkeit der Wohnung, des Brief- und Telefonverkehrs. Freiheit bedeutet ferner Sicherheit vor willkürlicher Verhaftung und die Gewährleistung eines rechtsstaatlichen Verfahrens vor Gericht. All diese Freiheiten sind notwendige Konkretisierungen jenes für alle Menschen geltenden Anspruches auf ein menschenwürdiges und selbstverantwortliches Leben. Hierunter fallen auch das Recht der freien Meinungsäußerung, die Pressefreiheit, die Versammlungs- und Vereinigungsfreiheit, das Recht auf gleichberechtigte Teilnahme an der politischen Willensbildung im jeweiligen Gemeinwesen. Alle diese Freiheitsrechte, die hier keineswegs vollständig aufgezählt sind, müssen als Voraussetzung aller politischen Gemeinschaftsbildung gelten. Der Kernbestand dieser Freiheiten, die Achtung vor der Menschenwürde, wird nicht vom Staat großzügig dem einzelnen gewährt, sondern wird vom Staat als vorgegeben nur gewährleistet, als unverletzlich und unverzichtbar anerkannt. Ihn zu sichern, ist der Sinn jeder demokratischen Verfassung.

Freilich gilt es zu beachten, daß diese Freiheitsrechte des einzelnen nicht absolut gesetzt werden dürfen. Sie finden ihre Grenze an den Freiheitsrechten der anderen. Denn aus der Anerkennung der Menschenwürde folgt die Verpflichtung jedes einzelnen und die Verpflichtung jeder Gemeinschaft, ein menschenwürdiges Leben für alle Glieder zu ermöglichen. Es geht nicht nur darum, den einzelnen im Sinne des klassisch-liberalen Rechtsstaates gegen willkürliche Eingriffe der Machthaber zu sichern, sondern ihm auch im Sinne des modernen Sozialstaates durch positive Leistungen der Gemeinschaft die wirtschaftlichen, rechtlichen und bildungsmäßigen Möglichkeiten zur freien Entfaltung seiner Persönlichkeit zu geben. Frei sein von Not und von Furcht ist in gleicher Weise Ziel und Grundlage der Demokratie wie die Freiheit des Gewissens und der Meinungsäußerung. Die sozialen Verhältnisse und die politischen Institutionen einer Gemeinschaft sollen auf die Wohlfahrt der Bürger abgestellt sein und ihrem Glück dienen. In diesem Sinne bekennt sich etwa die Präambel der amerikanischen Verfassung dazu, das allgemeine Wohl fördern und das Glück der Freiheit bewahren zu wollen.

Erst von einem solchen Menschenbild her ist das Wesen der Demokratie begreifbar. *Demokratisch ist ein Gemeinwesen zu nennen, das unter*

Anerkennung der Würde des Menschen als letzten Wert darauf abzielt, allen Bürgern in gleicher Weise die Freiheit zur Entfaltung ihrer Persönlichkeit und zu verantwortlicher Lebensgestaltung zu gewährleisten.

Demokratie ist darum nicht eine Summe formaler Verfahrensvorschriften, sondern sie bestimmt sich von ihrem inhaltlichen Ziel her, unter den jeweiligen historischen und gesellschaftlichen Bedingungen das größtmögliche Maß an Freiheit und Eigenverantwortung zu verwirklichen. Diesem Ziel mochten in ihrer Zeit die Lehre von der Gewaltenteilung oder der demokratische Grundsatz: „Mehrheit entscheidet" relativ nahekommen. Die modernen Sozialverhältnisse haben jedoch erkennen lassen, daß solche Sätze nicht verabsolutiert werden dürfen, will man das Ziel der Demokratie nicht gefährden. Auch Mehrheiten können irren oder zum Irrtum verführt werden. Die Grundwerte der Demokratie müssen auch von einer noch so großen Mehrheit geachtet werden. In diesem Sinne hat etwa das Grundgesetz den Kernbestand dessen, was es freiheitlich-demokratische Grundordnung nennt, fixiert und der Verfügungsgewalt des ansonsten souveränen Parlamentes entzogen.

Demokratie setzt darum das Einigsein über das, was in keinem Falle zur Abstimmung gestellt werden kann, voraus; erst auf dieser Grundlage gemeinsamer Grundüberzeugungen ist dann bei der Gestaltung des politischen Alltags das Prinzip des Mehrheitsentscheides angebracht. Insofern ist Demokratie keine wertneutrale Verfahrensordnung, sondern eine wertgebundene, auf Wertverwirklichung zielende politische Form.

Mehr oder weniger bewußt setzte die ältere Demokratie einen vollkommenen Menschen voraus. Entweder vertraute man auf die Einsicht jedes einzelnen Aktivbürgers in die Erfordernisse der allgemeinen Wohlfahrt, oder man glaubte an das segensreiche Wirken einer geheimnisvollen Macht, die – wie im freien Spiel der wirtschaftlichen Kräfte dem Wohle aller – so auch im freien öffentlichen Kampf der Meinungen der Wahrheit zum Siege verhelfen würde. Die moderne Demokratie hat zwar mit dieser älteren Theorie nach wie vor die hohe Meinung von der Freiheit und der Fähigkeit aller Menschen zur Einsicht gemein – und deshalb behalten ihre Prämissen Gültigkeit. Die Mündigkeit des Menschen bleibt ihr Ziel, auch wenn wir heute wissen, daß viele soziale und wirtschaftliche Faktoren ihr im Wege stehen und die Verfehlung der Mündigkeit mit zu den Möglichkeiten des Menschen gehört. Das hat unser Verständnis der Demokratie ausgeweitet und vertieft. Sie ist uns zur Staatsform geworden, die die Unvollkommenheit des Menschen mit einkalkuliert und dennoch auf die Freiheit und Würde des Menschen baut. Darum sind der Gedanke der Volksherrschaft und das liberale Streben nach Bändigung und Begrenzung politischer Macht in der modernen Demokratie eine neue, enge Verbindung eingegangen. So empfangen heute die demokratischen Verfassungs- und Verfahrensprinzipien aus der allgemeinen Erfahrung der Fehlbarkeit der menschlichen Natur ebenso ihren Sinn wie aus dem Bemühen, die Grenzen der Freiheit und Selbstbestimmung des einzelnen soweit wie möglich herauszuschieben. Gäbe es nur kooperationswillige und vernünftige kluge Menschen, dann brauchte man keine besonderen Sicherungen, um die

Freiheit alles dessen, was Menschenantlitz trägt, zu verwirklichen. Weil aber Verführung zum Mißbrauch vor allem ausgesetzt ist, wer Macht ausübt, darum bedarf es der komplizierten demokratischen Kontrollen und Mechanismen, um die für die Ordnung des Gemeinwesens notwendige Macht zu begrenzen und zu disziplinieren und dadurch den Bestand der Freiheit auf Dauer zu sichern. So kann man mit Reinhold Niebuhr feststellen: „Des Menschen Sinn für Gerechtigkeit macht Demokratie möglich, seine Neigung zu Ungerechtigkeit macht Demokratie notwendig."

Vorstellungsbilder im Wandel

Alvin Toffler

In einer Gesellschaft, in der Sofort-Nahrung, Sofort-Unterricht und selbst Sofort-Städte alltägliche Erscheinungen sind, wird kein Produkt schneller hergestellt und unbarmherziger zerstört als die Sofort-Berühmtheit. Länder, die vor dem Superindustrialismus stehen, pflegen die Fertigung dieser „psychoökonomischen Produkte" besonders zu forcieren. Die Sofort-Berühmtheiten platzen in das Bewußtsein von Millionen von Menschen wie Image-Bomben – und genau das sind sie auch.

Nachdem ein Cockney-Mädchen, genannt „Twiggy", ihren ersten Job als Fotomodell bekam, dauerte es nicht einmal ein Jahr, bis Millionen von Menschen auf der ganzen Welt fest umrissene Begriffe mit ihrem Namen verbanden und dies als Bilder in ihrem Gehirn aufspeicherten. Twiggy, eine sanftäugige Blondine mit Minibusen und Streichholzbeinen, wurde 1967 zur Berühmtheit gemacht. Ihr apartes Gesicht und ihre unterernährte Figur erschienen plötzlich auf den Titelseiten von Illustrierten in England, Amerika, Frankreich, Deutschland und anderen Ländern. Über Nacht begannen Twiggy-Augenwimpern, -Puppen, -Parfüms und -Kleidung aus den Marotten-Fabriken zu strömen. Kritiker wiesen mit erhobenem Zeigefinger auf Twiggys gesellschaftliche Bedeutung hin. Zeitungsleute widmeten ihr so viele Zeilen wie sonst höchstens dem Abschluß eines Friedensvertrages oder einer Papstwahl.

Inzwischen jedoch sind die in unseren Gehirnen seinerzeit gespeicherten geistigen Bilder von Twiggy weitgehend wieder gelöscht. Twiggy ist bereits wieder aus dem Blickfeld der Öffentlichkeit verschwunden. Die Realitäten haben sie selbst zu der klugen Selbsteinschätzung gebracht, daß „ich keine weiteren sechs Monate mehr im Geschäft sein werde". Denn auch Images sind in zunehmendem Maße vergänglich geworden, und nicht nur die Images von Fotomodellen, Leistungssportlern oder Conférenciers.

Vor kurzem fragte ich ein sehr intelligentes junges Mädchen, ob sie oder ihre Klassenkameraden irgendwelche Vorbilder hätten. Ich fragte: „Betrachten Sie John Glenn zum Beispiel als einen Helden?" (Glenn war, falls es der Leser vergessen haben sollte, der erste Amerikaner im Weltraum.) Die Antwort des Mädchens war bezeichnend: „Nein, er ist zu alt."

Zuerst dachte ich, sie hielte einen Mann in den Vierzigern für zu alt, um noch ein Held zu sein. Bald merkte ich, daß ich im Irrtum war. Sie meinte, daß Glenns Heldentat zu lange zurücklag, um noch von Interesse zu sein. (John Glenns Flug, der in die Menschheitsgeschichte einging, fand im Februar 1962 statt.) Heute steht Glenn nicht mehr im Brennpunkt des öffentlichen Interesses. Sein Image ist verblaßt.

Twiggy, die Beatles, John Glenn, Bob Dylan, Jack Ruby, Norman Mailer, Jean-Paul Sartre, Nikita Chruschtschow, Jacqueline Kennedy – Tausende von „Persönlichkeiten" erscheinen auf der Bühne des Zeitgeschehens, werden aufgebaut und gehätschelt von den Massenmedien und prägen sich als Images ein im Gedächtnis von Millionen Menschen. Wir sind diesen „Persönlichkeiten" nie begegnet, werden sie auch nie kennenlernen, und doch haben wir beinahe ein so intensives Verhältnis zu ihnen (manchmal sogar noch ein engeres) wie zu vielen Leuten, die wir „persönlich" kennen.

Wir knüpfen Beziehungen an zu diesen „Ersatzpersonen", wie zu Freunden, Nachbarn und Kollegen. Die echte Begegnung mit Menschen und die mit Ersatzpersonen besitzen ein gemeinsames Merkmal: Die Zahl flüchtiger Begegnungen in unserem Leben nimmt zu, während die durchschnittliche Dauer der Beziehungen abnimmt. Die Durchflußrate für Ersatzpersonen hängt von der Veränderungsrate des Weltgeschehens ab. Ein Beispiel aus der Politik: Die britischen Premierminister wechselten seit 1922 um 13 Prozent schneller als in dem vorangegangenen Zeitraum von 1721 bis 1922. Ein Beispiel aus dem Sport: Die Titelinhaber der Weltmeisterschaft im Schwergewichtsboxen wechseln heute fast doppelt so schnell wie in der Jugendzeit unserer Väter. Von 1882 bis 1932 gab es zehn verschiedene Weltmeister im Schwergewichtsboxen; jeder von ihnen hielt seinen Titel durchschnittlich fünf Jahre. Von 1932 bis 1951 gab es sieben Titelträger, von denen jeder die Meisterschaft durchschnittlich 3,2 Jahre hielt. Von 1951 bis 1961 (als der Weltmeisterschaftstitel zeitweilig nicht mehr vergeben wurde) wechselte die Meisterschaft alle 2,3 Jahre. Die schneller ablaufenden Ereignisse katapultieren ständig neue „Auserwählte" in das Blickfeld der Öffentlichkeit und alte Images wieder in die Versenkung zurück. Dasselbe könnte über die fiktiven Charaktere gesagt werden, die uns aus Büchern, vom Fernsehschirm und Theaterbühnen, aus Kinos und Illustrierten überschwemmen. Nie zuvor gab es eine Generation, auf die so viele erfundene Wesen einstürmten. Ersatzpersonen, ob echt oder erfunden, spielen in unserem Leben eine wesentliche Rolle. Sie liefern Modelle für Verhaltensweisen, sie zeigen uns verschiedene Rollen und Situationen, aus denen wir Schlußfolgerungen für unser eigenes Leben ableiten. Bewußt oder unbewußt ziehen wir aus ihrem Verhalten Lehren. Wir lernen aus ihren Triumphen und Schwierigkeiten. Sie ermöglichen uns, verschiedene Rollen und Lebensstile „auszuprobieren", ohne dabei unter den Konsequenzen zu leiden, die eine tatsächliche Durchführung solcher Experimente mit sich bringen würde. Das beschleunigte Kommen und Gehen der Ersatzpersonen trägt allerdings zur Unbeständigkeit der Persönlichkeitsstruktur vieler wirklicher Menschen bei; denn bei einer größeren Vielfalt von Vorbildern wird es immer schwieriger, seine Wahl zu treffen und sich für einen bestimmten Lebensstil zu entscheiden.

3

Manipulation

Manipulieren **Hans Weigel**

Manipulieren ist ein Elementarereignis. Man kann sich *manipulieren* ebensowenig widersetzen wie einem Erdbeben oder einer Wasserhose. Wer *manipulieren* abschaffen oder auch nur leise reduzieren wollte, könnte mit gleichen Aussichten auf Erfolg versuchen, *und* abzuschaffen oder auch nur leise zu reduzieren. Man wird ihm vorwerfen, daß er mit *manipulieren* manipulieren wollte.

Jeder sagt, daß alle manipulieren. Alle sagen, daß jeder manipuliert.

Was unter *manipulieren* zu verstehen ist, dürfte als bekannt vorausgesetzt werden. Weniger herumgesprochen hat es sich, daß auch die Verwendung des Begriffs *manipulieren* als *manipulieren* zu bezeichnen ist. Das Wort *manipulieren* hockt, zum Sprung geduckt, und ist sofort überall dort zur Stelle, wo jemand nicht einverstanden ist. Was du nicht willst, daß man dir tu', dem füge das Odium des *manipulierens* zu!

Wer bei einer Tanzunterhaltung mit Fräulein Inge und nicht mit Fräulein Ingrid tanzt, der manipuliert. Und umgekehrt. Wenn die Mutter ihren drei Kindern Schnitzel auf die Teller legt, und die Schnitzel sind nicht gleich groß, und sie gibt dem Franz ein größeres Stück als dem Fritz, dann manipuliert sie. Und umgekehrt. Wenn der Herr Lehrer den Schüler Karl nach Rudolf I. fragt und den Schüler Kurt nach Rudolf II., dann manipuliert er. Und umgekehrt. Wenn der Programmdirektor des Rundfunks für den Sonntag die Vierte von Brahms und für den Montag die Erste von Schumann ansetzt, dann manipuliert er. Und umgekehrt.

Und wenn ich das alles feststelle, dann manipuliere ich. Überhaupt: Wann immer wer immer etwas tut oder nicht tut, sagt oder nicht sagt, anordnet oder nicht anordnet, und es besteht die Möglichkeit, daß andere damit nicht einverstanden sind, dann manipuliert er. Und erst im Grab manipuliert man nicht mehr. Und selbst das ist nicht zweifelsfrei erwiesen.

Die manipulierte Seele

Theo Löbsack

Liebesgefühle auf Kommando

Mit den erwünschten oder erzwungenen Eingriffen ins Gehirn betreten wir ein Gebiet, das zu ebenso fragwürdigen Aussichten wie kühnen Zukunftshoffnungen berechtigt. Um was es geht, könnte man „Drucktastensteuerung des Verhaltens" nennen. Schon heute zeichnet sich die Möglichkeit ab, körperliche und psychische Reaktionen des Menschen durch gezielte elektrische Reize in seinem Gehirn zu beeinflussen, ja sogar zu lenken.

Der Gedanke an die Zukunft einer derart weitgehenden „Machtergreifung" wird uns beunruhigen. Man stelle sich das einmal vor: Menschen, die mit feinen Drähten im Gehirn leben, Drähten, die auf der Schädeldecke in kleinen Kapseln enden, wo sie Radiowellen empfangen. Und irgendwo steht ein Sender, der genormte Programme ausstrahlt. Die elektrischen Impulse reizen die Gehirnzentren, steuern unser Tun und Lassen, steuern unsere Gefühle, unsere Liebe und unseren Haß: Willensbildung durch eine zentrale Aufsichtsbehörde, durch George Orwells „Big Brother".

Alle Spekulationen zur Manipulierung menschlichen Verhaltens werfen natürlich auch religiöse und ethische Probleme auf, die wir hier jedoch nicht behandeln können. Bei den praktischen Möglichkeiten wollen wir etwas verweilen.

Unerhörte Gedanken dazu hat unlängst der Biophysiker Otto Schmitt von der Universität von Minneapolis geäußert. Nach Schmitt sind Elektronik und Medizin heute schon soweit fortgeschritten, daß sie einen Menschen in seinen Gefühlen und Stimmungen, ja in seiner ganzen „Antriebslage" fernsteuern und damit eine Art „Verhaltenskontrolle" über ihn ausüben könnten. Das Verfahren bestehe einfach darin, kleine Kapseln in den Körper zu verpflanzen, die mit bestimmten Chemikalien gefüllt und mit einem Miniatur-Empfänger kombiniert seien. Auf einen Funkimpuls hin, den ein beliebig weit entfernter Sender ausstrahlt, flössen dann aus den Kapseln wohldosierte Mengen bestimmter Substanzen in den Körper. Das könnten Hormone sein oder andere Stoffe; bei Verwendung von Elektroden im Gehirn genügten auch elektrische Reize. Kampferschöpfte Soldaten könnten auf diese Weise nochmal zur Höchstleistung angespornt werden. „Es ist gar keine Frage", versicherte Schmitt, „daß wir das menschliche Verhalten damit in der Hand haben. Wir könnten einen Menschen brutal und angriffslustig machen, oder ihn sanft und geduldig stimmen . . ."

Wie weit wir in der Tat schon sind, offenbarte ein in Amerika durchgeführtes Experiment. Man hatte einem Affen eine Elektrode im Gehirn an einer Stelle eingepflanzt, wo die Wissenschaftler ein sogenanntes „Wonnezentrum" vermuten. Wurde der Strom eingeschaltet, dann schien der Affe ein nie gekanntes Glücksgefühl zu empfinden, dem er unwiderstehlich verfiel. Der stromliefernde Mechanismus wurde nun mit einer Fotozelle gekoppelt, die dem Affen nur so lange Lustempfindungen verschaffte, wie er einen bestimmten, vom Sonnenstand abhängigen Weg ging. Wich er vom Weg ab oder blieb er stehen, so lieferte die Fotozelle keinen Strom mehr und die „Belohnungen" blieben aus. Der Affe marschierte ohne Unterlaß. Nach langem Gang durch wildes, ihm unbekanntes Gelände erreichte er wohlbehalten eine Zielstation. Dort wurde der Mechanismus für den Rückweg eingestellt, und das Tier fand auch diesen prompt, ohne Mithilfe einer Funkstation.

Auch beim Menschen ist die „elektrische Stimulation" des Gehirns schon durchgeführt worden, und zwar nicht zuletzt deshalb, um auch medizinisch-therapeutische Anwendungsmöglichkeiten zu erforschen. Die Praxis dieser Verfahren sieht ungefähr so aus: Zunächst wird der Kopf des Patienten in einer Haltevorrichtung fixiert, so daß er sich nicht bewegen kann. Unter Narkose bohrt der Chirurg dann ein kleines Loch in die Schädeldecke. Daraufhin werden zwei isolierte, haarfeine Drähtchen ins Gehirn eingeführt. Zwischen den blanken Drahtenden, den beiden Elektroden, fließt später der Strom. Oben auf der Schädeldecke enden die Drähtchen in einer kleinen Kapsel. Wenn die Elektroden unter Spannung gesetzt werden, täuscht der zwischen ihnen fließende Strom eine mehr oder weniger heftige Nerventätigkeit vor. Das Verfahren kann so präzise und zugleich schonend für das benachbarte Gewebe durchgeführt werden, daß es gelingt, einzelne Nervenzellen zu reizen, ohne die normalen Stoffwechselvorgänge in ihnen zu stören. Die Elektroden können an ihrem unteren Ende sogar gegabelt sein, um gleichzeitig verschiedene Hirnteile zu erreichen. Sie können entweder direkt von einer Stromquelle gespeist oder mit einem Radioempfänger verbunden werden, der seine Impulse von einem entfernten Sender bekommt.

Während sich Menschen für diese Art von Verhaltenssteuerung trotz aller technischen Fortschritte vorerst nur vereinzelt zur Verfügung gestellt haben, ist man im Tierversuch schon weiter vorangekommen. Das bestätigt ein ganzes Arsenal verschieden geformter Elektroden mit den zugehörigen Befestigungskapseln für die Schädeldecke, wie sie etwa der amerikanische Techniker William E. Wetzel aus Michigan zur Verwendung bei Tieren geschaffen hat. Wie es heißt, könnten diese Elektroden ebenso auch zur Kontrolle des menschlichen Verhaltens eingesetzt werden.

Die elektrische Manipulierbarkeit eines Lebewesens geht außerordentlich weit. Das umriß der amerikanische Neurophysiologe Professor José M. R. Delgado:

„Unter dem Einfluß elektrischer Reizung des Gehirns verhalten sich Katzen und Affen wie elektrische Spielzeuge. Je nachdem, welchen Knopf die Experimentatoren drückten, wurde eine von einer großen Zahl motorischer Reaktionen ausgelöst. Sie umfaßten Bewegungen aller Körperteile: Vorder- und Hinterfüße, Schwanz, Rumpf, Kopf und Ohren . . . Manchmal lehnte sich ein Tier offensichtlich gegen die elektrisch geforderte Reaktion auf und die betreffende Bewegung unterblieb; wurde der Reiz dann verstärkt, so schwand der Widerstand und das Tier reagierte wie ‚befohlen'. Wenn wir die Tiere festhielten, um sie an einer bestimmten Reaktion zu hindern, so kämpften sie sich frei, um dem Befehl der Hirnreizung zu folgen."

Weitere Tierversuche auf dem Weg zur „ferngelenkten Seele“ sprechen für sich. Sie zeigen nicht nur eine schon erschreckend zu nennende Beeinflußbarkeit des körperlichen und seelischen Verhaltens, sie sind auch eine unmißverständliche Warnung an alle Verantwortlichen: Die neuentdeckten Mittel zu Eingriffen in das Gemüt und Gefühlsleben eröffnen heute noch unübersehbare Möglichkeiten, eines Tages auch das menschliche Verhalten in größerem Umfang zu steuern. Es muß daher an uns sein, die weitere Entwicklung dieser Praktiken aufmerksam zu verfolgen. Nicht, daß die Arbeit der Wissenschaftler in dieser Richtung künftig kontrolliert werden müßte. Was aber die praktische Anwendung ihrer Ergebnisse betrifft, so werden die Verantwortlichen darüber zu wachen haben, daß jeder Mißbrauch ausgeschlossen ist. Die Wissenschaft hat jetzt einen Punkt erreicht, an dem die psychologische, die pharmakologische, die chemisch-physikalische Forschung nicht mehr kontrolliert arbeiten. Alle diese Wissengebiete berühren sich heute. Ihre Vertreter sehen sich in der Lage von Bergarbeitern, die in ihren Gängen tief in der Erde nach Jahren einsamen Suchens von überallher das Pochen ihrer Kameraden hören. So kommt es zu gegenseitiger Befruchtung, ein Prozeß, der den ohnehin rasanten wissenschaftlichen Fortschritt noch weiter beschleunigt. Eine Folge davon ist, daß auch die einst mehr spekulativen Bereiche der Verhaltensforschung (Lern- und Erinnerungsvermögen, Triebe, Bewußtsein usw.) jetzt in die Reichweite des exakten Experimentes gerückt sind.

Ein Beispiel dazu aus der Verhaltensforschung: Paviane leben normalerweise in Horden unter dem Gesetz einer streng beachteten Rangordnung zusammen. Durch Elektrostimulation gelag es José Delgado, die „Machtdemonstrationen“ des rangobersten Tieres soweit zu unterdrücken, daß dieser Pavian von den übrigen nicht mehr als Hordenführer anerkannt wurde. Ließ Delgado den elektrischen Reiz durch einen Hebel von einem rangniederen Tier bedienen, so sah sich dies in die Lage versetzt, die Angriffe des „big boss“ nach eigenem Gutdünken „an- und abzuschalten“. Merkwürdig genug, daß der rangniedere Pavian dabei selbst nie zum Gegenangriff überging, sondern sich mit dem Anblick des besänftigten Hordenführers zufriedengab.

In einem anderen Fall gelang es Delgado, den Pupillenreflex eines Versuchsaffen durch elektrische Hirnreizung zu kontrollieren. Jeder Augenarzt würde einem solchen Experiment gebannt beiwohnen: Wie wir wissen, wird die Pupille im Dämmerlicht weit, im Hellen dagegen verengt sie sich. Der elektrogereizte Affe reagierte völlig unabhängig von den Lichtverhältnissen. Delgado konnte seine Pupillen sich beliebig öffnen oder schließen lassen, wie die Blende eines Fotoapparates. Wie leicht nachzuweisen war, stellten sich die Pupillen sogar unabhängig voneinander ein. Damit aber nicht genug: Katzen, Hunde und Affen hoben und senkten ihre Pfoten auf elektrischen Befehl, öffneten ihre Mäuler und schlossen sie wieder, drehten sich um, liefen davon oder lagen still. Andere Tiere reagierten mit Wutausbrüchen, sträubten die Haare und zeigten die Krallen, obwohl ihre Umgebung keinen Grund zur Aufregung lieferte. Ein zehn Sekunden dauernder Elektroreiz ins Mittelhirn eines weiblichen Versuchsaffen hatte zur Folge, daß das Weibchen sein Junges zwanzig Minuten lang völlig unbeachtet ließ.

In einem nicht ungefährlichen Versuch verpflanzte der Experimentator eine Elektrode in das Hirn eines Kampfstieres. Anschließend nahm er einen kleinen Sender in die Hand und erwartete den Angriff des Bullen in einer Kampfarena. Wutenbrannt stürmte der Stier auf das geschwenkte rote Tuch zu und senkte die Hörner zum Stoß. Im selben Augenblick tat der eingeschaltete Strom seine Wirkung: Der Stier bremste seinen Angriff mit steif vorgestreckten Vorderläufen, drehte sich um und trottete davon, als wäre er das friedlichste Wesen auf der Erde.

Noch bemerkenswerter sind die Wirkungen der Hirn-Stimulation im sexuellen Bereich. Eines der Affenpärchen Delgados kopulierte mit elektrisch gereizten Hirnen nicht weniger als einundachtzigmal innerhalb von neunzig Minuten. Eindeutig verhielt sich auch eine bis dahin als sehr zurückhaltend bekannte junge Frau. Als man ihre entsprechenden Gehirnabschnitte reizte, gab sie ihre Vorbehalte auf, ergriff im Gespräch die Hände ihrer Ärzte, flirtete mit ihnen und wünschte sich, verheiratet zu sein.

Ein elfjähriger, wortkarger und häufig deprimierter Junge erschien nach einer Hirnstimulation wie umgewandelt. Aufgeschlossen nahm er an allem teil, was um ihn herum vorging. Ganz im Gegensatz zu seinem sonstigen Verhalten zeigte er sich gesprächig und optimistisch. In einem anderen Experiment wurde das Gegenteil erreicht: Das Denkvermögen der Versuchsperson schien wie blockiert, Bewegungen und Sprache wirkten wie eingefroren. Statt dessen traten Angst und Einsamkeitsgefühle, Halluzinationen und Störungen der Sinnesempfindungen auf.

Dem früheren Direktor der Nervenklinik von Montreal, Wilder Penfield, waren schon Ende der fünfziger Jahre überraschende Dinge aufgefallen. Bei Versuchen, die Schläfenlappenregion des Gehirns elektrisch zu reizen, hatte er bei seinen Patienten längst vergessene Erinnerungen wachgerufen. Die Leute sahen das Tapetenmuster ihres einstigen Kinderzimmers, sie spürten wieder den Harzgeruch ihrer heimatlichen Wälder und hörten alte Melodien.

Bei allen Verhaltensweisen, Stimmungen, Körperbewegungen, Glücks- oder Wonnegefühlen, die durch elektrische Gehirnreizung ausgelöst werden, muß man sich einmal den vielleicht unheimlichsten Tatbestand all dieser Eingriffe vergegenwärtigen: Der Betreffende kann nämlich absolut nicht unterscheiden, ob das, was er empfindet, was er tut oder läßt, das Ergebnis eines künstlich gesetzten Zwanges ist, oder ob es ganz natürlich „über ihn kommt“.

Das hindert die Nervenärzte natürlich nicht, sich von solchen Eingriffen therapeutischen Nutzen zu versprechen. Elektroden – in die Hör- und Sehzentren blinder und tauber Patienten versetzt – könnten diesen Menschen vielleicht einmal helfen, sich wieder besser in ihrer Umgebung zurechtzufinden. Die Elektroden würden mit Mikrophonen oder Fotozellen verbunden sein und dem Gehirn optische oder akustische Eindrücke vermitteln, die den verlorenen Sinn dann zum Teil ersetzen.

4 Aufrisse 10 (26560)

Die kommerzielle, politische oder sonstige Werbung bewegt den Menschen mit zwei Hebeln: den *Assoziationen* und den *angeborenen Verhaltensprogrammen.* Ein Beispiel zeigt das: Auf einem Plakat steht ein Glas Bier, das außen beschlagen ist, und an dem an einigen Stellen schon die zusammengelaufenen Wassertropfen ein Stück weit heruntergeronnen sind. Wer das Plakat sieht, assoziiert: Kühles Bier – warme, schwüle Luft – Durst; und hiermit wird schon ein Instinkt angesprochen und Durstverhalten ausgelöst oder nahegelegt, so daß es bei nächster, sich bietender Gelegenheit besonders leicht „losgeht". Das ist, was das Plakat bezweckt hat: Der Betrachter soll sich dann ein Bier einschenken lassen – natürlich nicht sich eines schenken lassen, sondern es kaufen. Er soll ja zum zahlenden Konsumenten hin manipuliert werden.

Nach dem gleichen Prinzip funktioniert fast alle Werbung. Meist wird zunächst eine Assoziationskette eingeklinkt, die schließlich zu einem *Auslöser* für eine vom Werbenden gewünschte Handlung führt. „Wünsche wecken" nennt man das, falls man für Konsum wirbt. In ganz entsprechender Weise kann die Werbung aber auch Neugier, Furcht oder Aggression wecken, falls es beabsichtigt ist, Menschen eine bestimmte soziale Rolle spielen zu lassen – etwa als Demonstranten, Wähler oder Krieger.

Die Reihenfolge: Assoziation – Auslöser kann umgekehrt werden, indem man den Auslöser an den Anfang stellt. Wiederum ein Beispiel: Ein Plakat zeigt herrliche, reife Apfelsinen in vielfacher Überlebensgröße. Dies Bild bewirkt ziemlich unmittelbar Appetit auf diese Früchte und läßt den Menschen nun nach den entsprechenden Objekten suchen, die sich vielleicht unterhalb des Plakates auf einem Marktstand in Kisten befinden. Hier war eine lange Assoziationskette also gar nicht nötig. Die Apfelsinenattrappe auf dem Plakat wirkte schon wegen ihrer Größe und Fernwirkung übernormal als Auslöser.

Vergleichbare Plakate, auf denen nicht Früchte, sondern appetitliche Mädchen dargestellt sind, werden kaum in entsprechender Unmittelbarkeit verwendet. Zwar wird auch in diesem Falle Appetit geweckt; aber nun wird die wachgerufene Appetenz „auf Spur gesetzt" wie ein Suchhund. Das heißt: Das betreffende Plakat enthält entweder in bildlicher Darstellung oder im Begleittext Hinweise, die Assoziationsketten anknüpfen. Hieran kann der zu Manipulierende entlang geführt werden, bis er dort ist, wo ihn der Werbende haben möchte, und wo nun neue Auslöser geboten werden können. Je nach Absicht können sie recht verschieden sein: eine Winterlandschaft lenkt in Gedanken zu einem Kurort, oder Text und zusätzliche Einzelheiten im Bild muntern den Beschauer auf, sich für eine Limonade oder sonst etwas zu interessieren, das primär mit dem abgebildeten Mädchen nur wenig zu tun haben braucht.

Der Erfolg solcher Werbung hängt davon ab, ob die Assoziationen ausreichend zwingend sind, also – unter anderem – von der Vorbildung der durch die Werbung Angesprochenen und von dem, was unter gegebenen Verhältnissen „nahe liegt". Die verschiedenen gebotenen Auslöser müssen zudem geeignet sein, sich wirkungsvoll zu addieren und Appetenzen etwa gleicher Richtung wachzurufen und Instinkte anzuzielen, durch die das erwünschte Konsumverhalten Wirklichkeit wird. Psychologisch gesprochen: Starke Hoffnungen müssen wachgerufen und nur durch den in Frage stehenden Konsum zu stillende Wünsche müssen geweckt werden.

In den beiden Beispielen etwa so: Das attraktive Mädchen wird mit „Winterkurort" assoziiert. Der Wunsch nach Erholung vereint sich mit der Hoffnung auf einen netten Flirt. War das Plakat genügend eindrucksvoll, wirkt es nach. Da zudem die beiden angesprochenen *Instinktmechanismen* (aus dem Bereich der Sexualität und aus dem Bereich der Entspannung-Suche) zunächst noch nicht in Aktion treten können, die Handlung also aufgeschoben wird, so heizt das die ungestillte Appetenz weiter auf. Schließlich kauft sich der vom Plakat Angesprochene die Fahrkarte nach dem Kurort und bucht dort ein Hotelzimmer. Ganz ähnlich ist es mit der Limonadenreklame; denn auch da verschmilzt der Appetit auf das Mädchen mit dem suggerierten Durst. Die angebotene Limonade kann dann sogar ziemlich fade sein. Sie wird trotzdem mit größerer Lust getrunken, als sie es wert wäre; denn die unnahbare erotische Attrappe ermöglicht ja keine erotische Befriedigung, die erotische Endhandlung bleibt also zwangsläufig aus. Damit bleibt die Appetenz erhalten, die sich nun – sozusagen überspringend – auf die Abreaktion des Durstes überträgt. Die Limonade hat so eine erotische Tönung bekommen und an Köstlichkeit gewonnen.

Gerade bei Genußmittelreklamen spielt die *Sex-Attrappe* in diesem Sinne eine große und bewährte Rolle; ebenso übrigens auch das Ansprechen des menschlichen *Imponiergehabes.* Vieles, was als Genuß gilt, wird ja in Gesellschaft konsumiert. Kennergespräche über Weine oder Zigarren sind für den Beobachter oft erheiternde Proben demonstrierter Angeberei. Das Imponiergehabe ist bei Tier und Mensch eben ein so wichtiger Bestandteil des Sozialverhaltens (gegenüber Rivalen und Sexualpartnern), daß es mit fast unbedingter Sicherheit aktiviert werden kann, wenn man nur den richtigen Auslöser setzt. Im uns hier interessierenden Fall der Werbung kann sogar die gleiche bildliche oder sprachliche Attrappe sowohl als Sex-Attrappe wirken wie auch als Auslöser für Imponiergehabe. Das schon erwähnte Beispiel der Limonadenreklame kann dies zusätzlich zeigen: Während sie auf den männlichen Beschauer in der beschriebenen Weise wirkt, wird das dargestellte Mädchen für die weiblichen Beschauer so angezogen, frisiert, geschmückt und aufgemacht, wie die meisten unter ihnen es sich auch leisten können, oder wie sie es unter dem Konformitäts-Zwang der Mode ohnehin schon sind. Das sieghafte Lächeln der Mädchen-Attrappe, ihre Gestik und ihr Drum und Dran entspricht dem durch Prägung oder Dressur gültigen Weibchen-Ideal und ermöglicht es also den Betrachterinnen des Plakats, sich in die Rolle der übernormalen Sex-Attrappe hineinzuversetzen – und das mit einer Flasche der betreffenden Limonade in der Hand oder am Mund!

Das Arrangement kann noch um einige Auslöser bereichert werden, indem auf dem Plakat neben dem Mädchen noch charmante Jünglinge auftreten. Auch sie spielen als übernormale Sex-Attrappen ihre Rolle (für die Beschauerinnen) und dazu – entsprechend, wie eben beschrieben – die Rolle der „Eigenwunschbilder" (für die Beschauer). Die Szene suggeriert zudem noch, wie „man sich richtig benimmt" – auch wieder mit der Limonade als sozialem Stimulans oder Kontaktmittel.

Der aufmerksame Beobachter stellt unschwer fest, wie verhältnismäßig nahtlos solche Reklamebild-Szenen an *vorgeformtes Sozialverhalten* anknüpft: Gestik und Mimik beim Rauchen oder Trinken sowie die Art, wie sich junge Mädchen in „sportlicher" oder „fraulicher" Kleidung bewegen, werden dem Kino- oder Fernsehpublikum ja täglich in stereotyper Weise vorgespielt. Teils bewußt, teils naiv imitierend, bildet sich die heranwachsende Jugend – und nicht nur sie – an solchen gesellschaftlich genormten Idealgestalten. Die Werbung nutzt dies folgerichtig aus, indem sie die dazugehörigen Konsumrequisiten anbietet. Der von ihr ausgeübte Zwang ist also fast unausweichlich.

Das Beispiel der Limonadenreklame wurde wegen seiner verhältnismäßig unkomplizierten Struktur und seiner Augenfälligkeit gewählt. Es steht für die Konsumgüterwerbung im weitesten Sinne, und es hat seine Wirksamkeit vor allem in einer relativ satten Gesellschaft, deren Sicherheitsbedürfnis weitgehend abgedeckt ist.

Es gibt aber noch eine ganze Reihe anderer, im Menschen fest vorprogrammierter Verhaltensweisen, an die man sich wenden kann. So etwa die beiden gegensätzlichen: *Neugier* und *Wunsch nach Sicherheit.* Jedes einigermaßen aktionsbegabte Tier hat ein Sicherheitsbedürfnis, das sich – um extreme Beispiele zu nennen – beim Hasen in der Flucht und beim Igel in der Trutzstellung äußern kann. Beim Menschen sind die der Sicherheit dienenden Vorkehrungen differenzierter; der „Urtrieb" aber ist der gleiche. Das zeigt sich schon in seiner Mächtigkeit und in der Tatsache, daß der Wunsch nach Sicherheit bei jeder sich bietenden Gelegenheit elementar durchbricht und, wenn er nicht gestillt werden kann, zu starken Unlustgefühlen führt, während „behagliche Sicherheit" beglückt. Das von der Sicherheit wegführende Gegenstück ist die Neugier, die der Mensch nun nicht mit allen aktionsfähigen Tieren gemein hat, sondern nur mit den Affen. Auch Neugier ist Ausdruck eines angeborenen Programmes, nämlich einer Lern-Appetenz, die wohl den Sinn hat, den Erfahrungs-Schatz zu erweitern. Nicht-Lern-Tiere vermeiden ungewohnte Situationen, Lerntiere suchen sie von sich aus auf. Auch der Mensch tut das, und er hat eine ausgesprochene Freude am Neuen, an der Abwechslung.

Daß diese von der Werbung weidlich ausgeschöpft wird, ist bekannt. „Mal was Neues!" wirbt daher für viele Konsumgüter, die gegenüber anderen vielleicht außer „neu" kein anderes Argument für sich haben. Daß sich dieser Werbespruch gerade an diejenigen Jahrgänge wendet, die noch in der auskundschaftenden Phase ihres Lebens sind, liegt nahe. Je älter der Mensch wird, desto mehr überwiegt sein Bedürfnis nach Sicherheit die Neugier. Dem „etablierten" Bürger wird man also besser zurufen: „Keine Experimente!" – und das besonders in Situationen, die einiges Risiko in sich bergen. Wer mehr zu verlieren als zu gewinnen hat, dem sind „Experimente" verdächtig. Wer sie anbietet, dem bringt man mehr Mißtrauen als Wohlwollen entgegen.

Der Werbende wird in solchem Falle lieber nicht für etwas zweifelhaftes Neues geradewegs werben, sondern die Scheuchwirkung ausnutzen, die das Negativ des Neuen, das Alte auf die im Grunde doch unbelehrbar nach Neuem gierenden Menschen ausübt. Er preist also nicht das, was er anbietet, sondern er macht zunächst einmal das „Abgedroschene", „Unmoderne", „Vorgestrige" madig, dessen man insgeheim schon immer ein wenig müde ist. Hat er dann das, an dessen Stelle er seinen (kommerziellen oder politischen) Artikel setzen möchte, dem Publikum „vermiest", dann kann er in die so entstandene Lücke das, wofür er werben möchte, fast unbemerkt einschleusen. Auch den Mißtrauischen hat er so in seinem Sinne manipuliert.

Eine ganze Reihe solcher *gegenläufiger Verhaltensweisen* gibt es, die wie Sicherheitsbedürfnis oder Neugier leicht ansprechbar sind. Wie das *Sicherheitsbedürfnis* ist auch die *Sparsamkeit* der *Neugier* (und damit Abwechslungs- und Konsumfreudigkeit) entgegengesetzt. Sparsamkeit ist, wie ihre krankhafte Übersteigerung, der Geiz, zeigt, ein instinktiv gesteuertes Verhalten. Gerade der Werbe-Wettbewerb für Sparen und Konsum, den uns fast jeder Anzeigenteil einer beliebigen Zeitung vor Augen führt, zerrt hart an den beiden Enden dieses Gegensatzpaares. Die rationale Verbrämung kann auch hier nicht darüber hinwegtäuschen, daß man sich dabei an die emotionalen Tiefenschichten wendet.

Den Zugang zu den Entschlüssen kann man auch durch gröbere Mittel erzwingen: Es ist ein uralter Trick, den zu Manipulierenden zunächst einmal rational lahmzulegen oder zum mindesten zu schwächen. Das Geld sitzt bekanntlich dem Euphorisierten lockerer als dem Nüchternen. Die gewünschte Euphorie – die ziemlich unspezifisch sein kann, weil sie ja nur als Grundstimmung „die Seele den Verlockungen öffnen" soll – kann durch allgemeine Prachtentfaltung erzeugt werden. Der aufwendige Lichterglanz zu Ehren des Weihnachtsgeschäftes gehört hierher. Bei vielen Geschäftsabschlüssen wirkt im gleichen Sinne ein Glas Wein. Die Hemmungen, Geld wegzugeben oder sich von anderen Pfändern zu trennen, werden durch solche zusätzlichen Werbungsmittel auch bei schwachen rationalen Argumenten leichter weggeräumt.

All das zeigt immer wieder, daß im Grunde das Rationale, die Assoziationsketten, die „vernünftigen Argumente" höchstens ein Vorspiel sind, um zu den vorprogrammierten Wünschen und Ängsten der Menschen zu gelangen, die letztlich die Entschlüsse der derart Manipulierten bestimmen.

Das heißt selbstverständlich nicht, daß dies Vorspiel ganz vernachlässigt werden dürfe. Man kann sehr wohl die sachlichen, technischen Vorzüge einer Kühlschrank- oder Kraftwagenkonstruktion ins Feld führen, um gerade den Typ, den man anzubieten hat, an den Mann zu bringen. Wir alle aber wissen, daß das Verkleidungsblech oder etwa die unverbindliche Aufschrift „de luxe" bei einem Auto oft mehr werbende Kraft haben als dessen technische Vorzüge, oder daß bei annähernd gleicher technischer Vollkommenheit solche, die *Eitelkeit*, das *Sozialprestige*, die *Abwechslungssucht* oder auch das *Balzverhalten* des Männchens ansprechenden Reize den Entschluß zum Kauf bestimmen. Primitivmechanismen geben auch hier den Ausschlag, nicht Vernunft!

Die Wirksamkeit der angeborenen Verhaltensprogramme ist zunächst in den Vordergrund gestellt worden. Nun soll versucht werden, der assoziativen Seite der Werbung noch mehr gerecht zu werden. Als Beispiel bietet sich hier an der ausgezeichnete Werbespruch „Persil bleibt Persil". Er ist fast so etwas wie die Formulierung einer Identität (a = a), jedoch heißt es nicht „ist", sondern „bleibt" – und hieran knüpfen sich sofort mindestens drei verschiedene Assoziationsketten an, die wiederum zu mindestens drei verschiedenen, gewichtigen Instinktmechanismen führen:

1. Das Gleichbleiben eines Produktes vermittelt unmittelbar das Gefühl der Sicherheit, gewissermaßen der Geborgenheit und wirkt somit attraktiv schon vor allen rationalen Überlegungen über den technischen Wert solcher Qualitätskonstanz.

2. Glaubt eine Hausfrau über eine gewisse Erfahrung mit dem angepriesenen Produkt zu verfügen, so bestätigt ihr der Satz, daß sie offenbar auf dem rechten Weg ist und so weitermachen kann. Das tut ihr unmittelbar wohl und ist dem ersten Argument nahe verwandt, wenngleich auch nicht mit ihm ganz identisch. Darüber hinaus fühlt sich die angesprochene Hausfrau aber auch in der guten Gesellschaft anderer, offenbar erfahrener Hausfrauen, und das schmeichelt ihrer sozialen Selbsteinschätzung als Könnerin.

3. Wer Persil noch nicht erprobt hat, wird neugierig auf dieses Produkt, bei dem sich die Werbung so sicher gibt, daß sie nicht einmal einzelne Qualitätsmerkmale anzugeben braucht, sondern sich statt dessen darauf beschränken kann, nur sein Gleichbleiben zu betonen. Neugier, zumal rational gerechtfertigt erscheinende, ist – wie wir sahen – einer der mächtigsten Ansporne für Konsum-Entschlüsse.

Von nur drei Wörtern, fast dem grammatikalischen Minimum eines Satzes, läuft also gleich ein Bündel von *Assoziationsketten* aus, die in ganz kurzem Verlauf bei mächtigen *Instinktmechanismen* ankommen. Was sollte man mehr wünschen? – Aber der Satz hat noch andere Vorzüge: Er hat Symmetrie, Rhythmus und einen fanfarenartigen Klang. Das rührt an ästhetische Urwerte und prägt sich darum besonders gut ein. Der Satz wirbt also schon durch seine formale „Eingängigkeit". So ist es kein Wunder, daß dieser von einem sehr klugen Geist erdachte Spruch über viele Jahre seine Wirkung nicht verfehlt hat. Er ist – im wörtlichen Sinne – ein „Dicht-Werk", das heißt: Eine wohlgezielte Verdichtung und Ansammlung hochwirksamer Signale, die den von ihnen getroffenen Menschen gleich an einer ganzen Reihe von seelischen Mechanismen anpacken. Selten gelingt derartiges in so – man könnte sagen – elementarer Einfachheit. Der häufigere Fall ist, daß die Werbung mit komplexeren Assoziationen zu arbeiten hat, deren Gängigkeit der jeweils vorliegenden Gesamtsituation entsprechen muß. An ihrem Ende stehen aber immer wieder die angeborenen Programme. Wenn diese nicht angesprochen werden, ist alle Mühe umsonst. Es ist unmöglich, die große Vielfalt durchzusprechen, die sich aus den vielen Kombinationsmöglichkeiten und Anknüpfungsmöglichkeiten an vorgefundenes Bildungsgut ergeben. Jede Käuferschicht hat ihre besondere Ansprechbarkeit und jeder kommerzielle Artikel seine besondere Nische und eine Nähe zu bestimmten Appetenzen und Instinktmechanismen. Hierüber gibt es eine große, vom Praktischen her orientierte Literatur, in der allerdings das hier angeschlagene Thema nur immer wieder in neuen Varianten umspielt wird, während man sich scheut, die Grundmechanismen ganz offen beim Namen zu nennen.

Ansatzpunkte politischer Propaganda

Die politische Werbung – „Propaganda" genannt – ist, verglichen mit der kommerziellen Konsumwerbung, verständlicherweise grimmiger. Konsumwerbung soll ja zu Unverbindlichkeiten anregen; denn es ist für einen Menschen nicht schicksalhaft, ob er statt der Zigarettenmarke „Ambra" die andere, „Bembra", oder die dritte, „Cembra", raucht. Andererseits braucht man einen Hungrigen nicht zu umwerben, daß er Brot kauft. Die politische Werbung will aber den Umworbenen zu verbindlichen Entscheidungen drängen, deren Folgen er hernach viel nachhaltiger zu tragen hat.

Trotzdem arbeitet auch die politische Werbung nach dem schon beschriebenen Rezept. Nur sind die Verhaltensprogramme, die der für Konsum werbende Reklamefachmann bevorzugt anspricht, zum Teil andere als die, welche der politische Propagandist in erster Linie für seine Zwecke einspannt. Der Politiker will nämlich nicht nur das Geld seiner Objekte in seine Verfügungsgewalt bekommen, sondern er will die ganzen Menschen beherrschen, und das ist nur durch zwei Gruppen von Instinkten zu erlangen, falls man nicht nackte Gewalt, sondern Werbung einsetzt:

1. Man appelliert an die Anlagen, die schon bei den Tieren die soziale Rangordnung regeln, so beispielsweise an den *Nachfolgetrieb* oder an die Bereitschaft zur *Unterwürfigkeit;* oder man weist Menschen sozial begehrte Posten zu mit dem Vorbehalt, daß die so Geadelten ihrerseits den Spender ihrer Stellung als überlegen anerkennen. Überall, wo der Mensch künstliche Rangordnung geschaffen hat – nicht nur in der Politik –, hat er auf solche urtümliche Rangordnungswilligkeit zurückgreifen und die Aussicht auf Rang und Würden zur politischen Werbung einsetzen können.

2. Ganze Menschengruppen lassen sich zu Einsatz von Leib und Leben nur bringen, wenn die auf Selbstsucht bedachten urtümlichen Regungen überstimmt werden durch mächtige Instinktmechanismen, bei denen das Individuum sich zugunsten der Gruppe mehr oder minder aufgibt. Ein solcher Mechanismus wurde in der *Gruppen-Aggression* gefunden, die in ihrer mildesten Form „Schimpfen macht einig" heißt, in voller Stärke aber den „Kampf bis aufs Messer" sozialer Gruppen bewirkt oder den Krieg.

Die Gruppenaggression ist beim Menschen erschreckend leicht auszulösen. Schon ein Abweichen von der Modekonformität kann solch einen Einzelgänger zum Beargwöhnten oder Ausgestoßenen werden lassen. Die modekonforme Gruppe „haßt auf ihn", vergleichbar dem Hühnervolk, das auf das absonderliche Huhn haßt und es ausstößt oder umbringt. Es fällt nun leicht, an einer fremden Menschengruppe etwas derart „Absonderliches" festzustellen und in der Propaganda als hassenswert hinzustellen: Dialekt, Sprache, Konfession, Religion, Berufs- und sonstiger Sozialstatus, Alter, Volk oder Rasse genügen allein als Auslöser, um in entsprechender Gesamtkonstellation Menschen zur Gruppenaggression zu erhitzen. Die „Kunst" ist es wiederum, die Gesamtkonstellation durch geschickte Assoziationen mit dem gewählten Auslöser für die Aggression zu verknüpfen. Der Auslöser muß dabei – wie bei anderen Auslöse-Situationen – gar nicht „echt" sein. Auch hier genügt die *Attrappe;* und wir kennen aus der Geschichte genügend Beispiele, in denen „der Volkszorn" an recht willkürlich gewählten Objekten aufgeheizt worden ist.

Für den Politiker ist die aktivierte Gruppenaggressions-Bereitschaft in den selteneren Fällen deswegen interessant, weil man etwa mit dem in nationaler Begeisterung angriffslustig gewordenen Volk einen Krieg gegen ein Nachbarvolk vom Zaune brechen möchte. In der Überzahl der Fälle will man nicht den Krieg, sondern nur das lautstarke Vorspiel, eben das „Schimpfen macht einig". Man will eine Gruppe einigen, und zwar wiederum nicht als Selbstzweck, sondern weil in der Stimmungslage der Gruppenaggression die Menschen Führern höriger werden als sonst. Schon in der Horde steinzeitlicher Wilder sind in den mit der Gruppenaggressions-Stimmung korrelierten Ausnahmesituationen der Führer und die Gefolgschaft besonders eng aufeinander angewiesen. Diesen Zusammenhalt besorgt ein angeborener Verhaltens-Mechanismus, der den Menschen auch noch in die Hochzivilisation begleitet und hier ganz entsprechend wirkt. „Starke Männer" und machtlüsterne Führungsgruppen werden aus diesem Grunde – eben um den Genuß der Macht voll auskosten zu können – leicht (und leichtfertig) das Instrument der Gruppenaggression spielen.

Mehr als andere angeborene Verhaltensweisen birgt die Gruppenaggressions-Bereitschaft aber eine Gefahr in sich, die an einem zoologischen Beispiel verdeutlicht werden soll: Wer in einem südamerikanischen Urwald einmal Brüllaffen erlebt hat, wird dieses „Hörspiel" nicht so leicht vergessen: Hoch in den mächtigen Bäumen ertönt irgendwann ein weithin schallender Ruf, als riefe ein Mensch in schauerlichem Crescendo: „Ahú ahú ahú ahú aauuuuuuuuuuu!" Gleich fällt ein zweites Tier ein in diesen Ruf, dann die zwei oder drei nächsten, dann mehr und mehr – und innerhalb einer Minute dröhnt und hallt der Wald aus allen möglichen Richtungen wider von einem vielstimmigen, böse klingenden Gebrüll, das erst langsam wieder verebbt. Durch das erste Tier ist, gewissermaßen, eine Brüll-Lawine angestoßen worden. Sie ist im vorliegenden Fall recht harmlos: Die Brüllaffen reagieren ihre Gruppenaggression fast ausschließlich durch Gebrüll ab, das bewirkt, daß die einzelnen im Gezweige wandernden Affengroßfamilien voneinander genügend Abstand halten und so sich gegenseitig nicht unmittelbar behindern.

Beim Entzünden der menschlichen Gruppenaggression ist Gebrüll zwar auch üblich. Es bleibt aber nicht beim Gebrüll, sondern es folgen diesem Tätlichkeiten: Prügeleien, Schießereien, organisierter Aufruhr, Krieg. Wie bei den Brüllaffen herrscht auch beim Menschen dann das *Lawinenprinzip* („Wer Wind sät, wird Sturm ernten."), und dies ist nicht einfach zu bremsen.

So sind Revolutionen ihren ursprünglichen Initiatoren, die mit der Gruppenaggression „geworben" hatten, meist entglitten. Viele Kriege sind fast unbeabsichtigt „losgegangen", weil diejenigen, die zur Festigung ihrer Machtposition zunächst in kühler Berechnung in ihrer Propaganda mit der Gruppenaggression gespielt hatten, diese später nicht mehr „zurückpfeifen" konnten und zudem bei der behaßten Gegengruppe Entsprechendes provoziert hatten. Oder die Gruppenaggressions-Stimmung schlug auf den Initiator, den „Werber", zurück und vernebelte ihm die Fähigkeit, die Situation noch länger nüchtern zu betrachten, etwa nach dem Zitat: „Du glaubst zu schieben und du wirst geschoben."

Manipulationen in der heutigen Gesellschaft

Robert Reichardt

Wenig illustriert wohl die Verwirrung über die Möglichkeiten der Beherrschung des Menschen durch Menschen schlagender als die Gegenüberstellung verschiedener Projektionen dieser Frage in die Zukunft. Da wird auf der einen Seite das Gespenst einer völlig verwalteten Welt, in der durch raffinierte Beeinflussungstechniken der Mensch restlos gegängelt wird, heraufbeschworen, während auf der andern Seite – angeregt durch die Terroranschläge der jüngsten Vergangenheit – die Schreckvision einer in völlige Anarchie versinkenden Menschheit, bei der keine Ordnungsfunktionen mehr die einzelnen von Gewalttaten oder Ausschweifungen abhält, am Horizont heraufzieht. Wenn wir im folgenden eine Bestandsaufnahme der einer potentiellen Bedrohung von Menschen durch Menschen von der naturwissenschaftlich-technischen Entwicklung verfügbar gemachten Hilfsmittel geben wollen, so muß gleich zu Beginn davor gewarnt werden, diese technisch-biologischen Mittel isoliert von sozialen Entwicklungen sehen zu wollen. Nichts wäre verfehlter und schädlicher, als ein derartiges Inventar von Mitteln gleichsam als Gruselkabinett auszukosten – wie dies leider in letzter Zeit nicht selten in populärwissenschaftlicher Literatur geschieht – und anzunehmen, diese Mittel würden ihre Anwendung früher oder später doch erzwingen; es handle sich um eine Serie von schon tickenden Zeitbomben.

Vielmehr muß gesehen werden, daß die Frage, ob und wieweit derartige technische Mittel zum Einsatz kommen, von sozialen Vorgängen abhängt, die es zu studieren gilt. Ebenso muß man sich klarmachen, daß diese Mittel selber eingebettet sind in eine ökonomisch-technische Entwicklung und in vielen Fällen nicht für einen menschenbedrohenden Verwendungszweck konzipiert worden sind. Andererseits ist es doch wichtig, daß die hier liegenden Gefahren von möglichst vielen Menschen erkannt werden. Eine Vogel-Strauß-Politik hat sich nie gelohnt.

Unsere Darstellung geht von den Verwendungsmöglichkeiten der besprochenen Mittel aus. Dabei ergibt sich eine Gliederung, die von milderen Verwendungsarten bis zu brutaleren reicht. Diese Abfolge umfaßt: Mittel zur Informationsgewinnung, zur Verhaltensanalyse, zur Verhaltenssteuerung und schließlich zur biologischen Manipulation.

Viele Mittel zur *physischen Lokalisierung* einer Person, die etwa „beschattet“ werden soll, sind bekannt. Fluoreszierendes Material kann von jemandem unbemerkt am Körper oder an Kleidungsstücken einer Person angebracht werden. Dieses fällt bei normalem Licht nicht auf, kann aber durch ultraviolette Strahlen von einem Verfolger sichtbar gemacht werden. Ebenso kann ein Miniatur-Radiosender angebracht werden, welcher Signale aussendet, die auch dann empfangen werden können, wenn sein Träger außer Sichtweite ist. Schließlich kann auch radioaktives Material an einem „Opfer“ befestigt werden, das dann mittels Geigerzähler lokalisiert werden kann.

Optische Informationen über eine Person oder in ihrem Besitz befindliche Objekte (insbesondere schriftliche Dokumente) sind möglich durch:

- Einwegglas-Spiegel,
- Wände, die von beiden Seiten als fest erscheinen, jedoch für Infrarot-Aufnahmen durchlässig sind,
- Miniatur-Kameras, die im Raum versteckt sein können,
- Televisoren, die Bilder an entfernteren Raum senden und deren Aufnahmeeinheiten ebenfalls versteckt sein können,
- Miniaturkameras – etwa in der Form von Zigarettenanzündern –, die im öffentlichen Bereich unbemerkt Aufnahmen ermöglichen,
- Telekameras, die klare Photographien von Personen und Schriftstücken bis zu einer Distanz von einem Kilometer herstellen können,
- Infrarot-Photographie und Teleskopie, die mit den oben besprochenen Einrichtungen gekoppelt werden kann und „Sehen bei Nacht“ ermöglicht. (Im Vietnamkrieg waren sog. „Sniperscopes“ im Einsatz, mit deren Hilfe in der Dunkelheit ein Mensch bis auf 700 m Entfernung ausgemacht werden kann.)

Akustische Informationen über Menschen sind möglich durch:

- Telephonabhörvorrichtungen, die auch ohne direkte Manipulation am Telephonapparat an der Leitung Induktionsströme abnehmen können. (Daneben gibt es natürlich auch Abzapfungen direkt am Telephonapparat; ja es gibt winzige Apparate, welche einen Telephonapparat in ein Abhörgerät verwandeln, wenn man die betreffende Nummer anruft, wobei auch das Läuten unterbleibt.)
- Miniaturmikrophone, die in einem Raum versteckt sein können und Aufnahmen in andere Räume übermitteln,
- Miniaturmikrophone, die mit einem winzigen Sender gekoppelt sind und auf einer Person versteckt werden können. (Solche Einrichtungen sind u. a. in Form von Kleiderknöpfen oder sogar von Stiftzähnen bekannt.)
- Abhöreinrichtungen, welche den physischen Kontakt mit einem abzuhörenden Raum unnötig machen, indem durch Laser-Strahlen Infrarotwellen auf ein Fenster gesendet werden, deren Rückstrahlung von einem

parabolischen Mikrophon empfangen wird. (Auf diese Weise kann bis auf 400 m Distanz in Räume „hineingehört" werden.)

- hochempfindliche richtungsgebundene Mikrophone, die Gespräche im Freien oder aus offenen Fenstern bis auf eine Entfernung von 150 bis 200 m wahrnehmen können,
- Tonbandgeräte, welche mit allen bisher genannten akustischen Einrichtungen gekoppelt sein können. Erwähnt werden muß auch die – vor allem optische – Beobachtung durch Erdsatelliten, die zum Zwecke militärischer Spionage entwickelt worden ist, aber sich segensreich auswirken kann für meteorologische Voraussagen, die Beobachtung von Pflanzenentwicklung und Pflanzenkrankheiten in entlegenen Gegenden und die genaue Lokalisierung und z. T. Analyse von Zonen der Luftverunreinigung.

Es versteht sich, daß alle bisher besprochenen technischen Hilfsmittel eine Rolle bei Spionage spielen, ebenso in der Kriminalistik. Zu einer Gefahr werden sie für die Integrität der Privatsphäre. Durch totalitäre Regimes können sie zur Überwachung von politischen Gegnern eingesetzt werden, wodurch allgemein in einer Bevölkerung Angst und Mißtrauen erzeugt wird. An sich braucht das durch diese technischen Instrumente Ermöglichte noch keine Einbuße an subjektiver Sicherheit zu bedeuten, ja man könnte sich auf den Standpunkt stellen: „Was ich nicht weiß, macht mich nicht heiß." Aber potentiell können so weitgehende Informationen über eine Person jederzeit dazu verwendet werden, deren Freiheit und Sicherheit zu reduzieren.

Neben der Sammlung von Fakten über eine Person gibt es auch eine Form von Information über sie, die wesentlich mehr aussagt, nämlich die Information über Lebensgewohnheiten und Charaktereigenschaften. Im Grunde kann kein technisches Gerät eine solche Analyse des bruchstückhaften Informationsmaterials vornehmen. Letztlich beruht diese immer auf menschlichem Denken und Einfühlungsvermögen. Das liegt ja schon dann vor, wenn etwa Tonbandaufnahmen, die mittels Abhörgeräten gewonnen wurden, interpretiert werden. Dennoch spielt die technische Entwicklung für diesen Zusammenhang eine wichtige Rolle, und zwar in zweifacher Weise: Einerseits gibt es Geräte, die Daten über die innere Zuständlichkeit eines Menschen vermitteln – das bekannteste hiervon dürfte der sog. „Lügendetektor" sein –, andererseits ist die Auswertung und Interpretation von Faktensammlungen über Personen durch die Entwicklung der Computer in großem Maße erweitert und vor allem beschleunigt worden.

Was die erstgenannten Geräte anbelangt, so handelt es sich um solche, die gewisse physische Vorgänge an einer Person über eine bestimmte Zeitstrecke hin registrieren. Sie werden meist Polygraphen genannt. Zu den gemessenen Vorgängen gehören: Pulsfrequenz, Blutdruck, Körpertemperatur, Schweißabsonderung, elektrische Leitfähigkeit der Haut, Frequenz der Lidschläge des Auges. Diese Vorgänge verändern sich mit dem psychischen Erregungszustand einer Person, die nicht besonders trainiert ist. Gibt man der Person bestimmte Eindrücke und registriert, bei welchem Eindruck (z. B. bei welcher von einer Serie vorgelegter Photographien) ihre Erregungskurve emporschnellt, so können Schlüsse weitreichender Art gezogen werden. Die für ein derartiges Procedere notwendigen technischen Instrumente können in einem Sessel ohne Wissen der Person verborgen sein. Die Lidschlaghäufigkeit wird von verborgenen Kameras aufgezeichnet. Bekannt ist vor allem die Anwendungsart des Polygraphen, bei der gefolgert werden soll, ob jemand lügt. Der Polygraph wird hier zum „Lügendetektor".

Was die größer gewordenen Möglichkeiten zur Analyse von Daten einer Person anbelangt, wie sie durch die Verbesserung der Computertechnik geschaffen worden sind, so muß daran erinnert werden, daß nur die Entwicklung der Verhaltenswissenschaften die Voraussetzung für eine derartige Verwendung der Computer geschaffen hat. Hier genügt es, festzustellen, daß die technische Entwicklung entscheidend in einen Vorgang der Informationsgewinnung eingegriffen hat, denn ohne Computer wären viele verhaltenswissenschaftlichen Verfahren unanwendbar. Dazu kommt, daß mittels vom Computer gespeicherter Datenbanken eine riesige Fülle von Detailinformationen über eine ganze Bevölkerung jederzeit zum Abruf bereitgestellt werden kann, was bei totalitären Herrschaftsformen eine nicht unbeträchtliche Rolle spielen kann. Ferner ist es technisch äußerst schwierig, solche Datenbanken vor unbefugten Anzapfungen abzusichern; denn die entsprechenden Entsperrungscodes können leicht in falsche Hände geraten, und ein automatischer Meldevorgang (z. B. als Alarmauslösung) durch die Anlage im Falle unbefugter Anzapfung kann auch wieder nur durch Programmbefehle eingegeben werden, welche ein tüchtiger Programmierer verstehen und zugunsten einer illegalen Anzapfung rückgängig machen kann.

Aus der naturwissenschaftlich-technischen Entwicklung stammende Mittel zur Beeinflussung des Verhaltens basieren vor allem auf Erkenntnissen der Gehirnforschung und der allgemeinen Neurologie. Daß eine Wissensvermehrung auch ohne komplizierte technische Apparaturen in gefährliche Machtmittel umsetzbar ist, beweisen die Versuche, die D. Hebb in Montreal und Vernon in Princeton durchgeführt haben. Sie untersuchten freiwillige Versuchspersonen, die sich in Dunkelkammern von jeglichen Sinneseindrücken abgeschirmt bis zu mehreren Tagen aufhielten. Neben den negativen physischen Effekten und unangenehmen psychischen Zuständen, die für die Versuchspersonen resultierten, interessiert uns vor allem die Tatsache, daß diese Personen durch Propaganda viel stärker beeinflußt werden konnten als unter normalen Umständen. Diese Experimente bestätigen die Effizienz der im totalitären Machtbereich zur Anwendung gekommenen „Gehirnwäsche", denen ja auch Zeiten völliger Abschirmung vorausgingen. Die Experimente zeigen aber auch, daß erfolgreiche Meinungs- und Verhaltensmanipulation auch ohne Verwendung von Folterungen oder unmittelbare brutale physische Einwirkungen möglich ist.

Ein Bereich der Gehirnforschung, der in letzter Zeit viel Aufsehen erregt hat, basiert auf der Lokalisierung von Erregungszentren innerhalb des Gehirns, die vor allem in Experimenten mit Säugetieren, insbesondere Affen, gefunden wurden. In diesen Versuchen wurden den Versuchstieren

Elektroden ins Gehirn eingeführt, von denen aus derartige Zentren – die in den sog. alten Gehirnteilen liegen – durch elektrische Stromstöße gereizt werden können. Diese Zentren können fast punktförmig sein, können sich aber auch auf eine ganze Zone innerhalb des Gehirns erstrecken. Je nach dem betroffenen Zentrum lösen die Stromstöße eine bestimmte Gefühlslage beim Versuchstier aus: z. B. Aggression, Freßsucht, Sexualverhalten, Schlaf, Furcht und Flucht und natürlich auch die Aufhebung derartigen Verhaltens. Wohl die dramatischste Demonstration dieser Erkenntnisse dürfte die Szene in der Stierkampfarena von Cordoba gewesen sein, wo der spanische Gehirnforscher José Delgado allein einem wütenden Stier gegenübertrat, dem eine Elektrode ins Gehirn versenkt worden war. Als der auf ihn zurasende Stier nur noch wenige Meter entfernt war, drückte der Forscher die Taste seines Senders, und der Stier stoppte augenblicklich seinen Angriff.

Bereits sind auch schon bei Menschen in Fällen pathologischer Zorn-Neigung diese Technik erfolgreich klinisch angewandt worden. Die sehr ernste Frage erhebt sich, ob nicht eines Tages mittels derartiger Techniken Manipulationen von Menschen in großem Stil stattfinden könnten. Gewiß mag es eher Gegenstand der science-fiction-Literatur als realistischer Befürchtungen sein, sich Armeen von Menschen vorzustellen, deren Aggression nach Bedarf durch Fernsteuerung beliebig angeheizt wird. Die Gefahr mag zunächst eher in einem allmählichen Akzeptieren des Elektrodeneinbaus und dessen ungeplantem Mißbrauch liegen.

Noch in anderer Weise kann das menschliche Nervensystem und damit das menschliche Verhalten beeinflußt werden, nämlich durch Substanzen, die in den Blutkreislauf gelangen. Bekannt sind vor allem die Tranquillizer, die Drogen, die die Menschen „ruhigstellen" und ihnen Angstgefühle temporär nehmen. Ebenso bekannt sind die Halluzinationen, die Menschen unter der Wirkung von Rauschgiften erleben. (Es ist allerdings darauf hinzuweisen, daß nicht jede Substanz, die ins Blut gelangt ist, auch aufs Gehirn wirkt: dies gilt etwa für Noradrenalin und Seroton, die gegen Depressionen wirken würden. Man muß sich kompliziertere Umsetzungsvorgänge vorstellen.)

Auch hier sind natürlich sehr ernst zu nehmende potentielle Gefahren für die Menschheit zu sehen. Vor allem ist hier schon das körperliche und seelische Abhängigwerden von diesen Substanzen möglich, das heute als Pillensucht und Rauschgiftsucht beunruhigende Maße in vielen Industriestaaten angenommen hat. Aber auch gezielte Beeinflussungen größerer Bevölkerungsmassen sind denkbar. Man braucht sich nur einmal vorzustellen, daß im Trinkwasser bestimmte Substanzen verabreicht werden, die gewünschte Stimmungen – z. B. Lethargie oder Aggression – erzeugen.

Auf lange Sicht gesehen noch bedeutsamer als diese Drogenanwendungen dürfte die Entdeckung von sog. Lernsubstanzen sein. Eine große Zahl von Tierversuchen hat ergeben, daß bestimmte durch Lernprozesse erworbene Verhaltensdispositionen in bestimmten Substanzen (nämlich Ribonukleinsäure-Molekülen, kurz RNS genannt) gespeichert sind. Beispielsweise zeigten Tiere, die keinerlei Lernprozessen unterworfen waren, das gleiche von der Norm abweichende Verhalten wie ihre Artangehörigen, denen dies durch lange Versuchsserien beigebracht worden war, nachdem nämlich den erstgenannten Tieren von der Körpersubstanz der „abgerichteten" Population eingespritzt oder verfüttert worden war. Noch dramatischer wird die Entwicklung der Forschung in dieser Richtung dadurch, daß es nun auch gelingt, Stoffe zu isolieren, chemisch zu beschreiben und sogar künstlich herzustellen, die für ein bestimmtes Verhalten (z. B. Angst vor Dunkelheit) verantwortlich sind. Da die Wirksamkeit derartiger Stoffe auch bei der Übertragung von einer Tierart auf die andere gesichert ist, ist eine Anwendung auf den Menschen sehr naheliegend. Was für Veränderungen in einer Menschheit vor sich gingen, bei der Wissen und Verhalten nicht mehr durch Lernprozesse in dem uns geläufigen Sinne, sondern durch Substanzaufnahme stattfänden, läßt sich kaum vorstellen. Doch schon Anwendungen geringeren Umfanges würden gewaltige positive und negative Möglichkeiten in sich schließen.

Vom sozialwissenschaftlichen Standpunkt aus ist vor allem darauf hinzuweisen, daß die Entwicklung der biologischen und medizinischen Forschung zu immer schwerwiegenderen ethischen Entscheidungsproblemen – sowohl hinsichtlich des ärztlichen Handelns als auch der organisierten Forschung – führt. Das zeigt sich schon bei der Organtransplantation, wo die Frage auftritt, wann ein Mensch als tot erklärt werden kann, bzw. welches Menschenleben bei der Knappheit der Mittel vor einem anderen die Priorität haben soll. Auch medizinisch zunächst harmlos scheinende Innovationen wie die künstliche Befruchtung können, wenn sie gekoppelt mit einer einseitigen Selektion der Samenspender auftreten, zu Veränderungen in der Zusammensetzung des erhaltenen menschlichen Erbgutes führen, die unabsehbare Folgen haben könnten. Erst recht könnte die breite Anwendung der Bestimmung des Geschlechts von Neugeborenen zu dramatischen Folgen führen, dadurch nämlich, daß dann die Proportion der männlichen zu den weiblichen Geburten drastisch verschoben werden könnte, so daß für ganze Generationen die Partnerwahl in einer überlieferten Eheform verunmöglicht würde. Diese ethischen Entscheidungen stehen unmittelbar vor der Tür.

In eine etwas fernere Zukunft sind die Fragen zu verlegen, die mit den Möglichkeiten der genetischen Manipulation – sei es durch Transduktion oder durch Transformation – am Horizont heraufziehen. Doch sind die Vorstellungen bewußt genetisch programmierter Lebensformen und Menschenformen für eine weitere Vorausschau durchaus in Betracht zu ziehen.

Die hier von der naturwissenschaftlich-technischen Perspektive her geschilderten Möglichkeiten der Manipulation müssen immer auch im Zusammenhang mit allgemeinen Entwicklungen gesehen werden, worauf der Autor in anderen Publikationen ausführlich eingegangen ist. Da ist einmal an die Fortschritte der sogenannten Verhaltenswissenschaften, wie der Sozialwissenschaften, der Psychologie und Verhaltensforschung zu erinnern, deren Ergebnisse und Methoden auch anwendbar sind für die psychische Beeinflussung des Menschen, z. B. für Propaganda. Nun hat es Beeinflussung natürlich zu allen Zeiten gegeben – jede Erziehung ist u. a. auch systematische Beeinflussung. Neu jedoch ist das wissenschaftliche Raffinement und die Gezieltheit, mit der Propaganda heute möglich ist. (So kann beispielsweise die Wahlwerbungsreise eines politischen Kandidaten aufgrund der fehlenden Stimmen aus bestimmten Wählerkategorien und aus deren Ansprechbarkeit optimal geplant werden.)

Das oben geschilderte naturwissenschaftlich technische Manipulationsarsenal ist aber auch im Lichte der gesellschaftlichen und politischen Entwicklungstendenzen zu sehen, die einerseits Züge zu einer immer stärkeren Kontrolle und Manipulation, andererseits aber auch Anlaß zur Hoffnung auf die Lockerung der freiheitseinschränkenden Maßnahmen geben.

In die Richtung zunehmender Kontrolle weist die immer größere Verwundbarkeit des technisch-industriellen Systems, das durch die weltweiten Verflechtungen und damit gegenseitigen Abhängigkeiten zustandekommt (man denke nur an die Energieengpässe), was dem Terrorismus gewisse verwundbare Flanken bietet. Dazu kommen die durch die Bevölkerungsexplosion mit ihren Gefahren des Hungers und durch die Umweltkrise immer wieder angeheizten weltpolitischen Spannungen. Beide Phänomene – Erpressungsmöglichkeiten und Kriegsgefahr – werden den Ausbau zentral gesteuerter Kontroll- und Überwachungssysteme begünstigen.

Es gibt auch Faktoren, die einer Verstärkung der Manipulation des Menschen durch Menschen entgegenwirken. Hier ist an die Tatsache zu erinnern, daß die Erhaltung der Funktionsfähigkeit des technisch-wirtschaftlichen Systems vielleicht sogar in verstärktem Maße kreative oder wenigstens intelligente Entscheidungen und Aktivitäten erfordert, die nur durch Menschen erbracht werden können, welche im flexiblen Denken erzogen sind und selber ein gewisses Maß an Freiheit genießen. Dazu kommt, daß die Verhaltenswissenschaften ja nicht nur Kontrolltechniken entwickelt haben, sondern auch Einsichten vermitteln, die es erlauben, totalitäre Gefahren rechtzeitig zu erkennen, so daß sich die Gegenkräfte wirkungsvoll formieren können. Man kann überhaupt vermuten, daß die Entwicklung der Technik und der Gesellschaft so rasch vor sich geht, daß sie gleichsam einer Erfassung davonläuft, so daß die Kontrolltechniken sofort wieder inadäquat werden. Diese letztere Überlegung hat natürlich nicht nur einen beruhigenden Aspekt, sondern beinhaltet auch die eher beunruhigende Perspektive chaotischer Entwicklungen.

Positiv zu werten ist aber doch der im großen und ganzen beobachtbare Abbau von Rassendiskrimination, die Zunahme von Toleranz.

Die Bannung der im vorstehenden geschilderten Gefahren wird auf dem Bewußtsein der einzelnen und ihrer sozialen Wirksamkeit beruhen. Je mehr Menschen aus dem Gefühl der Ohnmacht herauskommen und bewußt an den Geschicken ihres Gemeinwesens anteilnehmen, je mehr Gruppierungen von Menschen sich von umfassenderen Perspektiven des Gemeinwohls usw. anstatt von einer partikularistischen „Kirchturmpolitik" leiten lassen, desto eher kann die dafür notwendige Entkrampfung zustande kommen.

Die ethische Beurteilung der hier besprochenen Bedrohungen muß die Bedingungen ihrer Entstehung einbeziehen. Im Grunde geht es bei solchen Fragen immer um das gegenseitige Abwägen von Werten. Die Fragestellung lautet, ob man gewisse Formen der Freiheitseinschränkung als akzeptablen Preis auffassen kann für die Erhaltung einer Güterversorgung oder für den Schutz gegen Erpresser. Oder andersherum: Sind diese Versorgung und dieser Schutz nur so zu organisieren, daß Freiheiten geopfert werden müssen? Wird die Frage in dieser differenzierteren Form gestellt, so kann damit gleichzeitig jene Wachsamkeit geübt werden, die nötig ist, um den Weg in neue Formen der Versklavung zu verhindern.

4

Parabeln

Die Stachelschweine

Arthur Schopenhauer

Eine Gesellschaft Stachelschweine drängte sich an einem kalten Wintertag recht nahe zusammen, um, durch die gegenseitige Wärme, sich vor dem Erfrieren zu schützen. Jedoch bald empfanden sie die gegenseitigen Stacheln; welches sie dann wieder von einander entfernte. Wann nun das Bedürfnis der Erwärmung sie wieder näher zusammen brachte, wiederholte sich jenes zweite Übel, so daß sie zwischen beiden Leiden hin und her geworfen wurden, bis sie eine mäßige Entfernung von einander herausgefunden hatten, in der sie es am besten aushalten konnten. –

So treibt das Bedürfnis der Gesellschaft, aus der Leere und Monotonie des eigenen Innern entsprungen, die Menschen zueinander; aber ihre vielen widerwärtigen Eigenschaften und unerträglichen Fehler stoßen sie wieder voneinander ab. Die mittlere Entfernung, die sie endlich herausfinden, und bei welcher ein Beisammensein bestehen kann, ist die Höflichkeit und feine Sitte. Dem, der sich nicht in dieser Entfernung hält, ruft man in England zu: keep your distance! – Vermöge derselben wird zwar das Bedürfnis gegenseitiger Erwärmung nur unvollkommen befriedigt, dafür aber der Stich der Stacheln nicht empfunden. – Wer jedoch viel eigene, innere Wärme hat, bleibt lieber aus der Gesellschaft weg, um keine Beschwerde zu geben noch zu empfangen.

Wenn die Haifische Menschen wären

Bertolt Brecht

„Wenn die Haifische Menschen wären", fragte Herr K. die kleine Tochter seiner Wirtin, „wären sie dann netter zu den kleinen Fischen?" „Sicher", sagte er. „Wenn die Haifische Menschen wären, würden sie im Meer für die kleinen Fische gewaltige Kästen bauen lassen, mit allerhand Nahrung drin, sowohl Pflanzen als auch Tierzeug. Sie würden sorgen, daß die Kästen immer frisches Wasser hätten, und sie würden überhaupt allerhand sanitäre Maßnahmen treffen. Wenn zum Beispiel ein Fischlein sich die Flosse verletzen würde, dann würde ihm sogleich ein Verband gemacht, damit es den Haifischen nicht wegstürbe vor der Zeit. Damit die Fischlein nicht trübsinnig würden, gäbe es ab und zu große Wasserfeste; denn lustige Fischlein schmecken besser als trübsinnige. Es gäbe natürlich auch Schulen in den großen Kästen. In diesen Schulen würden die Fischlein lernen, wie man in den Rachen der Haifische schwimmt. Sie würden zum Beispiel Geographie brauchen, damit die großen Haifische, die faul irgenwo liegen, sie finden könnten. Die Hauptsache wäre natürlich die moralische Ausbildung der Fischlein. Sie würden unterrichtet werden, daß es das Größte und Schönste sei, wenn ein Fischlein sich freudig aufopfert, und daß sie alle an die Haifische glauben müßten, vor allem, wenn sie sagten, sie würden für eine schöne Zukunft sorgen. Man würde den Fischlein beibringen, daß diese Zukunft nur gesichert sei, wenn sie Gehorsam lernten. Vor allen niedrigen, materialistischen, egoistischen und marxistischen Neigungen müßten sich die Fischlein hüten und es sofort den Haifischen melden, wenn eines von ihnen solche Neigungen verriete. Wenn die Haifische Menschen wären, würden sie natürlich auch untereinander Kriege führen, um fremde Fischkästen und fremde Fischlein zu erobern. Die Kriege würden sie von ihren eigenen Fischlein führen lassen. Sie würden die Fischlein lehren, daß zwischen ihnen und den Fischlein der anderen Haifische ein riesiger Unterschied bestehe. Die Fischlein, würden sie verkünden, sind bekanntlich stumm, aber sie schweigen in ganz verschiedenen Sprachen und können einander daher unmöglich verstehen. Jedem Fischlein, das im Krieg ein paar andere Fischlein, feindliche, in anderer Sprache schweigende Fischlein tötete, würden sie einen kleinen Orden aus Seetang anheften und den Titel Held verleihen. Wenn die Haifische Menschen wären, gäbe es bei ihnen natürlich auch eine Kunst. Es gäbe schöne Bilder, auf denen die Zähne der Haifische in prächtigen Farben, ihre Rachen als reine Lustgärten, in denen es sich prächtig tummeln läßt, dargestellt wären. Die Theater auf dem Meeresgrund würden zeigen, wie heldenmütige Fischlein begeistert in die Haifischrachen schwimmen, und die Musik wäre so schön, daß die Fischlein unter ihren Klängen, die Kapelle voran, träumerisch, und in allerangenehmste Gedanken eingelullt, in die Haifischrachen strömten. Auch eine Religion gäbe es da, wenn die Haifische Menschen wären. Sie würden lehren, daß die Fischlein erst im Bauch der Haifische richtig zu leben begännen. Übrigens würde es auch aufhören, wenn die Haifische Menschen wären, daß alle Fischlein, wie es jetzt ist, gleich sind. Einige von ihnen würden Ämter bekommen und über die anderen gesetzt werden. Die ein wenig größeren dürften sogar die kleineren auffressen. Das wäre für die Haifische nur angenehm, da sie dann selber öfter größere Brocken zu fressen bekämen. Und die größeren, Posten habenden Fischlein würden für die Ordnung unter den Fischlein sorgen, Lehrer, Offiziere, Ingenieure im Kastenbau usw. Kurz, es gäbe überhaupt erst eine Kultur im Meer, wenn die Haifische Menschen wären."

Kleine Fabel

Franz Kafka

„Ach", sagte die Maus, „die Welt wird enger mit jedem Tag. Zuerst war sie so breit, daß ich Angst hatte, ich lief weiter und war glücklich, daß ich endlich rechts und links in der Ferne Mauern sah, aber diese langen Mauern eilen so schnell aufeinander zu, daß ich schon im letzten Zimmer bin, und dort im Winkel steht die Falle, in die ich laufe." –

„Du mußt nur die Laufrichtung ändern", sagte die Katze und fraß sie.

Die Affeninsel

Robert Musil

In der Villa Borghese in Rom steht ein hoher Baum ohne Zweige und Rinde. Er ist so kahl wie ein Schädel, den die Sonne und das Wasser blank geschält haben, und gelb wie ein Skelett. Er steht ohne Wurzeln aufrecht und ist tot und wie ein Mast in den Zement einer ovalen Insel gepflanzt, die so groß ist wie ein kleiner Flußdampfer und durch einen glattbetonierten Graben vom Königreich Italien getrennt wird. Dieser Graben ist gerade so breit und an der Außenwand so tief, daß ein Affe ihn weder durchklettern noch überspringen kann. Von außen herein ginge es wohl; aber zurück geht es nicht.

Der Stamm in der Mitte bietet sehr gute Griffe dar und läßt sich, wie Touristen so etwas ausdrücken, flott und genußfroh durchklettern. Oben aber laufen waagerechte, lange, starke Äste von ihm aus; und wenn man Schuhe und Strümpfe auszöge und mit einwärtsgestellter Ferse die Sohlen fest an die Rundung des Astes schmiegte und mit den voreinander greifenden Händen auch recht fest zugriffe, müßte man gut an das Ende eines dieser von der Sonne gewärmten langen Äste gelangen können, die sich über den grünen Straußfedern der Pinienwipfel hinstrecken.

Diese wundervolle Insel wird von drei Familien von verschiedener Mitgliederzahl bewohnt. Den Baum bevölkern etwa fünfzehn sehnige, bewegliche Burschen und Mädchen, die ungefähr die Größe eines vierjährigen Kindes haben; am Fuße des Baumes aber lebt in dem einzigen Gebäude der Insel, einem Palast von Form und Größe einer Hundehütte, ein Ehepaar weit mächtigerer Affen mit einem ganz kleinen Sohne. Das ist das Königspaar der Insel und der Kronprinz. Nie kommt es vor, daß sich die Alten in der Ebene weit von ihm entfernen; wächterhaft regungslos sitzen sie rechts und links von ihm und blicken geradeaus an ihren Schnauzen vorbei ins Weite. Nur einmal in der Stunde erhebt sich der König und besteigt den Baum zu einem inspizierenden Rundgang. Langsam schreitet er dann die Äste entlang, und es scheint nicht, daß er bemerken will, wie ehrfürchtig und mißtrauisch alles zurückweicht und sich – um Hast und Aufsehen zu vermeiden – seitlings vor ihm herschiebt, bis das Ende des Astes kein Entweichen mehr zuläßt und nur ein lebensgefährlicher Absprung auf den harten Zement übrigbleibt. So schreitet der König, einen nach dem anderen, die Äste ab, und die gespannteste Aufmerksamkeit kann nicht unterscheiden, ob sein Gesicht dabei die Erfüllung einer Herrscherpflicht oder einer Terrainkur ausdrückt, bis alle Äste entleert sind und er wieder zurückkehrt. Auf dem Dache des Hauses sitzt inzwischen der Kronprinz allein, denn auch die Mutter entfernt sich merkwürdigerweise jedesmal zur gleichen Zeit, und durch seine dünnen, weit abstehenden Ohren scheint korallenrot die Sonne. Selten kann man etwas so Dummes und Klägliches dennoch von einer unsichtbaren Würde umwallt sehen wie diesen jungen Affen. Einer nach dem anderen kommen die zur Erde gejagten Baumaffen vorbei und könnten ihm den dünnen Hals mit einem Griff abdrehen, denn sie sind sehr mißmutig, aber sie machen einen Bogen um ihn und erweisen ihm alle Ehrerbietung und Scheu, die seiner Familie zukommt.

Es braucht eine längere Zeit, ehe man bemerkt, daß außer diesen ein geordnetes Leben führenden Wesen noch andere von der Insel beherbergt werden. Verdrängt von der Oberfläche und der Luft, lebt in dem Graben ein zahlreiches Volk kleiner Affen. Wenn sich einer von ihnen oben auf der Insel nur zeigt, wird er schon von den Baumaffen unter schmerzlichen Züchtigungen wieder in den Graben gescheucht. Wenn das Mahl angerichtet wird, müssen sie scheu beseite sitzen, und erst wenn alle satt sind und die meisten schon auf den Ästen ruhen, ist es ihnen erlaubt, sich zu den Küchenabfällen zu stehlen. Selbst das, was ihnen zugeworfen wird, dürfen sie nicht berühren. Denn es kommt vor, daß ein böser Bursche oder ein scherzhaftes Mädchen, obgleich sie blinzelnd Verdauungsbeschwernis heucheln, nur darauf warten und vorsichtig von ihrem Ast heruntergleiten, sobald sie merken, daß die Kleinen es sich ungebührlich wohlergehen lassen. Schon huschen da die wenigen, die sich auf die Insel gewagt haben, schreiend in den Graben zurück und mengen sich zwischen die anderen; und das Klagen hebt an: und jetzt drängt sich alles zusammen, so daß eine Fläche von Haar und Fleisch und irren, dunklen Augen sich an der abseitigen Wand emporhebt wie Wasser in einem geneigten Bottich. Der Verfolger geht aber nur den Rand entlang und schiebt eine Woge von Entsetzen vor sich her. Da erheben sich die kleinen schwarzen Gesichter und werfen die Arme in die Höhe und strecken die Handflächen abwehrend vor den bösen fremden Blick, der vom Rande herabsieht. Und allmählich heftet dieser Blick sich an einem fest; der rückt vor und zurück und fünf andere mit ihm, die noch nicht unterscheiden können, welcher das Ziel dieses langen Blickes ist; aber die weiche, vom Schreck gelähmte Menge läßt sie nicht vom Platze. Dann nagelt der lange, gleichgültige Blick den zufälligen einen an; und nun wird es ganz unmöglich, sich so zu beherrschen, daß man weder zuviel noch zuwenig Angst zeigt: und von Augenblick zu Augenblick wächst die Verfehlung an, während sich ruhig eine Seele in eine andere bohrt, bis der Haß da ist und der Sprung losschnellen kann und ein Geschöpf ohne Halt und Scham unter Peinigungen wimmert. Mit befreitem Geschrei rasen die anderen auseinander, den Graben entlang; sie flackern lichtlos da durcheinander wie die besessenen Seelen im Fegefeuer und sammeln sich freudig schnatternd an der entferntesten Stelle.

Wenn alles vorbei ist, steigt der Verfolger mit federnden Griffen den großen Baum hinan bis zum höchsten Ast, schreitet bis an dessen äußerstes Ende hinaus, setzt sich ruhig zurecht und verharrt ernst, aufrecht und ewig lange, ohne sich zu regen. Der Strahl seines Blickes ruht auf den Wipfeln des Pincio und der Villa Borghese, quer darüber hin; und wo er die Gärten verläßt, liegt hinter ihm die große gelbe Stadt, über der er, noch in die grüne, schimmernde Wolke der Baumgipfel gehüllt, achtlos in der Luft schwebt.

5

Politische Lyrik

Anweisung für Zeitungsleser **Horst Bienek**

I

Prüft jedes Wort
prüft jede Zeile
    vergeßt niemals
    man kann
    mit einem Satz
    auch den Gegen-Satz ausdrücken

II

Mißtraut den Überschriften
den fettgedruckten
    sie verbergen das Wichtigste
Mißtraut den Leitartikeln
    den Inseraten
    den Kurstabellen
    den Leserbriefen
und den Interviews am Wochenende
auch die Umfragen der Meinungsforscher
    sind manipuliert
    die Vermischten Nachrichten von findigen
    Redakteuren erdacht
Mißtraut dem Feuilleton
    den Theaterkritikern die Bücher
    sind meistens besser als ihre Rezensenten
lest das was sie verschwiegen haben
mißtraut auch den Dichtern
    bei ihnen hört sich alles
    schöner an auch zeitloser
    aber es ist nicht wahrer nicht gerechter

III

Übernehmt nichts ohne es geprüft zu haben
nicht das Wort und nicht die Dinge
nicht die Rechnung und nicht das Fahrrad
    nicht die Milch und nicht das Fleisch
    nicht die Traube und nicht den Schnee
faßt es an schmeckt es dreht es nach allen Seiten
nehmt es wie eine Münze zwischen die Zähne
hält es stand? seid ihr zufrieden?

IV

ist Feuer noch Feuer und Laub noch Laub
ist Flugzeug Flugzeug und Aufstand Aufstand
Ist eine Rose noch eine Rose?
Hört nicht auf
    euren Zeitungen zu mißtrauen
    auch wenn die Redakteure
    oder Regierungen wechseln

Stein und Steinmetz **Heinrich Anacker**

Wir werdend' Volk, wir sind der rohe Stein –
Du, unser Führer, sollst der Steinmetz sein;

Der Steinmetz, der mit schöpf'rischer Gewalt
Den Stein erlöst von seiner Ungestalt.

Schlag immer zu! Wir halten duldend still,
Da deine strenge Hand uns formen will.

Wir leiden gern, hinopfernd Tag und Nacht,
Wenn nur dein Hammerschlag uns klarer macht.

Wie Michelangelo das Bild des Herrn,
Schaffst du aus uns, was heut noch blaß und fern;

Schaffst du aus uns, aus rohem Element,
Des neuen Deutschlands ewig Monument!

Für Walter Ulbricht

Johannes R. Becher

Wer so wie Du sieht auf den Grund der Dinge,
wer so wie Du nur *eines* Willens ist,
daß Friede sei, und daß das Volk vollbringe
ein Friedenswerk – wer nach *dem* Maße mißt –,

wer so wie Du der Jugend ist verbündet
und ihr den Mut zu neuem Leben gibt –
wer so wie Du ist in sich fest begründet –
wer so wie Du sein Land, sein Deutschland liebt –

der zieht den Haß, des Feindes Haß auf sich,
doch mit dem Unmaß dieses Hasses wendet
des Volkes ganze Liebe sich ihm zu –

die Liebe ist's, die dies Sonett Dir sendet.
Wir, die wir Deutschland lieben, grüßen Dich.
Ruhm jedem, der sein Volk liebt so wie Du!

verteidigung der wölfe gegen die lämmer

Hans Magnus Enzensberger

soll der geier vergißmeinnicht fressen?
was verlangt ihr vom schakal,
daß er sich häute, vom wolf? soll
er sich selber ziehen die zähne?
was gefällt euch nicht
an politruks und an päpsten,
was guckt ihr blöd aus der wäsche
auf den verlogenen bildschirm?

wer näht denn dem general
den blutstreif an seine hose? wer
zerlegt vor dem wucherer den kapaun?
wer hängt sich stolz das blechkreuz
vor den knurrenden nabel? wer
nimmt das trinkgeld, den silberling,
den schweigepfennig? es gibt
viel bestohlene, wenig diebe; wer
applaudiert ihnen denn, wer
steckt die abzeichen an, wer
lechzt nach der lüge?

seht in den spiegel: feig,
scheuend die mühsal der wahrheit,
dem lernen abgeneigt, das denken
überantwortend den wölfen,
der nasenring euer teuerster schmuck,
keine täuschung zu dumm, kein trost
zu billig, jede erpressung
ist für euch noch zu milde.

ihr lämmer, schwestern sind,
mit euch verglichen, die krähen:
ihr blendet einer den andern.
brüderlichkeit herrscht
unter den wölfen:
sie gehn in rudeln.

gelobt sein die räuber: ihr,
einladend zur vergewaltigung,
werft euch aufs faule bett
des gehorsams. winselnd noch
lügt ihr. zerrissen
wollt ihr werden. ihr
ändert die welt nicht.

Auf zum Kampf! **Wolfgang Herzfeld**

Von dieser Zeiten Allgewalt
Wird sagen man und singen,
Solang' in unserm deutschen Wald
Noch deutsche Lieder klingen.

Du deutsches Volk, nun steh' bereit
In ehrlich wildem Grolle
Und zieh' in den gerechten Streit
Um Heim und Herd und Scholle. –

Zum Kampfe um dein blaues Meer
Und deine grünen Eichen,
Und schlage deiner Feinde Heer
Mit festen deutschen Streichen.

Wir kämpfen nicht mit Meuchelmord
Wie Franken, Russen, Serben,
Doch gilt bei uns das harte Wort:
Wir siegen oder sterben.

Durch dick und dünn, in Not und Tod
Woll'n wir zusammenstehen,
Bis auf dem Plan im Morgenrot
Des Siegers Banner wehen.

Von solcher Zeiten Allgewalt
Wird sagen man und singen,
Solang' in unserm deutschen Wald
Noch deutsche Lieder klingen.

Alle Tage

Ingeborg Bachmann

Der Krieg wird nicht mehr erklärt,
sondern fortgesetzt. Das Unerhörte
ist alltäglich geworden. Der Held
bleibt den Kämpfen fern. Der Schwache
ist in die Feuerzonen gerückt.
Die Uniform des Tages ist die Geduld,
die Auszeichnung der armselige Stern
der Hoffnung über dem Herzen.

Er wird verliehen,
wenn nichts mehr geschieht,
wenn das Trommelfeuer verstummt,
wenn der Feind unsichtbar geworden ist
und der Schatten ewiger Rüstung
den Himmel bedeckt.

Er wird verliehen
für die Flucht von den Fahnen,
für die Tapferkeit vor dem Freund,
für den Verrat unwürdiger Geheimnisse
und die Nichtachtung
jeglichen Befehls.

Holzfäller, wach auf!

Pablo Neruda

Pablo Nerudas 1948 geschriebener Gesang „Holzfäller, wach auf!" besteht aus sechs Teilen, von denen wir den 1., 3. und 6. wiedergeben; der erste und dritte Teil sind gekürzt.

I

Im Westen des Coloradoflusses
liegt ein Ort, den ich liebe.
Dahin eile ich mit allem, was mich
erregend durchströmt, mit allem,
was ich war, was ich bin und bewahre.

Ein paar gewaltige rote Felssteine gibt es dort. Mit tausend Händen
erbaute die wilde Luft
ihre Gebilde:
dem Abgrund entstieg das blinde Scharlachrot
und schuf in ihnen Kupfer, Feuer und Kraft.

Amerika, ausgebreitet wie eines Büffels Haut,
dort, in heller luftiger Nacht des Galopps,
trinke ich den gestirnten Höhen zu
deinen Becher grünen Taus.

Ja, durch das herbe Arizona, das nackte Wisconsin
schritt ich dahin bis Milwaukee, das gegen Wind und Schnee
erhoben steht, und durch die erhitzten Sümpfe von West Palm,
nahe dem Fichtengürtel von Tacoma, im dichten
Stahlgeruch deiner Wälder,
mütterliche Erde berührend,
blaue Blätter, Kaskadengestein,
Stürme, die schwangen wie die ganze unendliche Musik,
Flüsse, die wie Klöster beteten,
Enten und Äpfel, Landstriche und Gewässer,
unerschöpfliche Ruhe, damit das Getreide wachse.

Dort, in meinem Zentralmassiv, konnte man Augen,
Gehör und Hände in die Lüfte erheben, bis man hörte:
Bücher, Lokomotiven, Schnee, Kämpfe,
Fabriken, Gräber, Pflanzenwelten, Schritte
und überm Segelschiff den Mond von Manhattan,
den Gesang der Maschine, die spinnt,
den eisernen Löffel, der Erde frißt,
den Steinbohrer mit seinem Kondorhieb
und alles, was schneidet preßt läuft und näht:
Wesen und Räder, wieder hervorbringend und gebärend.

Ich liebe das kleine Heim des *Farmers*. Junge Mütter schlafen
duftend wie des Tamarindenbaumes Saft; frisch gebügelt
sind die Stoffe. Das Feuer brennt
in tausend Hütten, die von Zwiebeln umstanden sind.

Wenn am Fluß die Männer singen, haben sie
rauhe Stimmen wie die Steine am Grund:
aus seinen breiten Blättern ging der Tabak hervor,
und wie ein Geschenk des Feuers kam er an diese häuslichen Herde.
Kommt ins innere Missouri, schaut Käse und Mehl,
die duftenden Gartenbeete, rot wie Geigen,
den Mann, der auf Flüssen die Gerste fährt,
das blaue frisch gesattelte Füllen wittert
den Duft des Brotes und des Klees:

Glocken, Mohnblumen, Eisenschmieden,
und in den zerfallenden ländlichen Kinos
öffnet die Liebe ihren schimmernden Mund
beim Traum, den die Erde gebar.

Dein Friede ist es, den wir lieben, nicht deine Maske.
Dein Kriegsgesicht ist nicht schön.
Groß bist du und schön, Nordamerika.
Du stammst aus bescheidener Wiege wie eine Wäscherin
an deinen Flüssen, blütenweiß.
Im Unbekannten erbaut,
ist dein Honigwabenfriede dein Süßestes.
Wir lieben deinen Menschen mit den vom Schlamm
des Oregon roten Händen, dein Negerkind,
das die Musik dir brachte, geboren
in seinem Elfenbeingebiet: wir lieben
deine Stadt, deine Substanz,
dein Licht, deine Technik, den Kraftstrom
des Westens, den friedlichen
Honig von Bienenhaus und Dorf,
den riesigen Jungen auf dem Traktor,
den Hafen, den du von Jefferson
erbtest, das geräuschvolle Rad,
das deinen Erdozean durchmißt,
den Rauch deiner Fabrik und den Kuß
Nummer tausend einer neuen Siedlung:
dein Bauernblut ist es, das wir lieben:
deines Volkes Hand voller Öl.

III

Auch ich, fern von deiner Erde, Amerika,
wandre und mache mir mein flüchtiges Haus,
ich fliege, gehe vorüber,
singe und rede mitten durch die Tage.
Und in Asien, in der UDSSR, im Ural halte ich an
und breite die Seele aus, getränkt von Einsamkeiten und Harzduft.

Ich liebe in des Raumes Erstreckungen alles,
was der Mensch in Liebe und Kampf geschaffen.
Noch umsteht der Fichten uralte Nacht
und das Schweigen wie eine hohe Säule
mein Haus im Ural.

Korn und Stahl werden hier geboren
von des Menschen Hand, von seinem Herzen.
Und ein Gesang von Hämmern erfreut den alten Wald
wie ein neues blaues Wunder.

Von hier schaue ich
auf die ausgedehnten Zonen des Menschen,
auf die Geographie von Kindern und Frauen, auf Liebe,
Fabriken und Lieder, Schulen,
die wie Levkojen in der Wildnis glänzen,
wo bis gestern noch der wilde Fuchs gehaust.
Von diesem Punkt aus umspannt meine Hand auf der Erdkarte
das Grün der Steppen, tausender Werkstätten
Rauch, all den Duft
der Gewebe, das Erstaunen
vor der beherrschten elektrischen Kraft.
Am Abend kehre ich auf neuen, kürzlich erst
entworfenen Wegen heim und trete in die Küchen,
wo der Kohl brodelt und von wo ein neuer
Beginn ausgeht für die Welt.

VI

Friede für die Abenddämmerungen, die
kommen,
Friede für die Brücke, Friede für den Wein,
Friede für die Lettern, die mich suchen
und in meinem Blut aufsteigen,
das alte Lied umwindend mit Erde und Liebe,
Friede für die Stadt am Morgen,
wenn das Brot erwacht, Friede für den Fluß
Mississippi, Strom der Wurzeln,
Friede für meines Bruders Hemd,
Friede im Buche – wie ein Siegel aus Luft,
Friede für das große Kolchos von Kiew,
Friede der Asche dieser Toten
und jener anderen Toten, Friede für das schwarze
Eisen Brooklyns, Friede für den Briefträger,
der von Haus zu Haus geht wie des Tages Licht,
Friede für den Choreographen, der
durch einen Trichter hin zu den Ackerwinden ruft,
Friede für meine rechte Hand,
die nur schreiben will Rosario:
Friede für den Bolivianer, der
verschlossen wie Zinnstein ist, Friede
für alle Sägemühlen am Bio Bio,
Friede für das zerfetzte Herz
des Partisanenspaniens,
Friede für das kleine Museum von Wyoming,
wo das Rührendste
ein Kopfkissen ist mit einem gestickten Herzen,

Friede dem Bäcker und seinen Liebschaften
und Friede für das Mehl: Friede
für alles Getreide, das da wachsen soll,
für alle Liebe, die Laubdickicht sucht,
Friede für alle, die da leben: Friede
der gesamten Erde und den Wassern.

Hier nehme ich Abschied, kehre
zurück in mein Haus, meine Träume,
kehre nach Patagonien heim, wo
der Wind an die Ställe klopft
und der Ozean Eis sprüht.
Ich bin nur ein Dichter: ich liebe euch alle,
umherirrend geh ich durch die Welt, die ich liebe:
in meinem Vaterland kerkern sie die Kumpel ein,
und Soldaten befehlen den Richtern.
Aber ich liebe sogar die Wurzeln
meines kleinen kalten Landes.

Müßte ich tausendmal sterben,
immer dort wollte ich sterben:
würde ich tausendmal geboren,
immer dort wollt ich geboren sein,
nach der wilden Andentanne,
dem Toben des Südwinds nah
und den kürzlich gekauften Glocken.
Niemand denke an mich.
An unsre ganze Erde wollen wir denken,
auf den Tisch voll Liebe hämmernd.

Ich will nicht, daß wieder Blut
das Brot durchtränke, die Bohnen,
die Musik, ich will, daß
der Bergmann, das Kind,
der Anwalt, der Matrose,
der Puppenfabrikant mit mir kommen,
daß wir ins Kino gehen und herauskommen,
Wein zu trinken, den rotesten Wein.

Ich komme nicht, etwas zu lösen.

Ich kam hierher, um zu singen
und auf daß du mit mir singst.

Günter Wallraff

Hier und dort

hier freiheit
dort knechtschaft

hier wohlstand
dort armut

hier friedfertigkeit
dort kriegslüsternheit

hier liebe
dort haß

dort satan
hier Gott

hier gleichheit
dort ausbeutung

hier aufbau
dort zerfall

hier friedensheer
dort kriegstreiber

hier leben
dort tod

dort böse
hier gut

jenseits von hier und fernab von dort

such ich mir
nen fetzen land
wo ich mich ansiedle
ohne feste begriffe

6

Schriftsteller und Gesellschaft: Beispiel Grass

Die Tribüne **Günter Grass**

„Die Tribüne" wurde mit originaler Kapitelüberschrift, jedoch am Anfang gekürzt, dem Roman „Die Blechtrommel" entnommen. Dem Ausschnitt geht folgende Handlung voraus: Eingewiesen in eine Heil- und Pflegeanstalt in Düsseldorf, schreibt der verwachsene Zwerg Oskar Matzerath seine Lebensgeschichte. Er beginnt mit seiner kaschubischen Großmutter Anna Bronski, die einst im Jahre neunundneunzig am Rande eines Kartoffelackers dem flüchtigen Brandstifter Koljaiczek unter ihren vier Röcken Zuflucht vor der Polizei gewährte. Während die Polizisten vergeblich nach ihm Ausschau halten, zeugt der Koljaiczek in der Geborgenheit der Röcke der Anna Bronski ein Kind, Oskars Mama Agnes. Noch in der folgenden Nacht lassen sich Anna und Koljaiczek trauen. Dieser lebt fortan als ehrbarer Bürger mit einem falschen Paß. Als die Polizei ihm Jahre später erneut auf die Spur kommt und ihn verfolgt, verschwindet er, ohne noch einmal aufzutauchen, unter einem Floß. Kurz darauf heiratet Anna ihren Schwager Gregor und eröffnet in Danzig einen kleinen Kellerladen, in dem sie Krimskrams verkauft.

Agnes, Oskars Mama, ist damals fünfzehn. Mit siebzehn verliebt sie sich in ihren schmächtigen Cousin Jan Bronski, dem Oskars Großmutter Anna ein Zimmer vermietet hat. Trotz ihres Liebesverhältnisses zu Jan heiratet Agnes wenig später den gebürtigen Rheinländer Alfred Matzerath. Die Beziehung zu ihrem Cousin dauert dennoch weiter an. Als Oskar 1924 geboren wird, hat er zwei mutmaßliche Väter, Alfred Matzerath und Jan Bronski.

Oskar ist ein in jeder Hinsicht bemerkenswertes Kind. Schon bei seiner Geburt ist seine geistige Entwicklung abgeschlossen, und so durchschaut er bereits als Kleinkind mit scharfem Verstand das Treiben der Erwachsenen.

Ein Fotoalbum, das er Jahre hindurch gehütet und versteckt hat, vergegenwärtigt ihm seine Vergangenheit: Zu seinem dritten Geburtstag erhält er eine ihm bereits bei seiner Geburt in Aussicht gestellte Blechtrommel. Am gleichen Tag beschließt er, nicht mehr weiterzuwachsen, und stürzt sich, um den Erwachsenen einen plausiblen Grund für das ausbleibende Wachstum zu liefern, die Kellertreppe hinunter. Als er aus dem Krankenhaus nach Hause zurückkehrt, beginnt er zu trommeln. Fast gleichzeitig entwickelt er mit dieser Fähigkeit eine zweite.

Mit einer hohen, schreienden Stimme kann er Glas zersingen. Wann immer ihm etwas mißfällt, setzt er diese Fähigkeit rücksichtslos ein, besonders dann, wenn man versucht, ihm seine Trommel zu entreißen. So zersingt er an seinem ersten Schultag die Fensterscheiben des Klassenzimmers und die Brillengläser seiner Lehrerin, als sie den Außenseiter in die Ordnung eingliedern will. Daraufhin wird er vom Schulbesuch ausgeschlossen. Von der Notwendigkeit des Lesen- und Schreibenkönnens überzeugt, gewinnt er die Bäckersfrau Gretchen Scheffler als Lehrerin. Goethes „Wahlverwandtschaften" und ein Buch über Rasputin, zwei Bücher, die ihn sein ganzes Leben hindurch bestimmen und beeinflussen, bilden die Grundlage des Unterrichts.

Als weitere Erlebnisse seiner Kindheit haben Bedeutung: Oskar muß, von Nachbarskindern gezwungen, eine ekelerregende Froschsuppe essen, worauf er aus Protest straßenweise Glas zersingt. Jeden Donnerstag wartet er in einer billigen Pension auf seine Mama, die sich dort heimlich mit Jan Bronski trifft. Bei einem Zirkusbesuch lernt er den Liliputaner Bebra kennen, der ihm, prophetisch in die Zukunft sehend, den Rat gibt, nie vor der Tribüne zu stehen, sondern immer auf der Tribüne zu sitzen, denn von da aus wird die Handlung bestimmt. Die beginnende Nazizeit gibt der Vorausschau recht . . .

Nach und nach kaufte sich Matzerath die Uniform zusammen. Wenn ich mich recht erinnere, begann er mit der Parteimütze, die er gerne, auch bei sonnigem Wetter mit unterm Kinn scheuerndem Sturmriemen trug. Eine Zeitlang zog er weiße Oberhemden mit schwarzer Krawatte zu dieser Mütze an oder eine Windjacke mit Armbinde. Als er das erste braune Hemd kaufte, wollte er eine Woche später auch die kackbraunen Reithosen und Stiefel erstehen. Mama war dagegen, und es dauerte abermals Wochen, bis Matzerath endgültig in Kluft war.

Es ergab sich mehrmals in der Woche Gelegenheit, diese Uniform zu tragen, aber Matzerath ließ es mit der Teilnahme an sonntäglichen Kundgebungen auf der Maiwiese neben der Sporthalle genug sein. Hier erwies er sich jedoch selbst dem schlechtesten Wetter gegenüber unerbittlich, lehnte auch ab, einen Regenschirm zur Uniform zu tragen, und wir hörten oft genug eine Redewendung, die bald zur stehenden Redensart wurde. „Dienst ist Dienst", sagte Matzerath, „und Schnaps ist Schnaps!" verließ, nachdem er den Mittagsbraten vorbereitet hatte, jeden Sonntagmorgen Mama und brachte mich in eine peinliche Situation, weil Jan Bronski, der ja den Sinn für die neue sonntägliche politische Lage besaß, auf seine zivil eindeutige Art meine verlassene Mama besuchte, während Matzerath in Reih und Glied stand.

Was hätte ich anders tun können, als mich verdrücken. Es lag weder in meiner Absicht, die beiden auf der Chaiselongue zu stören, noch zu beobachten. So trommelte ich mich, sobald mein uniformierter Vater außer Sicht war und die Ankunft des Zivilisten, den ich damals schon meinen mutmaßlichen Vater nannte, bevorstand, aus dem Haus in Richtung Maiwiese.

Sie werden sagen, mußte es unbedingt die Maiwiese sein? Glauben Sie mir bitte, daß an Sonntagen im Hafen nichts los war, daß ich mich zu Waldspaziergängen nicht entschließen konnte, daß mir das Innere der Herz-Jesu-Kirche damals noch nichts sagte. Zwar gab es noch die Pfadfinder des Herrn Greff, aber jener verklemmten Erotik zog ich, es sei hier zugegeben, den Rummel auf der Maiwiese vor; auch wenn Sie mich jetzt einen Mitläufer heißen.

Es sprachen entweder Greiser oder der Gauschulungsleiter Löbsack. Der Greiser fiel mir nie besonders auf. Er war zu gemäßigt und wurde später durch den forscheren Mann aus Bayern, der Forster hieß und Gauleiter wurde, ersetzt. Der Löbsack jedoch wäre der Mann gewesen, einen Forster zu ersetzen. Ja hätte der Löbsack nicht einen Buckel gehabt, wäre es für den Mann aus Fürth schwer gewesen, in der Hafenstadt ein Bein aufs Pflaster zu bekommen. Den Löbsack richtig einschätzend, in seinem

Buckel ein Zeichen hoher Intelligenz sehend, machte ihn die Partei zum Gauschulungsleiter. Der Mann verstand sein Handwerk. Während der Forster mit übler bayerischer Aussprache immer wieder „Heim ins Reich" schrie, ging Löbsack mehr ins Detail, sprach alle Sorten Danziger Platt, erzählte Witze von Bollermann und Wullsutzki, verstand es, die Hafenarbeiter bei Schichau, das Volk in Ohra, die Bürger von Emmaus, Schidlitz, Bürgerwiesen und Praust anzusprechen. Hatte er es mit bierernsten Kommunisten und den lahmen Zwischenrufen einiger Sozis zu tun, war es eine Wonne, dem kleinen Mann, dessen Buckel durch das Uniformbraun besonders betont und gehoben wurde, zuzuhören.

Löbsack hatte Witz, zog all seinen Witz aus dem Buckel, nannte seinen Buckel beim Namen, denn so etwas gefällt den Leuten immer. Eher werde er seinen Buckel verlieren, behauptete Löbsack, als daß die Kommune hochkomme. Es war vorauszusehen, daß er den Buckel nicht verlor, daß an dem Buckel nicht zu rütteln war, folglich behielt der Buckel recht, mit ihm die Partei – woraus man schließen kann, daß ein Buckel die ideale Grundlage einer Idee bildet.

Wenn Greiser, Löbsack oder später Forster sprachen, sprachen sie von der Tribüne aus. Es handelte sich um jene Tribüne, die mir der kleine Herr Bebra angepriesen hatte. Deshalb hielt ich längere Zeit den Tribünenredner Löbsack, bucklig und begabt, wie er sich auf der Tribüne zeigte, für einen Abgesandten Bebras, der in brauner Verkleidung seine und im Grunde auch meine Sache auf der Tribüne verfocht.

Was ist das, eine Tribüne? Ganz gleich für wen und vor wem eine Tribüne errichtet wird, in jedem Falle muß sie symmetrisch sein. So war auch die Tribüne auf unserer Maiwiese neben der Sporthalle eine betont symmetrisch angeordnete Tribüne. Von oben nach unten: sechs Hakenkreuzbanner nebeneinander. Dann Fahnen, Wimpel und Standarten. Dann eine Reihe schwarze SS mit Sturmriemen unterm Kinn. Dann zwei Reihen SA, die während der Singerei und Rederei die Hände am Koppelschloß hielten. Dann sitzend mehrere Reihen uniformierter Parteigenossen, hinter dem Rednerpult gleichfalls Pg's, Frauenschaftsführerinnen mit Müttergesichtern, Vertreter des Senates in Zivil, Gäste aus dem Reich und der Polizeipräsident oder sein Stellvertreter.

Den Sockel der Tribüne verjüngte die Hitlerjugend oder, genauer gesagt, der Gebietsfanfarenzug des Jungvolkes und der Gebietsspielmannszug der HJ. Bei manchen Kundgebungen durfte auch ein links und rechts, immer wieder symmetrisch angeordneter gemischter Chor entweder Sprüche hersagen oder den so beliebten Ostwind besingen, der sich, laut Text, besser als alle anderen Winde fürs Entfalten von Fahnenstoffen eignete.

Bebra, der mich auf die Stirn küßte, sagte auch: „Oskar, stelle dich niemals vor eine Tribüne. Unsereins gehört auf die Tribüne!"

Zumeist gelang es mir, zwischen irgendwelchen Frauenschaftsführerinnen Platz zu finden. Leider unterließen es diese Damen nicht, mich während der Kundgebung aus Propagandazwecken zu streicheln. Zwischen die Pauken, Fanfaren und Trommeln am Tribünenfuß konnte ich mich meiner Blechtrommel wegen nicht mischen; denn die lehnte die Landsknechtpaukerei ab. Leider ging auch ein Versuch mit dem Gauschulungsleiter Löbsack schief. Ich täuschte mich schwer in dem Mann. Weder war er, wie ich gehofft hatte, ein Abgesandter Bebras, noch hatte er, trotz seines vielversprechenden Buckels, das geringste Verständnis für meine wahre Größe.

Als ich ihm anläßlich eines Tribünensonntags kurz vor dem Rednerpult entgegentrat, den Parteigruß bot, ihn zuerst blank anblickte, dann mit dem Auge zwinkernd zuflüsterte: „Bebra ist unser Führer!" ging dem Löbsack nicht etwa ein Licht auf, sondern er streichelte mich genau wie die NS-Frauenschaft und ließ schließlich Oskar – weil er ja seine Rede halten mußte – von der Tribüne weisen, wo ihn zwei BdM-Führerinnen in die Mitte nahmen und während der ganzen Kundgebung nach „Vati und Mutti" ausfragten.

So kann es nicht verwundern, wenn mich die Partei schon im Sommer vierunddreißig, doch nicht vom Röhmputsch beeinflußt, zu enttäuschen begann. Je länger ich mir die Tribüne, vor der Tribüne stehend, ansah, um so verdächtiger wurde mir jene Symmetrie, die durch Löbsacks Buckel nur ungenügend gemildert wurde. Es liegt nahe, daß meine Kritik sich vor allen Dingen an den Trommlern und Fanfarenbläsern rieb; und im August fünfunddreißig ließ ich mich an einem schwülen Kundgebungssonntag mit dem Spielmanns- und Fanfarenzugvolk am Fuß der Tribüne ein.

Matzerath verließ schon um neun Uhr die Wohnung. Ich hatte ihm noch beim Wichsen der braunen Ledergamaschen geholfen, damit er rechtzeitig aus dem Haus kam. Selbst zu dieser frühen Tagesstunde war es schon unerträglich heiß, und er schwitzte sich dunkle, wachsende Flecken unter die Ärmel seines Parteihemdes, bevor er im Freien war. Punkt halb zehn stellte sich in luftig hellem Sommeranzug mit durchbrochenen, feingrauen Halbschuhen, einen Strohhut tragend, Jan Bronski ein. Jan spielte ein bißchen mit mir, konnte aber beim Spiel die Augen nicht von Mama lassen, die sich am Vorabend die Haare gewaschen hatte. Recht bald bemerkte ich, daß meine Anwesenheit das Gespräch der beiden hemmte, ihr Handeln steif und Jans Bewegungen behindert wirken ließ. Offensichtlich wurde ihm seine leichte Sommerhose zu eng, und ich trollte mich davon, folgte den Spuren Matzeraths, ohne in ihm ein Vorbild zu sehen. Vorsichtig vermied ich Straßen, die voller in Richtung Maiwiese strebender Uniformierter waren, und näherte mich erstmals dem Kundgebungsfeld von den Tennisplätzen her, die neben der Sporthalle lagen. Diesem Umweg verdankte ich die Hinteransicht der Tribüne.

Haben Sie schon einmal eine Tribüne von hinten gesehen? Alle Menschen sollte man – nur um einen Vorschlag zu machen – mit der Hinteransicht einer Tribüne vertraut machen, bevor man sie vor Tribünen versammelt. Wer jemals eine Tribüne von hinten anschaute, recht anschaute, wird von Stund an gezeichnet und somit gegen jegliche Zauberei, die in dieser oder jener Form auf Tribünen zelebriert wird, gefeit sein. Ähnliches kann man von den Hinteransichten kirchlicher Altäre sagen; doch das steht auf einem anderen Blatt.

Oskar jedoch, der immer schon einen Zug zur Gründlichkeit hatte, ließ es mit dem Anblick des nackten, in seiner Häßlichkeit tatsächlichen Gerüstes nicht genug sein, er erinnerte sich der Worte seines Magisters Bebra, ging das nur für die Vorderansicht bestimmte Podest von der groben Kehrseite an, schob sich und seine Trommel, ohne die er nie ausging, zwischen Verstrebungen hindurch, stieß sich an einer überstehenden Dachlatte, riß sich an einem bös aus dem Holz ragenden Nagel das Knie auf, hörte über sich die Stiefel der Parteigenossen scharren, dann die Schühchen der Frauenschaft und kam endlich dorthin, wo es am drückendsten und dem Monat August am meisten gemäß war: vor dem inwendigen Tribünenfuß fand er hinter einem Stück Sperrholz Platz und Schutz genug, um den akustischen Reiz einer politischen Kundgebung in aller Ruhe auskosten zu können, ohne durch Fahnen abgelenkt, durch Uniformen im Auge beleidigt zu werden.

Unter dem Rednerpult hockte ich. Links und rechts von mir und über mir standen breitbeinig und, wie ich wußte, mit verkniffenen, vom Sonnenlicht geblendeten Augen die jüngeren Trommler des Jungvolkes und die älteren der Hitlerjugend. Und dann die Menge. Ich roch sie durch die Ritzen der Tribünenverschalung. Das stand und berührte sich mit Ellenbogen und Sonntagskleidung, das war zu Fuß gekommen oder mit der Straßenbahn, das hatte zum Teil die Frühmesse besucht und war dort nicht zufriedengestellt worden, das war gekommen, um seiner Braut am Arm etwas zu bieten, das wollte mit dabeisein, wenn Geschichte gemacht wird, und wenn auch der Vormittag dabei draufging.

Nein, sprach sich Oskar zu, sie sollen den Weg nicht umsonst gemacht haben. Und er legte ein Auge an ein Astloch der Verschalung, bemerkte die Unruhe von der Hindenburgallee her. Sie kamen! Kommandos wurden über ihm laut, der Führer des Spielmannszuges fuchtelte mit seinem Tambourstab, die hauchten ihre Fanfaren an, die paßten sich das Mundstück auf, und schon stießen sie in übelster Landsknechtmanier in ihr sidolgeputztes Blech, daß es Oskar weh tat und „Armer SA-Mann Brand“, sagte er sich, „armer Hitlerjunge Quex, ihr seid umsonst gefallen!“

Als wollte man ihm diesen Nachruf auf die Opfer der Bewegung bestätigen, mischte sich gleich darauf massives Gebumse auf kalbsfellbespannten Trommeln in die Trompeterei. Jene Gasse, die mitten durch die Menge zur Tribüne führte, ließ von weit her heranrückende Uniformen ahnen, und Oskar stieß hervor: „Jetzt mein Volk, paß auf, mein Volk!“

Die Trommel lag mir schon maßgerecht. Himmlisch locker ließ ich die Knüppel in meinen Händen spielen und legte mit Zärtlichkeit in den Handgelenken einen kunstreichen, heiteren Walzertakt auf mein Blech, den ich immer eindringlicher, Wien und die Donau beschwörend, laut werden ließ, bis oben die erste und zweite Landsknechttrommel an meinem Walzer Gefallen fand, auch Flachtrommeln der älteren Burschen mehr oder weniger geschickt mein Vorspiel aufnahmen. Dazwischen gab es zwar Unerbittliche, die kein Gehör hatten, die weiterhin Bumbum machten, und Bumbumbum, während ich doch den Dreivierteltakt meinte, der so beliebt ist beim Volk. Schon wollte Oskar verzweifeln, da ging den Fanfaren ein Licht auf, und die Querpfeifen, oh Donau, pfiffen so blau. Nur der Fanfarenzugführer und auch der Spielmannszugführer, die glaubten nicht an den Walzerkönig und schrien ihre lästigen Kommandos, aber ich hatte die abgesetzt, das war jetzt meine Musik. Und das Volk dankte es mir. Lacher wurden laut vor der Tribüne, da sangen schon welche mit, oh Donau, und über den ganzen Platz, so blau, bis zur Hindenburgallee, so blau und zum Steffenspark, so blau, hüpfte mein Rhythmus, verstärkt durch das über mir vollaufgedrehte Mikrophon. Und als ich durch mein Astloch hindurch ins Freie spähte, doch dabei fleißig weitertrommelte, bemerkte ich, daß das Volk an meinem Walzer Spaß fand, aufgeregt hüpfte, es in den Beinen hatte: schon neun Pärchen und noch ein Pärchen tanzten, wurden vom Walzerkönig gekuppelt. Nur dem Löbsack, der mit Kreisleitern und Sturmbannführern, mit Forster, Greiser und Rauschning, mit einem langen braunen Führungsstabschwanz mitten in der Menge kochte, vor dem sich die Gasse zur Tribüne schließen wollte, lag erstaunlicherweise der Walzertakt nicht. Der war gewohnt, mit gradliniger Marschmusik zur Tribüne geschleust zu werden. Dem nahmen nun diese leichtlebigen Klänge den Glauben ans Volk. Durchs Astloch sah ich seine Leiden. Es zog durch das Loch. Wenn ich mir auch fast das Auge entzündete, tat er mir dennoch leid, und ich wechselte in einen Charleston, „Jimmy the Tiger", über, brachte jenen Rhythmus, den der Clown Bebra im Zirkus auf leeren Selterwasserflaschen getrommelt hatte; doch die Jungs vor der Tribüne kapierten den Charleston nicht. Das war eben eine andere Generation. Die hatten natürlich keine Ahnung von Charleston und „Jimmy the Tiger". Die schlugen – oh guter Freund Bebra – nicht Jimmy und Tiger, die hämmerten Kraut und Rüben, die bliesen mit Fanfaren Sodom und Gomorrha. Da dachten die Querpfeifen sich, gehupft wie gesprungen. Da schimpfte der Fanfarenzugführer auf Krethi und Plethi. Aber dennoch trommelten, pfiffen, trompeteten die Jungs vom Fanfarenzug und Spielmannszug auf Teufel komm raus, daß es Jimmy eine Wonne war, mitten im heißesten Tigeraugust, daß es die Volksgenossen, die da zu Tausenden und Abertausenden vor der Tribüne drängelten, endlich begriffen: es ist Jimmy the Tiger, der das Volk zum Charleston aufruft!

Und wer auf der Maiwiese noch nicht tanzte, der griff sich, bevor es zu spät war, die letzten noch zu habenden Damen. Nur Löbsack mußte mit seinem Buckel tanzen, weil in seiner Nähe alles, was einen Rock trug, schon besetzt war, und jene Damen von der Frauenschaft, die ihm hätten helfen können, rutschten weit weg vom einsamen Löbsack, auf den harten Holzbänken der Tribüne. Er aber – und das riet ihm sein Buckel – tanzte dennoch, wollte gute Miene zur bösen Jimmymusik machen und retten, was noch zu retten war.

Es war aber nichts mehr zu retten. Das Volk tanzte sich von der Maiwiese, bis die zwar arg zertreten, aber immerhin grün und leer war. Es verlor sich das Volk mit „Jimmy the Tiger" in den weiten Anlagen des angrenzenden Steffensparkes. Dort bot sich Dschungel, den Jimmy versprochen hatte, Tiger gingen auf Sammetpfötchen, ersatzweise Urwald fürs Volk, das eben noch auf der Wiese drängte. Gesetz ging flöten und Ordnungssinn. Wer aber mehr die Kultur liebte, konnte auf den breiten gepflegten Promenaden jener Hindenburgallee, die während des achtzehnten Jahrhunderts erstmals angepflanzt, bei der Belagerung durch Napoleons Truppen achtzehnhundertsieben abgeholzt und achtzehnhundertzehn zu Ehren Napoleons wieder angepflanzt wurde, auf historischem Boden also konnten die Tänzer auf der Hindenburgallee meine Musik haben, weil über mir das Mikrophon nicht abgestellt wurde, weil man mich bis zum Olivaer Ton hörte, weil ich nicht locker ließ, bis es mir und den braven Burschen am Tribünenfuß gelang, mit Jimmys entfesseltem Tiger die Maiwiese bis auf die Gänseblümchen zu räumen.

Selbst als ich meinem Blech schon die langverdiente Ruhe gönnte, wollten die Trommelbuben noch immer kein Ende finden. Es brauchte seine Zeit, bis mein musikalischer Einfluß nachzuwirken aufhörte.

Dann bleibt noch zu sagen, daß Oskar das Innere der Tribüne nicht sogleich verlassen konnte, da Abordnungen der SA und SS über eine Stunde lang mit Stiefeln gegen Bretter knallten, sich Ecklöcher ins braune und schwarze Zeug rissen, etwas im Tribünengehäuse zu suchen schienen: einen Sozi womöglich oder einen Störtrupp der Kommune. Ohne die Finten und Täuschungsmanöver Oskars aufzählen zu wollen, sei hier kurz festgestellt: sie fanden Oskar nicht, weil sie Oskar nicht gewachsen waren.

Endlich war Ruhe im Holzlabyrinth, das etwa die Größe jenes Walfisches hatte, in welchem Jonas saß und tranig wurde. Nein nein, Oskar war kein Prophet, Hunger verspürte er! Es war da kein Herr, der sagte: „Mache dich auf und gehe in die große Stadt Ninive und predige wider sie!“ Mir brauchte auch kein Herr einen Rizinusbaum wachsen lassen, den hinterher, auf des Herren Geheiß, ein Wurm zu tilgen hatte. Ich jammerte weder um jenen biblischen Rizinus noch um Ninive, selbst wenn es Danzig hieß. Meine Trommel, die nicht biblisch war, steckte ich unter den Pullover, hatte genug mit mir zu tun, fand, ohne mich zu stoßen oder an Nägeln zu reißen, aus den Eingeweiden einer Tribüne für Kundgebungen aller Art, die nur zufällig die Proportionen des prophetenschlingenden Walfisches hatte.

Wer achtete schon auf den kleinen Jungen, der da pfeifend und dreijährig langsam am Rand der Maiwiese in Richtung Sporthalle stiefelte? Hinter den Tennisplätzen hüpften meine Burschen vom Tribünenfuß mit vorgehaltenen Landsknechtstrommeln, Flachtrommeln, Querpfeifen und Fanfaren. Strafexerzieren, stellte ich fest und bedauerte die nach der Pfeife ihres Gebietsführers Hüpfenden nur mäßig. Abseits von seinem gehäuften Führungsstab ging Löbsack mit einsamem Buckel auf und ab. An den Wendemarken seiner zielbewußten Laufbahn war es ihm, der auf den Stiefelabsätzen kehrtmachte, gelungen, alles Gras und die Gänseblümchen auszumerzen.

Als Oskar nach Hause kam, stand das Mittagessen schon auf dem Tisch: Falschen Hasen gab es mit Salzkartoffeln, Rotkohl und zum Nachtisch Schokoladenpudding mit Vanillesoße. Matzerath ließ kein Wörtchen hören. Oskars Mama war während des Essens mit den Gedanken woanders. Dafür gab es am Nachmittag einen Familienkrach wegen Eifersucht und polnischer Post. Gegen Abend bot ein erfrischendes Gewitter mit Wolkenbruch und wunderschön trommelndem Hagel eine längere Vorstellung. Oskars erschöpftes Blech durfte ruhen und zuhören.

In Ohnmacht gefallen

Günter Grass

Wir lesen Napalm und stellen Napalm uns vor.
Da wir uns Napalm nicht vorstellen können,
lesen wir über Napalm, bis wir uns mehr
unter Napalm vorstellen können.
Jetzt protestieren wir gegen Napalm.
Nach dem Frühstück, stumm,
auf Fotos sehen wir, was Napalm vermag.
Wir zeigen uns grobe Raster
und sagen: Siehst du, Napalm.
Das machen sie mit Napalm.
Bald wird es preiswerte Bildbände
mit besseren Fotos geben,
auf denen deutlicher wird,
was Napalm vermag.
Wir kauen Nägel und schreiben Proteste.
Aber es gibt, so lesen wir,
Schlimmeres als Napalm.
Schnell protestieren wir gegen Schlimmeres.
Unsere berechtigten Proteste, die wir jederzeit
verfassen falten frankieren dürfen, schlagen zu Buch.
Ohnmacht, an Gummifassaden erprobt.
Ohnmacht legt Platten auf: ohnmächtige Songs.
Ohne Macht mit Guitarre. –
Aber feinmaschig und gelassen
wirkt sich draußen die Macht aus.

Jungbürgerrede: Über Erwachsene und Verwachsene

Günter Grass

Wenn jemand vom Jahrgang 27 Ihnen vom Jahrgang 49 etwas erzählen will, dann läßt sich leicht errechnen, daß ich, der Redner, doppelt so alt bin wie Sie und 1949, als Sie geboren wurden, zum ersten Mal wählen durfte.

Das gibt nicht viel her und ist allenfalls Anlaß, einen Anfang zu machen. Mehr Gewicht mag es haben, daß in Ihrem Geburtsjahr die Bundesrepublik und die DDR, die beiden Staaten deutscher Nation, zu existieren begannen. Und wenn man nach den Bundestagswahlen des vergangenen Jahres den Wählern attestierte, sie hätten sich demokratisch reif entschieden, und gleichzeitig von einer mündigen Bundesrepublik sprach, dann wird Ihrem Geburtsjahrgang ein Gewicht beigemessen, das der eine oder andere von Ihnen zu tragen nicht bereit sein mag.

Als *ich* volljährig wurde, gab es noch keine Jungbürgerfeiern. Vielleicht hätte mir damals eine Feier, falls sie nicht allzu feierlich gewesen wäre, den neuen Status bewußter gemacht. Heute sind Jungbürgerfeiern im Etat vorgesehen; ich will versuchen, es nicht feierlich zu machen.

Wenn ich mir ein Wortfeld abstecken wollte, in dessen Grenzen sich eine Rede an Jungbürger zu ernähren hätte, wäre es rasch gefüllt. Sogleich stellen sich jene überlieferten, bewährten und modischen Reizwörter ein, die immer schon dieser Art von Feierlichkeit Weihe, Ernst und ein I-Tüpfel Provokation zu leihen hatten.

Ich schlage einmal auf den Busch, und schon melden sich die Wörtchen: erwachsen, mündig, reif, volljährig, verantwortlich, bewußt.

Ich entleere den alten Hut, und Verben fallen übereinander: eintreten, bewahren, voranschreiten, gewinnen, hoffen, lernen, gestalten.

Sobald ich ein weiteres Schatzkästchen öffne, beginnt sich Besitz, der bewahrt oder gewonnen werden soll, aufzuzählen: die Grundrechte, die Einheit, die Zukunft, das Vertrauen, die allgemeine Gesundheit und neuerdings das Weltall.

Stützworte drängen vor: mehr, einzig, aber, immerhin, einerseits und andererseits, trotz und leider. Auf der Ersatzliste meines Wortfeldes, die sich gleichfalls aus einem beliebigen Ärmel schütteln ließe, empfehlen sich: Zweifel, Nüchternheit, Unruhe, Skepsis, Toleranz und – wie Sauerbier allerorts angeboten – Zivilcourage.

Kurz gesagt: aus dem Arsenal dieses Wortfeldes ließe sich eine so handfeste wie fragwürdige, demokratische wie kostenlose, nützliche wie überflüssige Rede bestücken, die all dem Rechnung trüge, was von einer Rede an Jungbürger allgemein erwartet wird: nämlich einen positiven Beitrag zur Gestaltung unserer Zukunft, wobei kritische Anmerkungen durchaus angebracht und sogar erwünscht sind; denn wie heißt es: der Jungbürger möge ein kritischer Staatsbürger sein.

Also käme es darauf an, Ihnen etwas auf den Weg zu geben: ein Stückchen Endziel, eine eiserne Portion vom Prinzip Hoffnung und, wenn irgend möglich, etwas, woran man wieder glauben kann; es muß ja nichts überwältigend Großes sein. Schließlich haben wir alle einmal geglaubt und sind nun gebrannte Kinder.

Um dieses vorweg zu nehmen: Ich verkaufe keine Glaubensartikel; der Sinn des Lebens ist mir bisher verborgen geblieben. Zwar kann ich einige Vorschläge machen, aber ich weiß nicht die große, die wahre, die alles klärende Lösung. Selbst Hoffnung kann ich Ihnen keine auf den Weg geben. Und ein Werbelied auf die Freiheit nach dem Motto „Frohen Herzens genießen!" werde ich auch nicht anstimmen. Allenfalls könnte es sein, daß mein Versuch, Ihnen den letzten Rest Idealismus zu nehmen, sich als nützlich erweisen mag, sobald Sie jetzt und endgültig in die Welt der Erwachsenen, in die Erwachsenenwelt abgeschoben werden.

Wer ist nicht alles erwachsen und kaut an den Nägeln. Bezeichnet etwa das Ende der Donald-Duck-Lektüre den Beginn des Erwachsenwerdens? Heißt erwachsen sein – reif sein? Und ist der Status des Erwachsenseins ein Garant mündigen Verhaltens?

Mein vierjähriger Sohn Bruno spricht mit seiner Mutter schweizerdeutsch; mit seinem Vater spricht er die Berliner Machart des Hochdeutschen. Da nun die Schweizer für erzählen „verzelle" sagen, hat Bruno den Begriff „Die Erwachsenen" in „Die Verwachsnige" übersetzt. Ein Wortspiel, gewiß. Und doch wird es mir darauf ankommen müssen, nachzuweisen, inwieweit Erwachsene Verwachsene sind, und warum sie es sind, und warum sie meinen, es sein zu müssen. Deshalb heißt meine Rede: „Über Erwachsene und Verwachsene." Was immer ich zum Prozeß des Verwachsens sagen werde, ich bin eingeschlossen in diesen Prozeß, stehe nicht außerhalb oder oberhalb; allenfalls war und bin ich mir tauglichstes Objekt zur Beobachtung allgemeiner Symptome.

Der Prozeß des Verwachsens beim Erwachsenen beginnt früh. Jeder von Ihnen konnte und kann an sich beobachten, wie er, älter, reifer, verantwortlicher, erwachsener werdend, gleichzeitig zu verkümmern, sich zu verengen und insgesamt zu verwachsen begann, bevor ihm der Status des Mündigseins auch von Amts wegen zugesprochen wurde.

Allzu rasch bieten sich jetzt Erklärungen an. Wir haben es gelernt, entweder das Elternhaus, die Schule oder den Betrieb als Quelle so früh beginnender Verkrüppelung zu benennen und anzuklagen, obgleich wir wissen, daß die Familie, die Schule, der Betrieb keine unerforschlich schicksalspielenden Instanzen sind, sondern Produkte der Erwachsenen und deshalb veränderbar.

Es ist die kindliche Ohnmachtsbezeugung, die infantile Geste, mit der Erwachsene ständig Schuld und Verantwortung außerhalb ihres eigenen Bereiches vermuten und mystifizieren: die Gesellschaft ist schuld, die Verhältnisse sind schuld.

Mit anderen Worten: Die Erwachsenen flüchten sich oft in die Schutzbereiche kindlicher Unverantwortlichkeit. Und Sie, hier im Saal, werden in eine Zeit hinein mündig, die alle Anzeichen einer infantil gebliebenen Erwachsenenwelt trägt.

Wer sich umschaut, den Diskussionen in den Schulen nachgeht oder Familienquerelen auf ihre Substanz siebt, dem wird auffallen, wie viele junge Leute, im Alter von sechzehn bis um die Zwanzig herum, von einer Angst befallen sind, die ich die Angst vor dem Erwachsenwerden nennen möchte.

Woher kommt dieses Beharren auf dem jugendlichen und oft genug auf dem kindlichen Status?

Es scheint, als sei das Angebot der Erwachsenenwelt wenig verlockend und eher abschreckend. Die jugendliche Angst spricht sich aus in dem Wunsch, nicht so zu werden: so festgelegt, so angepaßt, so verantwortlich, so eingekauft, so eng, mürrisch, unbefriedigt und verheiratet, so erwachsen. Diese vorgefaßte Furcht verschleppt sich später – nach dem amtlichen Mündigwerden – als ein dauerndes Ungenügen und eine latente Fluchtbereitschaft in jugendliches bis kindliches Verhalten.

Unser Sprachgebrauch ist geprägt von dieser Fluchtbereitschaft und von der Angst, erwachsen zu werden „Spiel uns doch nicht dauernd den Halbstarken vor". – „Sag mal, wann wird du endlich erwachsen?"

Hinzu kommt eine Zeitmode, die sich allmählich, mit Hilfe der Produktenwerbung, zum Jugendkult gesteigert hat. Jugend ist Wert an sich, Kapital, etwas, das man erhalten, auf keinen Fall verringern, ja, absurderweise vermehren möchte. Man betrachte ganzseitige Anzeigen in Illustrierten und Zeitungen, in denen eine vor- oder nachrevolutionär gekleidete Gesellschaft, malerisch im Salonstil des 19. Jahrhunderts gelagert, mit irgendeinem Weinbrand oder Puschkin werbewirksam anstößt. Auffallend, wie sich diese werbende Gesellschaft insgesamt jugendlich gibt, und wie besonders die Mittdreißiger bis Vierziger, aber auch die älteren Herren mit den Gesten des „Wiedermaljungseinwollens" posieren. Gewiß, nur Symptome der allgemeinen Tendenz, den Jugendstatus zu verlängern oder zurückzugewinnen; um so panikartiger setzt immer früher die Angst vor dem Älterwerden ein. Wer hat es nicht schon gehört, das vielstrophige Lamento der Frühgealterten: „Wir sind doch schon nicht mehr gefragt." – „Mit vierzig ist man doch abgeschrieben." – „Jungsein, das zählt." – „Uns wird man demnächst auch zum alten Eisen werfen."

Sie mögen mich ungläubig anschauen – denn schließlich fangen Sie gerade erst an –, und doch wird sich schon in wenigen Jahren manch einer von Ihnen als Fünfundzwanzigjähriger rentenmäßig, d. h. vorsorglich benehmen, was nicht ausschließt, daß er gleichzeitig Anläufe nach rückwärts in den verlorengegangenen Status der Unmündigkeit, der Unverantwortlichkeit unternimmt. Die Furcht vor dem Erwachsenwerden verdoppelt sich und beschneidet durch immer neue Ängste die Möglichkeiten, gelassen älter zu werden: infantiles Verhalten bei gründlichem Fachwissen, bürgerlich besonnenes Verhalten bei verdeckt infantiler Grundstimmung.

Unsere Zeit ist geprägt von puerilem Trotzverhalten und pragmatischen Anpassungsgesten. Das sprichwörtliche „Kind im Manne" trifft Entscheidungen, deren erwachsene Diktion verbirgt, wieviel infantiler Zerstörungstrieb den Ausschlag gibt, sobald sogenannte ausgereifte Entschlüsse folgenreiche Bedeutung bekommen.

Was wir uns aufzählen mögen an politischen Symptomen – sei es der Krieg in Vietnam, sei es die Okkupation der Tschechoslowakei, sei es der Bürgerkrieg in Biafra oder sei es die Spaltung der Welt, dargestellt durch die Existenz zweier deutscher, zweier vietnamesischer, zweier koreanischer Staaten – alle diese sogenannten begrenzten Konflikte belegen die permanenten Einbrüche infantil irrationaler Trotzreaktionen und Verantwortungsflucht, bei gleichzeitig technischer, ideologischer und rechtlich formaler Perfektion, wie sie nur vom Erwachsenen garantiert werden kann.

Und schon sind wir beim Einerseits-Andererseits, beim beliebten Relativieren. Sätze lassen sich bilden wie dieser: Der Tod von zwei Millionen Biafranern bedeutet einerseits ein Verbrechen, das als Völkermord bezeichnet werden darf, und kann sich andererseits als ein zwar grausames, aber notwendiges Opfer auf dem Weg zur Einigung Afrikas erweisen.

Dieser Satz ist in sich sogar stimmig. Er entspricht in seiner Dosierung jener Mischung aus erwachsenem Schuldbewußtsein und infantiler Unverantwortlichkeit, die zur Zeit überall in den großen Machtzentren wie in der Kommunalpolitik wirksam ist. Infantile Erwachsene hängen dem Rassenfanatismus an und haben begonnen, das Weltall zu erobern. Infantile Erwachsene waren erfindungsreich: Sie sehen sich zum ersten Mal in der

Lage, die Welt zu ernähren und die Welt zu zerstören, oft durch die gleichen Erfindungen. Infantile Erwachsene haben die Utopie von der kommunistischen, d. h. von der zwangfreien Gesellschaft gesetzt und haben wenig später, als sie begannen, diese Utopie zu verwirklichen, neuen Zwang ausgeübt und zur Ideologie erhoben.

Und um es für unseren Bereich bündig zu sagen: Infantile Erwachsene segnen nach wie vor mit der Religion der Nächstenliebe ein gutes Drittel aller politischen Verbrechen ein.

Wer also heute das Mündigwerden und Erwachsensein als einen Zustand zu begreifen versucht, in dem vernunftbedingtes Verhalten ständig durch verschleppte Infantilität blockiert oder ins Gegenteil, in blanke Aggression, gekehrt wird, der sollte sich zuallererst den moralischen und wissenschaftlichen, den theologischen und ideologischen Bankrott der Erwachsenenwelt eingestehen.

Doch Vorsicht! Die Erwachsenen, also wir, die wir hier versammelt sind, neigen dazu, ihre infantilen Schutzbereiche und auf Erwachsenenformat erweiterten Sandkästen zu verteidigen. Die Erklärungen liegen abrufbereit parat: Entweder sind die vielberufenen Verhältnisse schuld, oder es werden moralisierend nach dem Gut-Böse-Schema die Charakterschwächen des einzelnen unter Anklage gestellt.

Auch das Beschwichtigen gilt als erfolgreiche Disziplin. Umgeben von ihren Produkten, die Aggressionen in nur provisorisch verschlossenen Kästchen verstaut, haben die Erwachsenen nach überlieferten Spielregeln bereits alle Positionen besetzt. Sie verstehen es, sich selbst zu bestätigen: Seht nur, wie alles klappt und läuft und einrastet und gleichmäßig Lärm macht und produziert. Das ist die Zuwachsrate, das ist der Fortschritt.

Man möge diese Erwachsenenwelt nicht unterschätzen. Sie weiß auf alles eine Antwort; und selbst dort, wo ihr keine Antwort geläufig ist, heißt es nicht: ich weiß nicht – sondern, das entzieht sich vorläufig noch unserer Kenntnis.

Die Erwachsenen dieser übersichtlich gewordenen Welt sind infantil genug, um ihre täglichen Niederlagen in Beinahe-Siege umzuschwindeln. Niemals geben sie sich geschlagen. Selbst die von ihnen ausgelösten Katastrophen werfen noch Tröstliches ab: durch Schaden wird man klüger. Was mich nicht umwirft, macht mich stärker – so heißen ihre Sprüche.

Selbst heillos ineinander verbissen, erschöpft, kindlich verwirrt und an den Rand gebracht, hört man sie, nach ihrem Zustand befragt, unbewegt murmeln: Man muß an das Positive glauben. Die paar letzten Ideale lassen wir uns nicht auch noch nehmen. Nicht wir sind schuld, die Verhältnisse sind es. Und rasch werden nach dem Ausverkauf der alten ein paar neue Ideale gebastelt. Und rasch wird, da ja die Verhältnisse schuld sind, die radikale Abschaffung der Verhältnisse gefordert: verbal natürlich: „zerschlagt das" und „wir fordern die Zerschlagung" und „erst wenn dieses zerschlagen ist, wird ein neues" und so weiter. In Europa, also in einer Industriegesellschaft, der jede revolutionäre Basis fehlt, hat das Wort Revolution Spielcharakter gewonnen. Zum Fetisch geworden, wurde die Revolution, als Modell menschlichen Verhaltens, zum absoluten Ausdruck erwachsener Infantilität: Hier feiert der Glaube an Baukastenmöglichkeiten wahre Kinderfeste: zum Einsturz bringen und mit den alten Klötzen neu aufbauen. Denn selbst wenn die Revolution, wie es ja die Geschichte bewiesen hat, in der Lage ist, die Erwachsenenwelt zu zerschlagen, ändern kann sie sie nicht; allenfalls bestätigt sie ihre infantile Komponente.

So darf es nicht wundernehmen, wenn die vorhin schon von mir zitierte Produktenwerbung auch die Revolution und das optisch einprägsame, revolutionäre Verhalten in ihre Kataloge mitaufgenommen hat. Wir lesen tagtäglich, daß wir es mit wahrhaft revolutionären Waschmitteln zu tun haben, daß eine neue Art von Männerslip geradezu eine Revolution im Branchenbereich Unterwäsche zu bedeuten habe. Infantiles Adaptionsvermögen befähigt die Erwachsenen, sogleich nachdem das Revolutionsspiel wegen aufkommender Unlust abgebrochen wurde, den übriggebliebenen Wortsalat auf seine Werbewirksamkeit zu filtern; und im Handumdrehen hat sich all das, was man Studentenrevolte und Aufstand der jungen Generation genannt hat, in das durchschlagende und revolutionäre Waschmittel „Fakt" verwandelt.

Wenn man die Verhältnisse, die ja an allem schuld sind, nicht zerschlagen kann, will man wenigstens an ihnen partizipieren.

Ein trister Kreislauf, den jeweils vorauszusagen wenig Spaß macht. Es ödet geradezu an, einige Revolutionäre von gestern heute schon ihre Karriere hochstolpern zu sehen.

Was bleibt also außer der Erkenntnis, daß es so ist? Allein die Erkenntnis, daß es so ist, ist Gewinn. Oder breiter gesagt: Es wäre viel gewonnen, wenn wir zur Kenntnis nehmen wollten, wie stark und gezeichnet durch welche Symptome die Erwachsenenwelt infantil eingetrübt ist. Es wäre zusätzlicher Gewinn, wenn wir aufhören wollten, das Älter- und Erwachsenwerden als einen nahezu folgerichtigen Prozeß der Reife zu begreifen. Denn ist nicht oft genug überragende Intelligenz zugleich Ausdruck pubertärer Ichbezogenheit? Der sogenannte „kindisch gebliebene Greis" ist dennoch fähig, Regierungsgeschäfte zu besorgen und seine gesteigerte Infantilität in Geschichte umzumünzen.

Erst wenn sich der einzelne bewußt macht, wie groß und wie getarnt seine infantilen Reservate angelegt sind, und erst wenn der einzelne sich mit jenen Komplexen und Traumata bekanntgemacht hat, die Ergebnis wie auslösendes Moment seiner partiellen Unreife sind, beginnt er, gleichzeitig mündig zu werden.

Ich vermag dem trüben Bild keine Glanzlichtlein aufzusetzen. Meine Hinweise auf Veränderbares meinen zuallererst den einzelnen und dann erst die allzeit schuldig gesprochenen Verhältnisse. Bei Ihnen wird es liegen, ob und in welchem Maße Sie mündig sind oder werden. Bei Ihnen wird es liegen, ohne kindliche *Leit*bilder, ohne noch so säkularisierte *Heiligen*bilder auszukommen. An Ihnen wird sich erweisen, ob man Sie – wie vormals die Kinder – mit den Bonbons der Leistungsgesellschaft bestechen kann. Werden auch Sie erwachsen und doch unmündig, brav am Gängelband Ihrer Karriere laufen? Werden auch Sie die lustig-aggressiven Sandkastenspiele Ihrer Kindheit, weil sie so unvergeßlich befriedigend waren, nun in die Gesellschaft hineintragen, damit sich z. B. die Kommunalpolitik wie ein Raufhandel zu schnell gewachsener Halbwüchsiger ausnimmt?

Und umgekehrt gefragt: Wird Ihnen der Hang zum berufsmäßig Nützlichen jeden Sinn für das sinnlose Spiel nehmen und Sie bis zur Stocknüchternheit verarmen lassen?

Wird Ihnen der Sachzwang der Erwachsenenwelt die jetzt noch gelegentlich wildstreunende Phantasie zu einem Hündchen dressieren, das allenfalls brauchbare Einfälle apportiert?

Und kann es nicht sein, daß Sie mündig werden, überlieferte Vorurteile als solche erkennen und unter der Hand neue – wenn Sie so wollen – moderne Vorurteile projizieren, weil Ihnen jene Unvoreingenommenheit, die man gelegentlich noch bei Zwanzigjährigen beobachten kann, im Erfahrungsarsenal der Erwachsenenwelt abhanden gekommen ist?

Schauen wir uns um: solide, bierernst und die latente Aggressionsbereitschaft vorsorglich zur dezenten Krawatte gebunden, dabei zugänglich und zum vernünftigen Kompromiß allzeit bereit, hier ziemlich rückständig, dort mäßig fortschrittlich, insgesamt friedlich – wenn man nicht gerade am Steuer sitzt – so lebt eine erwachsene Gesellschaft in Gruppen und Interessengemeinschaften, die sich jeweils ihren speziellen Mief zugelegt haben: den mittleren Verwaltungsmief, den Entwicklungsprojekt-, Schnelle-Brüter-Mief, den IG-Metall-Mief oder den Nonkonformistenmief. Man verkehrt bis zum Überdruß innerhalb der selbstgewählten Miefzone. Wer lüftet, gilt als Spielverderber. Man will unter sich sein und spricht, den eigenen Mief heiligend, von einem Gemeinschaftserlebnis. Manchmal, an Feiertagen, darf Schadenfreude Heiterkeit ersetzen. Der anhaltende Frieden ist schon gut, aber langweilig ist er auch. Wo sollen wir denn hin damit? Das staut sich und fördert Magengeschwüre. Das findet keinen Auslauf und vermag sich auch nicht durch planlos gestreuten Beischlaf zu zerstreuen. Das ist da und will als Aggression unter Hausarrest gehalten werden.

Nein, werden Sie sagen. Bei uns ist das ganz anders. Dieses Bild gerät entschieden zu düster. Fast könnte man meinen, hier soll den jungen Leuten, die ja gerade erst anfangen wollen, die Zukunft vergrault werden. Stimmt: Ich möchte Sie skeptisch einstimmen. Ich habe vor, dem deutschen Idealismus, der immer wieder neue, wenn auch sehr rasch welkende Blüten treibt, die Wurzel abzugraben.

Denn hat man nicht Jahrgang um Jahrgang um idealistische Strohfeuer versammelt, die die Welt erhellen sollten, und die am Ende – so rasch brannten sie ab – nicht einmal die schnell Ernüchterten wärmen konnten?

Und hat der Studentenprotest, dem dieses Land mehr verdankt, als selbst die gestern noch Protestierenden wahrhaben wollen, nicht gerade deshalb ein in Streit und Agonie mündendes Ende gefunden, weil ihn zuviel idealistische Begeisterung, zu wenig Skepsis und obendrein ein altbackener Glaube trug?

Die Kehrseite der Begeisterung ist die Resignation. Zwar vermag Begeisterung im spontanen Anlauf Bewegung vorzutäuschen; doch um so mehr wird, nach dem Erlahmen der Begeisterung, selbst der Fortschritt, der sich ja lächerlich langsam und geradezu schneckenhaft bewegt, den gestern noch eilig Begeisterten heute wie Stillstand vorkommen.

Nachdem überall in der Welt Vernunft zu versagen scheint, nachdem überall in der Welt die Niederlagen und die Ohnmacht der Rationalität das Vertrauen in den kontinuierlichen Fortschritt der Aufklärung erschüttert haben, beginnt sich der Irrationalismus, mit seinem Hang zur Innerlichkeit und zur Mythenbildung, als Alternative anzubieten. Zwar sind der älteren Generation noch die verbrecherischen Folgen des Irrationalismus bewußt, aber könnte es nicht sein, daß eine jüngere Generation, die im Frieden aufwächst, abgestoßen von der Mühsal, Begrenztheit und Ergebnislosigkeit der Rationalität, die kindliche Verweigerungsgeste annimmt, die Flucht nach innen beginnt und, angesichts aller abgewirtschafteten Religionen, sich auf eine neue Religion vorbereitet?

Denn nirgendwo ist bewiesen, daß die sich so nüchtern gebende Technokratie geschützt ist vor dem Versuch, sie irrational zu deuten, bis sie zu einem technokratisch-religiösen Selbstverständnis findet. Es muß nicht immer ein Moses, ein Jesus Christus, ein Mohammed sein, es könnten sich die Massenmedien verselbständigen, sich der Kontrolle überlieferter Rationalität entziehen und sich zum unpersönlichen Religionsstifter auswachsen. Der Wunsch nach paradiesischen Zuständen macht erfinderisch; und das kindliche Bedürfnis nach Geborgenheit bewegt die Erwachsenen, unermüdlich ein angenommenes Endziel, den paradiesischen Zustand, das befriedete Dasein zu fixieren.

Wer genau hinhört, der hört, sobald von der segensreichen Tätigkeit der Atomkraft die Rede ist, schon die Propheten des neuen Gottes flüstern: keine Kathedralen mehr, Atommeiler und Kernforschungszentren wachsen in sakrale Räume hinein, aus denen sich die überlieferten Kirchen zögernd entfernen. Ich weiß nicht, ob vernunftbedingte Einsprüche diesen Prozeß aufhalten können. Denn ich muß annehmen, daß Sie kaum bereit sein werden, meine Erfahrungen als etwas Übertragbares anzunehmen. Es ist Ihr Recht, eigene Erfahrungen zu machen, die sich abermals nicht oder kaum übertragen lassen werden. Der Sinn dieser Rede ist ein begrenzter. Ich versuche, Sie auf Niederlagen vorzubereiten.

Wer den Fortschritt als etwas will, das geeignet sein könnte, die Menschen aus ihrer infantilen Selbstzerstörung und ihrem Zwang zur Aggression zu lösen, der sollte wissen, daß dieses kein Endziel ist, sondern ein ständiger Prozeß.

Ich wünsche Ihnen für die bevorstehenden Strapazen so viel Humor, wie Sie benötigen werden, um sich als verwachsener Erwachsener, besonders nach Niederlagen, nicht allzu ernst nehmen zu müssen.

Lästige Wahlhelfer **Jürgen Engert**

Die SPD weiß mit der Unterstützung der Intellektuellen nichts anzufangen

Berlin, im Mai 1965

Günter Grass wird in diesem Sommer die Trommel zu Nutz und Frommen der Sozialdemokraten im allgemeinen und Willy Brandts im besonderen rühren. Schon bei einer Lesereise für seinen Freund, den Berliner Jungverleger Klaus Wagenbach, überraschte er das Publikum in westdeutschen Gauen mit neuer Aktivität zugunsten der Partei. Als Schlußpunkt unter seinen literarischen Vortrag setzte er jeweils das Wahlgedicht „Gesamtdeutscher März", das in der Aufforderung gipfelt:

„Ich rat euch, Es-Pe-De zu wählen."

Das Erstaunen, daß ein Literat von seinem Parnaß heruntersteigt und sich in die Niederungen der Politik begibt, war allgemein, focht aber Grass nicht an. Bei den von ihm provozierten Diskussionen genoß er das Gefühl, von Widerspruch und Zustimmung getragen zu werden. Diese gelungene Generalprobe ließ ihn mit verstärktem Eifer an die Konzipierung seiner Wahlreden gehen, mit denen er Studenten und Katholiken für die SPD zu gewinnen hofft. Grass, dem Katholizismus aus Herkunft und Neigung verbunden, möchte die schon Erfolge zeitigenden Bemühungen der Sozialdemokratie unterstützen, sich bei seinen Glaubensbrüdern als Alternative zu empfehlen. Die Wahlreisen im Sommer werden von ihm selbst finanziert. Aber wer seinem Trommelwirbel lauschen will, muß dafür bezahlen. Der Gewinn soll einer Bundeswehrkaserne zu einer Bibliothek verhelfen. Auf den Plakaten wird man über den Verwendungszweck seines Obolus aufgeklärt.

Das Engagement des Nichtgenossen Grass wird von der Parteibürokratie entweder mit scheelen Augen betrachtet – „Hoffentlich schadet uns das nicht" – oder als Verrücktheit belächelt – „Auf was diese Künstler so alles kommen". Zwei authentische Zitate. Sie deuten auf eine Einstellung im Apparat der Sozialdemokraten hin, die dort viel stärker ausgeprägt ist als innerhalb der CDU und die dem Intellektuellen mit Mißtrauen, zumindest aber mit Unbehagen begegnet. Das bekommen nicht nur Fellow-Traveller, sondern auch prominente Parteibuchträger wie Adolf Arndt und Karl Schiller zu spüren. Die Ursachen dafür sind wohl in Traditionalismus und Opportunismus gleichzeitig zu suchen. In einer Klassenpartei, als die sich die SPD einst verstand, war das Ressentiment der Bewohner des Hinterhauses gegen die des Vorderhauses, zu denen der Intellektuelle mit seiner meist bürgerlichen Herkunft gezählt wurde, selbstverständlich. Er konnte sich noch so bedingungslos für die Partei einsetzen, er blieb ein Außenseiter. Von dieser traditionellen Verhaltensweise ist bei vielen Funktionären noch manches spürbar.

Pressenotiz

Der Dichter und die Politik

S. Hamburg, 7. Juli 1965

Wenn Schriftsteller bei uns in die politische Arena steigen, können sie allemal mit großem Interesse, zumindest mit wohlwollender Neugier rechnen. Wenn gar ein Günter Grass, vielgepriesener Vorreiter der jungen deutschen Schriftstellergeneration, sich wie gestern in der Hamburger Universität parteipolitisch engagiert und um die Gunst der akademischen Jungwähler wirbt, ist man vorweg mit Recht höchst neugierig, ob hier nun das Niveau sprachlich und von der sachlichen Aussage her erreicht wird, das man im Alltagswahlkampf oft vermißt.

„Was ist des Deutschen Vaterland?" – eine wichtige Frage. Aber was macht Günter Grass als Alleingänger am Rand der SPD-Wahlschlachtordnung daraus? Einen sprachlich genußreichen Appell für einen Regierungswechsel im kommenden September, gewürzt mit einigen recht skurrilen Einfällen. Etwa zum Punkt „Deutsche Ostgebiete": Laßt uns doch in der Bundesrepublik ein Neu-Danzig, ein Neu-Königsberg, ein Neu-Breslau gründen, dann ergibt sich die Lösung der Frage „Oder-Neiße-Grenze" ganz von selbst.

Weniger originell sind Grass' Begründungen für den Regierungswechsel selbst, dafür aber um so nebuloser. Gleich nach dem Wahlsieg der SPD, so sagt Grass, weicht automatisch Pankows harter Kurs auf, werden Fortschritte in der Deutschland-Frage wie von selbst möglich.

Wenig Konkretes, ein ausgezeichnetes Gedicht „Transatlantische Elegie", einige effektvolle Spitzen gegen Kanzler Erhard ließen die zahlreichen Zuhörer mit recht gemischten Gefühlen zurück. Eine eindrucksvolle Wahlrede wurde hier sicher nicht gehalten. Immerhin aber eine glitzernde Vorlesung mit dem Resultat, daß man sich in Zukunft in Bonn über die politischen Ambitionen engagierter Schriftsteller weiterhin wenig Sorgen machen wird.

„Hamburger Abendblatt" (Hamburg), 7. 7. 1965

7

Schriftsteller und Gesellschaft: Beispiel Solschenizyn

Ein Tag im Leben des Iwan Denissowitsch **Alexander Solschenizyn**

Die Novelle „Ein Tag im Leben des Iwan Denissowitsch" ist A. Solschenizyns Erstling, der ihn mit einem Schlage berühmt machte. Alexander Twardowskij, damals noch Chefredakteur der Zeitschrift „Nowyj mir", veröffentlichte die Geschichte des Lagersträflings Iwan Denissowitsch Schuchow 1962. Twardowskij konnte die Veröffentlichung dieses literarischen Dokuments über die Zustände der Ära Stalin wagen, weil N. S. Chruschtschow in seiner Rede auf dem 22. Parteitag der KPdSU die Aufdeckung der Fehler der Vergangenheit ausdrücklich gebilligt hatte. – „Ein Tag im Leben des Iwan Denissowitsch" schildert einen „gewöhnlichen" Tag des Lagerlebens vom Wecken bis zum Zapfenstreich. Unser Ausschnitt enthält den allmorgentlichen Zählappell vor dem Ausrücken zur Arbeit.

Die ganze Lagerstraße war schwarz von Wattejacken, und längs der Straße schoben sich die Brigaden langsam nach vorn, zur Filzung. Schuchow erinnerte sich, daß er die Nummer auf der Weste hatte erneuern lassen wollen, und er zwängte sich über die Lagerstraße auf die andere Seite. Dort standen beim Kunstmaler zwei, drei Sträflinge Schlange. Auch Schuchow stellte sich an. Eine Nummer, mein Lieber, nur dein Schaden. An ihr bemerkt dich der Aufseher schon von weitem, und auch der Wachtposten notiert dich; erneuerst du aber die Nummer nicht rechtzeitig, setzt es ebenfalls Bau: Warum kümmerst du dich nicht um die Nummer?

Im Lager sind drei Kunstmaler. Sie malen für die Lagerführung kostenlos Bilder und pinseln außerdem beim Ausrücken abwechselnd Nummern auf. Heute ist es der alte Mann mit dem grauen Bart. Wenn er mit dem Pinsel die Nummer auf die Mütze malt, ist es geradeso, als ob einem der Pope die Stirn mit gesalbtem Öl bestreicht.

Er pinselt und pinselt und haucht in seinen Handschuh. Der Handschuh ist gestickt, dünn; die Hand erstarrt, malt die Zahlen nicht aus.

Der Kunstmaler hatte Schuchows „S-854" auf der Weste erneuert, und Schuchow holte die Brigade wieder ein, ohne die Wattejacke zuzuknöpfen, da es bis zur Kontrolle nicht mehr weit war, den Strick in der Hand haltend. Und sofort bemerkte er, daß sein Brigadekamerad Zesar rauchte, daß er nicht Pfeife rauchte, sondern eine Zigarette. Man könnte ihn also angehen. Schuchow begann aber nicht ihn einfach anzubetteln, sondern pflanzte sich neben Zesar auf und blickte, ihm halb zugewandt, an ihm vorbei.

Er schaute wie gleichgültig vorbei, sah aber, daß sich nach jedem Zug (Zesar zog selten und in Gedanken versunken) ein Ring rot glühender Asche längs der Zigarette fortbewegte, der an ihr zehrte und sich dem Ende näherte.

Im gleichen Augenblick aber sog Fetjukow, dieser Schakal, in Gedanken mit, stellte sich Zesar unmittelbar gegenüber und begann, ihm auf den Mund zu schauen, und seine Augen funkelten. Schuchow besaß kein einziges Tabakkrümelchen mehr, und vor Abend sah er keine Möglichkeit, welchen zu besorgen. Er wartete wie eine Feder gespannt auf die Zigarettenkippe und wünschte sie sich sehnlicher als selbst die Freiheit. Aber er hätte sich nicht so weit erniedrigt wie Fetjukow, hätte nicht auf den Mund geschaut.

In Zesar mischten sich alle Nationen; vielleicht war er Grieche, vielleicht Jude, vielleicht Zigeuner. Nicht zu begreifen. Er war noch jung, hatte Filme gedreht. Aber er war mit dem ersten Film noch nicht zu Ende, als man ihn einsperrte. Er trug einen schwarzen, geschniegelten, kräftigen Schnurrbart. Man hatte ihn hier nicht abrasiert, weil er in den Akten auf dem Foto zu sehen war.

„Zesar Mrakowitsch", konnte Fetjukow nicht mehr an sich halten, und der Speichel lief ihm herunter. „Lassen Sie mich einmal ziehen!" Sein Gesicht zitterte vor Gier und Begierde.

Zesar öffnete die Lider, die er halb über seine schwarzen Augen gezogen hatte, und blickte Fetjukow an. Eben deswegen rauchte er lieber Pfeife, damit man ihn beim Rauchen nicht unterbrach, nicht anbettelte, mitziehen wollte. Es tat ihm nicht der Tabak leid, sondern der verlorene Gedanke. Er rauchte, um sich zu versenken, um irgendeinen nachhaltigen Gedanken zu finden. Aber kaum hatte er eine Zigarette angezündet, als er sofort in mehreren Augen las:

„Laß was zu rauchen übrig!"

Zesar wandte sich Schuchow zu:

„Da, nimm, Iwan Denissytsch!"

Und mit dem Daumen drehte er die glühende Kippe aus der kurzen Bernsteinspitze heraus.

Schuchow fuhr herum (er hatte es nicht anders erwartet, als daß Zesar sie ihm von selber anbieten würde), griff dankbar nach der Kippe und hielt die andere Hand schützend darunter, falls sie ihm entfallen sollte. Er nahm es nicht krumm, daß Zesar sich davor ekelte, ihn die Kippe in der Bernsteinspitze zu Ende rauchen zu lassen (einer hat einen sauberen Mund, der andere nicht). Er verbrannte sich nicht seine schwieligen Finger, als er die glühende Kippe hielt. Hauptsache, er hatte Fetjukow, diesen Schakal, ausgestochen. Und nun sog er den Rauch ein, bis er seine Lippen fast versengte. Hm-m-m! Er drang durch den hungrigen Körper; im Kopf spürte er es und in den Beinen. Kaum aber war dieses Wonnegefühl durch seinen Körper gerieselt, als Iwan Denissowitsch ein Stimmengewirr vernahm:

„Man nimmt die Unterhemden ab . . .!"

So ist das Leben des Sträflings, an das sich Schuchow gewöhnt hatte: Immer mußte man die Augen offenhalten, damit einem keiner plötzlich an die Kehle sprang.

Warum die Hemden? Die Hemden hatte doch der Lagerführer selber ausgegeben?! Nein, das konnte es nicht sein . . .

Nur noch zwei Brigaden waren zu filzen, als die ganze 104. Brigade sah, wie sich von der Stabsbaracke her der Regimeleutnant Wolkowoj näherte und den Aufsehern etwas zuschrie. Und denen, die in Abwesenheit Wolkowojs die Filzung ziemlich lasch durchgeführt hatten, fuhr es durch alle Glieder. Sie stürzten los wie wilde Tiere, während der Sergeant brüllte: „Hemden a-aufknöpfen!"

Nicht nur die Sträflinge und Aufseher fürchteten Wolkowoj, sondern – so sagte man – selbst der Lagerkommandant. Da hatte Gott den Schurken mit seinem Namen gezeichnet! – Wolkowoj sah immer aus wie ein Wolf. Düster, hoch aufgeschossen, mit finsterem Gesichtsausdruck und flinken Bewegungen. Wie ein Blitz schoß er hinter der Baracke hervor: „Was ist denn das hier für ein Sauhaufen?!" Man konnte ihm nicht entgehen. Anfangs trug er noch eine geflochtene Lederpeitsche von der Länge eines halben Armes bei sich, die er – so erzählte man – in der Gefängnisbaracke sausen ließ. Oder wenn sich beim Abendappell die Sträflinge bei ihrer Baracke drängelten. Dann schlich er sich von hinten heran und ließ die Peitsche auf die Nacken sausen: „Warum stehst du nicht im Glied, du Stinktier?!" Wie eine Welle wich die Masse der Sträflinge vor ihm zurück. Der Getroffene griff sich an den Hals, wischte sich das Blut ab und schwieg: Wenn er dich nur nicht noch einlocht!

Aus irgendeinem Grund trug er jetzt diese Peitsche nicht mehr bei sich. Bei Frost galt für die einfachen Appelle – zwar nicht abends, aber morgens – ein erleichtertes Reglement. Der Sträfling knöpfte seine Wattejacke auf und hielt die Enden geöffnet von seinem Körper weg. So marschierten sie zu fünft auf fünf ihnen gegenüberstehende Aufseher zu. Diese klopften den Sträfling an den Seiten der umgürteten Weste ab, betasteten die einzige erlaubte Tasche am rechten Oberschenkel und behielten dabei sogar ihre Fäustlinge an. Wenn sie etwas Verdächtiges spürten, zogen sie es nicht sofort heraus, sondern fragten träge: „Was ist denn das?!"

Was konnte man auch schon morgens bei einem Sträfling finden? Messer? Die trägt man doch nicht zum Lager hinaus, sondern ins Lager hinein. Kontrolliert werden muß morgens, ob nicht jemand etwa drei Kilo Verpflegung mit hinausschleppte, um damit zu türmen. Es gab eine Zeit, da man diese zweihundert Gramm der Mittagsration so fürchtete, daß der Befehl erging: Jede Brigade hat sich einen Holzkoffer zu zimmern, in diesem Koffer das gesamte Brot der Brigade mitzuführen und jeden Brotkanten der Brigademitglieder einzusammeln. Rätselhaft blieb freilich, was man damit bezwecken wollte. Am nächsten lag wohl die Absicht, damit die Leute zu schikanieren, ihnen eine weitere Sorge aufzubürden: Sollte man besser seine Portion anbeißen, um sie wiederzuerkennen in dem

Koffer, weil die Kanten ja doch alle gleich sind? Den ganzen Tag denkt man daran und quält sich mit der Vorstellung, ob das eigene Stück nicht vertauscht wird, darüber streitet man sich später, und mitunter kommt es zu Schlägereien. Einmal aber waren dann drei Mann mit einem Auto von der Arbeitsstelle getürmt und hatten den ganzen Koffer voll Brot mitgenommen. Da dämmerte es der Lagerführung, und nun wurden sämtliche Koffer von der Wache zu Kleinholz gemacht. Da, schleppt eure Rationen wieder selber! Oder muß morgens kontrolliert werden, ob nicht jemand unter seinen Sträflingskleidern einen Zivilrock trägt? Aber die Zivilklamotten sind doch längst alle abgenommen worden, wobei es hieß, man werde sie nach der Strafverbüßung zurückbekommen. Aber in diesem Lager hat das noch keiner erlebt.

Bliebe noch zu kontrollieren, ob nicht jemand Briefe bei sich hat, um sie durch einen Zivilisten abzuschicken. Wollte man aber jeden einzelnen nach Briefen durchfilzen, dann würde man mittags noch hier herumstehen. Sobald Wolkowoj brüllend einen Auftrag zum Filzen gab, streiften die Aufseher sofort ihre Handschuhe ab, befahlen, die Westen (in denen sich jeder etwas Barackenwärme aufgespeichert hatte) zu öffnen, die Hemden aufzuknöpfen, um festzustellen, ob nicht gegen die Vorschrift etwas druntergezogen ist. Dem Sträfling stehen zwei Hemden zu – ein Ober- und ein Unterhemd –, alles übrige, runter!

So wurde der Befehl Wolkowojs von den Sträflingen von Reihe zu Reihe weitergegeben. Welch ein Glück für die Brigaden, die schon durch sind. Einige stehen schon jenseits des Lagertores, während man diesen hier zubrüllt:

„Aufmachen!" Wer etwas untergezogen hat, muß es auf der Stelle bei grimmiger Kälte ausziehen.

So begann es, aber es kam ein Kuddelmuddel dabei heraus. Am Tor hatte es schon Luft gegeben, und der Wachtposten schrie: „Los! Vorwärts!" Bei der 104. Brigade ließ Wolkowoj Gnade vor Recht ergehen: notieren, wer etwas Überzähliges anhat. Soll es abends selber auf der Kammer abliefern und eine schriftliche Erklärung abgeben, wie und warum er es verheimlicht hat.

Schuchow trug nur Lagerkleidung: Da, fühl ruhig, nur Brust und Seele! Aber bei Zesar notierte man ein Flanellhemd, bei Bujnowskij anscheinend eine Weste oder so was wie eine Leibbinde. Bujnowskij platzte der Kragen. An seine Torpedoboote hatte er sich gewöhnt, aber nicht ans Lager, in den drei Monaten nicht: „Ihr habt kein Recht, die Leute bei Frost sich ausziehen zu lassen! Ihr kennt Paragraph 9 des Strafgesetzbuches nicht!" Haben sie, kennen sie. Du, mein lieber Freund, kennst dich noch nicht aus.

„Ihr seid keine Sowjetmenschen!" hämmert der Kapitän drauflos.

„Ihr seid keine Kommunisten!"

Den Paragraphen aus dem Strafgesetzbuch hatte Wolkowoj noch verschluckt; nun aber reagierte er wie von der Tarantel gestochen: „Zehn Tage verschärften!"

Und zum Sergeanten etwas leiser:

„Heut abend erledigst du das."

Sie lieben es nicht, morgens in den Karzer einzuweisen; ein Arbeitstag geht dabei flöten. Der soll erst seinen Tag abschuften, und am Abend dann, in dem Bunker mit ihm! Das Lagergefängnis lag linker Hand unmittelbar neben der Lagerstraße; ein Steinbau mit zwei Flügeln. Den zweiten Flügel hatte man in diesem Herbst angebaut, in einem brachte man nicht mehr alle unter. Ein Gefängnis mit achtzehn Zellen, die Zellen obendrein in Einzelverschläge unterteilt. Das ganze Lager aus Holz, nur das Gefängnis aus Stein.

Die Kälte war unters Hemd gedrungen, jetzt kriegte man sie nicht mehr raus. Wie sehr sich die Sträflinge auch eingemummt hatten – alles für die Katz! Und Schuchow zog es jetzt so im Rücken. Sich jetzt in die Lazarettkoje legen können und schlafen. Mehr möchte man nicht. Die Decke noch ein wenig schwerer. Die Sträflinge stehen vor den Lagertoren, knöpfen ihre Jacken zu, schnüren sich ein, während die Begleitmannschaft von draußen brüllt: „Los! Vorwärts!" Das erste Tor, die Vorzone, das zweite Tor. Außerdem die Absperrungen beiderseits der Wache.

„Halt!" schreit der Wachtposten. „Wie eine Hammelherde. Zu fünft einordnen."

Es dämmert bereits. Das Lagerfeuer der Begleitmannschaft hinter der Wache ist fast niedergebrannt. Vor dem Ausrücken zünden sie immer ein Feuer an, um sich aufzuwärmen und um's beim Zählen heller zu haben.

Ein Wachtposten zählt laut, zackig ab:

„Erste! Zweite! Dritte!"

Und die Fünferreihen marschieren in Gliedern, so daß man, ob man von hinten oder von vorn zuschaut, fünf Köpfe, fünf Rücken, zehn Beine sah.

An der anderen Absperrung steht schweigend ein zweiter Wachtposten – der Kontrolleur –, der nur kontrolliert, ob richtig gezählt wird.

Außerdem steht ein Leutnant da und schaut zu.

Das sind die vom Lager.

Der Mensch ist kostbarer als Gold. Fehlt hinter dem Stacheldraht ein Kopf, mußt du deinen Kopf dazulegen. Und wieder hat sich die ganze Brigade zusammengefunden.

Und nun zählt der Sergeant der Begleitmannschaft ab: „Erste! Zweite! Dritte!"

Und wiederum marschieren die Fünferreihen.

Und von der anderen Seite kontrolliert der stellvertretende Begleitkommandoführer.

Und außerdem ein Leutnant.

Das sind die vom Begleitkommando.

Ein Irrtum darf überhaupt nicht vorkommen. Hast du für einen Mann weniger unterschrieben, hältst du deinen eigenen Kopf dafür hin.

Und Begleitposten – eine Unmasse! Sie haben die Kolonne für das Wärmekraftwerk im Halbkreis umstellt, halten die Maschinenpistolen im Anschlag, dir direkt vor die Schnauze. Und dann die Hundeführer mit den grauen Hunden. Ein Hund fletscht die Zähne, als ob er die Sträflinge auslache. Die Begleitposten alle in Halbpelzen, nur sechs in Pelzen. Sie tauschen die Pelze untereinander aus. Den besten zieht der an, der auf den Wachtturm muß.

Und noch einmal zählte die ganze Eskorte, die Brigaden vermischend, die ganze Kraftwerk-Kolonne nach Fünferreihen ab.

„Bei Sonnenaufgang herrscht der strengste Frost!" erklärt der Käpt'n. „Weil da der tiefste Punkt der nächtlichen Abkühlung erreicht ist."

Überhaupt liebt es der Käpt'n zu erklären. Welchen Mond wir haben, ob er ab- oder zunimmt. Er berechnet es dir für jedes beliebige Jahr, für jeden beliebigen Tag.

Offensichtlich geht es mit dem Käpt'n bergab, eingefallene Wangen, aber guten Muts.

Hier, hinter dem Lager, biß der Frost bei dem sich versteifenden Wind kräftig in Schuchows an alles gewöhntes Gesicht. Da ihm geschwant hatte, daß es einem auf dem ganzen Weg zum Kraftwerk ins Gesicht pfeifen würde, zog er das Läppchen über. Diesen Lappen trug er – wie auch viele andere – für den Fall bei sich, daß es windig wurde. Die Sträflinge hatten erprobt, daß ein solcher Lappen hilft. Schuchow umhüllte das Gesicht bis zu den Augen, führte die Streifen unter den Ohren durch und band sie am Nacken fest. Dann bedeckte er den Nacken mit dem Umschlag der Mütze und krempelte den Kragen der Wattejacke hoch. Außerdem zog er noch die vordere Klappe der ollen Mütze in die Stirn. Und so blieben nur noch seine Augen unbedeckt. Die Wattejacke zog er mit einem dünnen Strick fest an. Jetzt ist alles in Ordnung, aber die Fäustlinge taugen nichts, die Hände sind bereits erstarrt. Er rieb sie aneinander und schlug sie sich um den Körper, weil er wußte, daß man sie gleich auf den Rücken nehmen und sie den ganzen Marsch über dort behalten mußte. Der Begleitkommandoführer leierte das tägliche Häftlings-„Gebet" herunter, das allen zum Hals heraushing:

„Achtung, Strafgefangene! Während des Marsches ist in der Kolonne auf Ordnung zu achten! Keine zu großen Abstände, nicht zu nahe aufrücken, nicht von einer Fünferreihe zur anderen überwechseln, sich nicht unterhalten, nicht zur Seite blicken, Hände stets auf dem Rücken! Ein Schritt nach links oder rechts gilt als Fluchtversuch; die Wachmannschaft eröffnet ohne Warnung das Feuer! Kolonnenführer, marsch!"

Und, wie's sein mußte, marschierten zwei Begleitposten die Straße voraus. Die Marschkolonne schaukelte vorwärts, mit den Schultern auf und ab wippend, während die Begleitposten rechts und links im Abstand von etwa zwanzig Schritt von der Kolonne, gegenseitig etwa zehn Schritt Abstand haltend, marschierten, die Maschinenpistole im Anschlag.

Lebt nicht mit der Lüge! — Alexander Solschenizyn

Es gab eine Zeit, da wagten wir nicht, auch nur leise zu flüstern. Jetzt aber schreiben wir im Samisdat und lesen ihn, und wenn wir uns im Raucherzimmer des Instituts begegnen, dann reden wir uns von der Seele: was *sie* nur für einen Blödsinn treiben, wohin sie uns noch zerren! Und die überflüssige Prahlerei mit dem Kosmos, während zuhause Verfall und Armut herrschen; und die Unterstützung der fernen seltsamen Regime; und das Schüren von Bürgerkriegen; und unüberlegt haben wir Mao Tse-tung hochgepäppelt (mit unserem Geld) – und *uns* wird man doch gegen ihn treiben, und man wird gehen müssen, wo könnte man sich denn verbergen? und sie richten, wen sie wollen, und sie jagen die Gesunden unter die Geisteskranken – alles *sie*, aber *wir* sind machtlos.

Schon drücken sie uns immer tiefer hinab, schon kommt auf uns alle der allgemeine geistige Untergang zu, und jeden Augenblick kann der physische aufflammen und uns und unsere Kinder verbrennen – wir aber zeigen unverändert unser ängstliches Lächeln und stammeln:

„Was sollten wir denn dagegen tun? Wir haben nicht die Kraft."

Wir sind vom Menschlichen so hoffnungslos entfernt, daß wir für das tägliche kümmerliche Stückchen Brot alle Grundsätze aufgeben, unsere Seele, alles, worum sich unsere Vorfahren mühten, alle Möglichkeiten für die Nachkommen – um ja nicht unsere jämmerliche Existenz zu zerrütten. Keine Härte, kein Stolz, kein leidenschaftlicher Wunsch ist uns geblieben. Wir fürchten nicht einmal den allgemeinen Atomtod, fürchten nicht den Dritten Weltkrieg (vielleicht verkriechen wir uns in ein Mauseloch), wir fürchten nur Akte der Zivilcourage! Sich bloß nicht von der Herde lösen, keinen Schritt alleine tun – und plötzlich ohne Weißbrot, ohne Warmwasserbereiter, ohne Aufenthaltsgenehmigung für Moskau dastehen.

Wie man es uns bei der Politschulung eingehämmert hat, so hat es sich in uns festgesetzt, bequem leben, auf ewig gut: *Umwelt*, soziale Bedingungen, aus denen man sich nicht befreit, das Sein bestimmt das Bewußtsein, was haben wir damit zu tun? Wir können nichts.

Doch wir können – *alles!* – Aber wir belügen uns selbst, um uns zu beruhigen. Nicht *sie* sind an allem schuld – *wir selbst*, nur WIR!

Man entgegnet: da bleibt doch wirklich nichts! Man hat uns geknebelt, hört nicht auf uns, fragt uns nicht. Wie soll man *sie* zwingen, auf uns zu hören?

Sie zu anderer Meinung bekehren ist unmöglich.

Natürlich wäre es, sie nicht wieder zu wählen! – Doch solche Wahlen gibt es in unserem Lande nicht.

Im Westen kennen die Menschen Streiks und Protestdemonstrationen – doch wir sind zu eingeschüchtert, uns ist es schrecklich: wie denn auf einmal – die Arbeit niederlegen, wie denn auf einmal – auf die Straße gehen?

All die andern verhängnisvollen Wege, die in der bitteren russischen Geschichte des vorigen Jahrhunderts erprobt wurden, passen noch weniger für uns, und zu Recht, so ist es nicht nötig! Jetzt, nachdem alle Äxte ruhen, nachdem die ganze Saat aufgegangen ist – sehen wir, wie sich die jungen selbstbewußten Menschen verirrt hatten, wie sie vom Rausch gepackt waren, die da glaubten, mit Terror, mit blutigem Aufstand und Bürgerkrieg dem Land Gerechtigkeit und Glück zu bringen. Nein, danke, ihr Väter der Aufklärung! Jetzt zumindest wissen wir, daß die Niedertracht der Methoden in der Niedertracht der Ergebnisse aufgeht. Mögen unsere Hände rein bleiben!

Hat sich also der Kreis geschlossen? Und gibt es wirklich keinen Ausweg? Und bleibt uns nur, untätig zu warten: ob nicht plötzlich irgend etwas von *selbst* geschieht? . . .

Doch niemals wird sich etwas *von selbst* von uns lösen, wenn wir alle es Tag für Tag anerkennen, preisen und ihm Halt geben, wenn wir uns nicht wenigstens von seiner spürbarsten Erscheinung losreißen.

Von der LÜGE.

Wenn die Gewalt in das friedliche Leben der Menschen einbricht – dann glüht ihr Gesicht vor Selbstsicherheit, sie trägt es auf die Flagge geschrieben und schreit: „ICH BIN DIE GEWALT! Auseinander, fort – ich trete drauf!" Doch Gewalt altert schnell, ein paar Jahre – schon ist sie ihrer selbst nicht mehr sicher, und um sich zu halten, um anständig auszusehen, ruft sie sich unweigerlich die Lüge zum Verbündeten. Denn: Gewalt kann sich hinter nichts anderem verbergen als hinter der Lüge, und die Lüge kann sich nur durch Gewalt halten. Und nicht jeden Tag, nicht auf jede Schulter legt die Gewalt ihre schwere Pranke: sie fordert von uns nur, der Lüge ergeben zu sein, täglich an der Lüge teilzunehmen – und darin liegt die ganze Ergebenheit.

Und *hier* nämlich liegt der von uns vernachlässigte, einfachste und zugängigste Schlüssel zu unserer Befreiung: SELBST NICHT MITLÜGEN! Die Lüge mag alles überzogen haben, die Lüge mag alles beherrschen, doch im kleinsten Bereich werden wir uns dagegen stemmen: OHNE MEIN MITTUN!

Und das ist der Durchschlupf im angeblichen Kreis unserer Untätigkeit! – Der leichteste für uns und der zerstörerischste für die Lüge. Denn wenn die Menschen von der Lüge Abstand nehmen – dann hört sie einfach auf zu existieren. Wie eine ansteckende Krankheit kann sie nur in den Menschen existieren.

Wir wollen nicht ausschwärmen, wollen nicht auf die Straße gehen und die Wahrheit laut verkünden, laut sagen, was wir denken – das ist nicht nötig, das ist schrecklich. Doch verzichten wir darauf, das zu sagen, was wir *nicht* glauben!

Hier ist unser Weg, der leichteste und der bei unserer eingefleischten organischen Feigheit zugängigste, erheblich leichter (schrecklich auszusprechen) als der bürgerliche Ungehorsam nach Gandhi.

S,209

Unser Weg: IN NICHTS DIE LÜGE BEWUSST UNTERSTÜTZEN! Erkennen, wo die Grenze der Lüge ist (für jeden sieht sie anders aus) – und dann von dieser lebensgefährlichen Grenze zurücktreten! Nicht die toten Knöchelchen und Schuppen der Ideologie zusammenkleben, nicht den vermoderten Lappen flicken – und wir werden erstaunt sein, wie schnell und hilflos die Lüge abfällt, und was nackt und bloß dastehen soll, wird dann nackt und bloß vor der Welt stehen.

Somit, laßt uns unsere Schüchternheit überwinden, und möge jeder wählen: ob er bewußter Diener der Lüge bleibt (natürlich nicht aus Neigung, sondern um die Familie zu ernähren, um die Kinder im Geiste der Lüge zu erziehen!), oder ob die Zeit für ihn gekommen ist, sich als ehrlicher Mensch zu mausern, der die Achtung seiner Kinder und Zeitgenossen verdient. Und von diesem Tage an wird er:

- in Zukunft keinen einzigen Satz, der seiner Ansicht nach die Wahrheit entstellt, schreiben, unterschreiben oder drucken;
- einen solchen Satz weder im privaten Gespräch, noch vor einem Auditorium, weder im eigenen Namen noch nach vorbereitetem Text, noch in der Rolle des politischen Redners, des Lehrers und des Erziehers, noch nach einem Bühnenmanuskript aussprechen;
- in Malerei, Skulptur und Fotografie mit technischen oder musikalischen Mitteln keinen einzigen falschen Gedanken, keine einzige Entstellung der Wahrheit, die er erkennt, darstellen noch begleiten, noch im Rundfunk senden;
- weder mündlich noch schriftlich ein einziges „leitendes" *Zitat* anführen, um es jedermann recht zu tun, um sich rückzuversichern, um in der Arbeit Erfolg zu haben, wenn er den zitierten Gedanken nicht vollständig teilt oder er keine klare Relevanz hat;
- sich nicht zwingen lassen, zu einer Demonstration oder einer Versammlung zu gehen, wenn sie seinem Wunsch und Willen nicht entspricht. Kein Transparent, kein Plakat in die Hand nehmen oder hochhalten, dessen Text er nicht vollständig zustimmt;
- die Hand nicht zur Abstimmung für einen Vorschlag heben, den er nicht aufrichtig unterstützt; nicht offen, nicht geheim für eine Person stimmen, die er für unwürdig oder zweifelhaft hält;
- sich zu keiner Versammlung drängen lassen, wo eine zwangsweise entstellte Diskussion zu erwarten ist;
- eine Sitzung, Versammlung, einen Vortrag, ein Schauspiel oder eine Filmvorführung sofort verlassen, wenn Lüge, ideologischer Unfug oder schamlose Propaganda zu hören sind;
- keine Zeitung oder Zeitschrift abonnieren oder im Einzelhandel kaufen, in der die Information verfälscht wird und die ursprünglichen Tatsachen vertuscht werden ...

Wir haben selbstverständlich nicht alle möglichen und notwendigen Abweichungen von der Lüge aufgezählt. Doch wer sich um Reinigung bemüht, wird mit gereinigtem Blick leicht auch andere Fälle unterscheiden.

Ja, zunächst wird das nicht glattgehen. Der eine oder andere wird zeitweilig den Arbeitsplatz verlieren. Jungen Menschen, die nach der Wahrheit leben wollen, wird das anfangs ihr junges Leben sehr erschweren: denn auch der abgedroschene Unterricht ist voller Lüge. Man muß auswählen. Für niemanden aber, der ehrlich sein will, bleibt ein Versteck: für keinen von uns vergeht auch nur ein Tag, selbst nicht in den ungefährlichsten Technischen Wissenschaften, ohne zumindest einen der genannten Schritte – entweder erfolgt er in Richtung auf die Wahrheit oder in Richtung auf die Lüge; in Richtung auf geistige Unabhängigkeit oder auf geistiges Kriechertum. Wer aber nicht einmal zum Schutz seiner Seele genügend Mut aufbringt, der soll sich auch nicht seiner fortschrittlichen Ansichten rühmen, soll nicht tönen, er sei Akademiemitglied oder Volkskünstler, verdienter Funktionär oder General – der soll sich sagen: ich bin ein Herdentier und ein Feigling, ich will es nur satt und warm haben.

Sogar dieser Weg – der gemäßigste aller Wege des Widerstandes – wird für uns Eingerostete nicht leicht sein. Doch wieviel leichter ist er als Selbstverbrennung oder Hungerstreik: die Flamme ergreift deinen Körper nicht, die Augen platzen nicht vor Hitze, und Schwarzbrot mit Wasser findet sich immer für deine Familie.

Das von uns verratene, von uns betrogene, wahrhaft große Volk Europas – das tschechoslowakische, hat es uns nicht gezeigt, wie sich sogar gegen Panzer die ungeschützte Brust erhebt, wenn in ihr ein würdiges Herz schlägt?

Das würde kein leichter Weg? – doch der leichteste der möglichen. Keine leichte Wahl für den Körper – doch die einzige für die Seele. Kein leichter Weg – doch es gibt bei uns bereits Menschen, sogar Dutzende, die seit Jahren alle diese Punkte durchhalten, die nach der Wahrheit leben.

Somit: nicht als erste diesen Weg beschreiten, sondern SICH ANSCHLIESSEN! Je leichter und je kürzer uns dieser Weg scheint, desto enger verbunden, in desto größerer Zahl werden wir ihn einschlagen! Werden wir Tausende sein, dann wird man keinem mehr etwas tun können. Werden wir Zehntausende sein – dann werden wir unser Land nicht wiedererkennen!

Wenn wir aber in Feigheit zurückschrecken, dann sollten wir die Klage lassen, jemand ließe uns nicht atmen – das sind wir selbst! Werden wir uns weiter beugen und abwarten, dann werden unsere Brüder von der Biologie dafür sorgen, daß der Augenblick naht, zu dem man unsere Gedanken liest und unsere Gene umwandelt.

Wenn wir in Feigheit zurückschrecken, sind wir nichtig, hoffnungslos und Puschkins Verachtung wert:

> Wozu der Freiheit Gaben für die Herde?
> . . .
> Das Joch mit Schellen und die Peitsche
> hat sie von altersher ererbt.

12. Februar 1974 — A. Solschenizyn

Pressenotizen

Solschenizyn weigert sich

Die zweite Vorladung

MOSKAU, 11. Februar. Alexander Solschenizyn lehnt es grundsätzlich ab, irgendwelchen behördlichen Vorladungen Folge zu leisten. Das beteuerte er schriftlich, als am Montagmorgen zum zweiten Mal ein Uniformierter im Auftrag der Staatsanwaltschaft erschien, um ihn auch diesmal ohne Angaben des Zwecks zu einem Verhör zu rufen. Solschenizyn fügte hinzu, daß er die Vorladung als illegal betrachte. Er weigere sich, in irgendeiner staatlichen Institution zu erscheinen, und zwar wegen der „totalen allgemeinen Unmenschlichkeit“, die seit vielen Jahren in der Sowjetunion herrsche. Solschenizyn forderte die Freilassung der Unschuldigen und die Bestrafung der für die Massenverfolgungen der Vergangenheit Verantwortlichen. Die Behörden müßten lernen, erst einmal selbst Gesetze zu befolgen, ehe sie von anderen erwarteten, daß sie ihnen gehorchten. Solschenizyn war am Freitag von der Staatsanwaltschaft zu einer Vernehmung vorgeladen worden. Seine Frau hatte jedoch die Annahme des Papiers verweigert. Pzg.

Solschenizyn dem Staatsanwalt vorgeführt

MOSKAU, 12. Februar (dpa). Der sowjetische Schriftsteller und Literatur-Nobelpreisträger Alexander Solschenizyn ist am Dienstag nach Angaben von Freunden durch die Polizei dem Staatsanwalt vorgeführt worden. Vier Polizeibeamte in Zivil und verschiedene Offiziere in Uniform waren um 17 Uhr in seiner Moskauer Wohnung erschienen. Die Freunde wußten nicht zu sagen, ob der Schriftsteller Widerstand leistete. Solschenizyn war in den vergangenen Tagen zwei Vorladungen nicht gefolgt. Der Schriftsteller war in den letzten Wochen wegen der Veröffentlichung seines neuesten Buches „Archipel GULag“ im Ausland von den sowjetischen Zeitungen wiederholt heftig angegriffen worden.

Solschenizyn zur Ausreise in die Bundesrepublik gezwungen

Staatsbürgerschaft aberkannt / Die Familie darf die Sowjetunion verlassen / Proteste und scharfe Kritik

F.A.Z. FRANKFURT, 13. Februar. Der sowjetische Schriftsteller und Nobelpreisträger Alexander Solschenizyn ist am Mittwoch von der sowjetischen Regierung gegen seinen Willen in die Bundesrepublik abgeschoben worden. Außerdem wurde ihm am selben Tage, wie die Moskauer Nachrichtenagentur Tass bekanntgab, die sowjetische Staatsbürgerschaft aberkannt. Tass erklärte in einem „Spezial-Kommuniqué“, das am Mittwochabend um 18 Uhr auch von Radio Moskau in russischer Sprache ausgestrahlt wurde, es sei der Familie Solschenizyns freigestellt, die Sowjetunion zu verlassen.

Alexander Solschenizyn ist am Mittwochnachmittag auf dem Frankfurter Rhein-Main-Flughafen eingetroffen. Solschenizyn landete um 16.13 Uhr mit einer Linienmaschine der sowjetischen Luftfahrtgesellschaft Aeroflot. Die Journalisten, die seit Stunden auf die Ankunft Solschenizyns warteten, konnten sich vom Eintreffen des sowjetischen Dichters und Oppositionellen selbst nicht überzeugen, weil die Bundesregierung „im Interesse von Herrn Solschenizyn“ entschieden hatte, jeden Kontakt zu Journalisten bei der Ankunft zu unterbinden und ihn direkt am Flugzeug abzuholen. Von dort wurde Solschenizyn an einen Ort „außerhalb von Frankfurt" gebracht. Allgemein wurde angenommen, daß sich Solschenizyn in das Landhaus seines deutschen Kollegen Heinrich Böll begeben würde.

Solschenizyn, der am Dienstag nach einer monatelangen heftigen Kampagne der sowjetischen Regierung in Moskau verhaftet worden war, wurde von der Regierung gegen seinen Willen in die Bundesrepublik abgeschoben. Wann und auf welche Weise sich die sowjetische Regierung bei der Bundesregierung das Einverständnis verschafft hatte, wurde am Mittwoch in Bonn verschwiegen. Regierungssprecher von Wechmar teilte lediglich in einer kurzen Erklärung mit, die Bundesregierung sei bereit, Solschenizyn in Deutschland aufzunehmen. Es sei ihr nicht bekannt, ob der Schriftsteller sich in der Bundesrepublik niederlassen wolle. Eine Antwort auf jede weitergehende Frage wurde von dem Regierungssprecher verweigert.

Der Abschiebung Solschenizyns, die noch am Mittwoch einen weltweiten Proteststurm auslöste, war eine Fülle widerspruchsvoller Meldungen vorausgegangen. In den ersten, kurz nach 12 Uhr bekanntgewordenen Nachrichten über Solschenizyns Ausweisung aus der Sowjetunion war mitgeteilt worden, daß er bereits in der Bundesrepublik eingetroffen sei. Diese Nachricht basierte auf einer Mitteilung des nordrhein-westfälischen Innenministers Weyer, der vor Journalisten im Düsseldorfer Landtag erklärt hatte, der sowjetische Schriftsteller sei bereits im Laufe des Vormittags auf dem Frankfurter Flughafen gelandet. Von dort aus habe er sich zum Landhaus des deutschen Literatur-Nobelpreisträgers und Vorsitzenden des Internationalen PEN-Clubs, Heinrich Böll, begeben, mit dem er von mehreren Begegnungen in der Sowjetunion bekannt ist.

In einem Telefongespräch mit dieser Zeitung bestätigte Böll am Mittwochnachmittag von seinem Landhaus in der Eifel, er sei zwar von der Möglichkeit informiert worden, daß Solschenizyn am Mittwoch die UdSSR verlasse und in Frankfurt ankomme, doch sei ihm zur Zeit nichts Näheres bekannt. Es werde vermutet, daß Solschenizyn den Kontakt mit ihm suche, da er sonst keinen Schriftsteller in der Bundesrepublik kenne. Er, Böll, sei zweimal in der Sowjetunion mit ihm zusammengetroffen. Er werde sich freuen, wenn Solschenizyn ihn besuche, obwohl er sich auch vor dem Trubel fürchte, der damit verbunden sei und der am Montagnachmittag vor seinem Landhaus schon begonnen habe. Böll sagte: „Solschenizyn kommt in eine Welt, die ihm fremd ist. Ich warte ab, was er will."

Von der Gemeindeverwaltung des Ortes Kreuzau, wo Bölls Haus liegt, wurde am Nachmittag mitgeteilt, daß das Grundstück inzwischen von Polizeiposten umstellt und abgesperrt worden ist.

In Bonn hoben Sprecher aller Parteien ihre Solidarität mit dem ausgewiesenen Schriftsteller und ihre Verurteilung seiner Unterdrückung durch die Sowjetunion hervor. Der CSU-Vorsitzende Strauß erklärte, die Ausweisung Solschenizyns dürfe nicht als eine Geste der Humanität verstanden werden, weil sie den Verfolgten vom ärgsten physischen Druck befreie. Vielmehr habe Solschenizyn seine Heimat, seine Freunde und vermutlich auch seine Familie verloren. Das System habe sich mit Unmenschlichkeit eines Problems entledigt.

8

Spiele

ROLLERBALL
IN NICHT ALLZU
FERNER ZUKUNFT
WIRD ES
KEINE KRIEGE
MEHR GEBEN.
ABER DANN GIBT ES
ROLLERBALL.

Rollerball – Die Welt von morgen **Unbekannter Verfasser**

Das brutale Aktionsspiel wurde im Jahre 2001 geschaffen, als Aggressions-Ventil für die aufgestaute Feindseligkeit, Gewalt und andere antisoziale Gefühle, die in der Welt von morgen keinen anderen akzeptablen Weg nach außen finden können.

Rollerball entwickelte sich aus den härteren Seiten von Spielen des 20. Jahrhunderts wie Hockey, Motorradrennen, Roller-Derby, Boxen, Judo und Profi-Fußball.

Im Jahre 2018 wird „das Spiel" in jeder Stadt der neuen Welt gespielt.

Houston – eine Energie-Stadt – und der Sponsor des Champion Rollerball-Teams, das vom weltberühmten Superstar Jonathan E. geführt wird, ist bereits zum drittenmal in den Endspielen um die Weltmeisterschaft. Die Männer um Jonathan E. ringen Madrid nieder, erobern Tokio und sie müssen das entscheidende Spiel gegen New York durchstehen.

Härteste Ansprüche werden an die Männer gestellt, die aber in ihrer Freizeit Frauen nicht verachten. Ihnen schmeckt der Alkohol, sie genießen ihren Ruhm, wenn ihnen das Volk zujubelt.

Rollerball, der Volksschausport, hält Milliarden Menschen in Atem. Die Massen wollen die Sensation, die Massen brauchen ein Ventil.

Mit neuen Kinofilmen
kommt eine Welle von Brutalität
auf den Bildschirm

Die harten Männer mit dem weichen Keks

Diesen Film sollten Sie nicht versäumen«, sagte Martin Büttner in der ZDF-Sendung ›Neues vom Film‹. Er meinte den amerikanischen Schocker ›Rollerball‹.

Sollten Sie, liebe Leser, seiner Empfehlung inzwischen gefolgt sein, so wissen Sie, was angeblich im Jahre 2018 brutale Wirklichkeit sein wird: Mord als Mannschaftssport und Volksbelustigung! Milliarden Menschen verfolgen auf dem Bildschirm ›Rollerball‹ – die Weltmeisterschaften im Umbringen.

»Halten Sie eine solche Entwicklung des Sports für

möglich?« wurde der Sportjournalist Heinz Eil einen Tag später in der ARD-Kino-Sendung ›Schaukasten‹ gefragt. Er mochte das nicht ausschließen, aber »noch sind wir nicht soweit«, sagte er. Sachlich, freundlich, ohne Zeichen des Entsetzens.

Spielen wir ›Biedermann und die Brandstifter‹? Jedenfalls scheint uns der Siegeszug der Brutalität nicht sonderlich aufzuregen. Und was die brutalen Filme betrifft, so haben sie angeblich noch ihr Gutes. Laut Bild-Zeitung erklärte der Pädagogik-Professor Dr. Schiefele vom Arbeitszentrum Jugend und Film in München: »Besser, einer (ein Jugendlicher, Red.) klatscht, wenn die sich in ›Rollerball‹ umbringen, als daß er später Spaziergänger niederschlägt.«

Da hat er recht, der Professor. Nur, wie verbogen und verhärtet muß nicht ein Jugendlicher schon sein, wenn er zum Mord an einem Menschen Beifall klatscht! Ehrfurcht vor dem Leben, fünftes Gebot, Achtung vor der Würde des Menschen — das alles sagt ihm offenbar nichts mehr.

Die Ursachen für diese schwere Verhaltensstörung liegen gewiß tiefer, aber hier sind wir beim Thema ›Jugend und Film‹. Und der Pädagoge wäre zu fragen, was er von jenem kassenfüllenden Heldenkult hält, der den Jugendlichen den ›harten Mann‹ pausenlos als Leitbild empfiehlt. Die Kino-Werbesprüche sind eindeutig: von ›Ein Kerl wie Stahl und Eisen‹ bis zum ›Wiegenlied vom Totschlag‹.

Sicher, die Welt ist alles andere als heil. Aber gerade deshalb ist es unverantwortlich, die Schrecknisse noch künstlich zu verstärken und die Brutalisierung der Gesellschaft als eine unabänderliche Tatsache hinzustellen. Das führt zur Unterdrückung aller menschenfreundlichen Regungen. Stahlhart und eiskalt muß man sein, um dieses Leben zu meistern. Dabei weiß es die Psychologie längst: Der ›harte Mann‹ ist der seelisch kranke, der das Leben nicht meistert, sondern zerstört.

Höchste Zeit also, den stupiden Faustrechtlern, den Revolver- und Rollerball-›Helden‹ den falschen Glorienschein zu nehmen und sie als das zu präsentieren, was sie in Wahrheit sind: arme Irre.

Das Fernsehen, das sich ja stets auf seinen Bildungsauftrag beruft, hätte da eine schöne, wenn auch — in Gedanken an eigene Sünden — etwas peinliche Aufgabe. Das meint

Ihre HÖRZU

Das neueste Spiel in Amerika: **Pressenotiz**

Menschen totfahren – für 25 Cents

ap. Seattle, 6. Juli. „Menschen totfahren" – dieses neue Spiel kommt in Amerika immer mehr in Mode. Wer Vergnügen daran findet, wirft 25 Cents in einen Spielautomaten mit Lenkrad, Gaspedal und Bildschirm. Es macht klick – und plötzlich rennen auf der Mattscheibe kleine Menschlein wie gehetzte Hasen um ihr Leben. Der Spieler verfolgt sie mit einem Lichtstrahl, der mit dem Lenkrad gesteuert wird. Trifft der Lichtstrahl einen Fußgänger, ertönt ein entsetzlicher Todesschrei.

Nach 99 Sekunden ist das makabre Spiel mit dem Tod vorbei. Auf der Anzeigetafel leuchtet die Zahl der Treffer auf.

Der Verkaufsdirektor der Herstellerfirma in Seattle: „Laßt den Leuten doch ihren kleinen Nervenkitzel!"

Die Firma Seevend in Hamburg, Großimporteur von Spielautomaten: „In Deutschland hat dieses Gerät keine Chance. Die Importeure lehnen es aus Gründen des guten Geschmacks ab."

Erl Kramer erwachte aus einem Alptraum. Er hatte spätabends zuviel Kraftfix getrunken und im Fernsehen einen Film über den Zweiten Weltkrieg gesehen. Darin waren Menschen in Massen auf die grausamste Weise getötet worden, und er war erleichtert gewesen, daß das der Geschichte angehörte, einem Zeitalter der Barbarei.

Wie er so halbwach im Bett lag, fragte sich Kramer, wie die Gegenwart wohl Betrachtern aus zukünftigen Zeiten erscheinen mochte, in denen die menschliche Spezies so geläutert sein mochte, daß alle primitiven Züge verschwunden waren.

„He, wie spät ist es?" fragte er seine Frau.

„Fast sieben. Dreh den Apparat auf."

Er tat es, und sofort zeigte sich der gewohnte Anblick des Hip Jones, wie er zu den Klängen einschmeichelnder Musik auf seinem Schreibtisch hingelümmelt schlief. Der Rhythmus wurde schneller, und auf dem Bildschirm erschien Mr. Invig mit seinem bekannt boshaften Seitenblick auf Hip Jones und die Welt. „Haben Sie Ihre Tabletten zur Hand?"

Er steckte Hip Jones eine Tablette in den Mund. Kaum hatte Hip Jones die Tablette geschluckt, sprang er auf und sah sogleich um hundert Jahre jünger aus.

„Seid Ihr alle bereit?" schrie er mit heller Stimme. „Los, schluckt! Alle auf einmal!"

Erl und Melanie Kramer steckten die Tabletten in den Mund und warteten den Energieschub im Liegen ab. Im selben Augenblick schrie Hip Jones auch schon auf dem Bildschirm: „Nun, wer wird es denn heute sein, meine guten Leute?" Sodann huschte eine der Außenkameras durch ein Schlafzimmerfenster und erfaßte einen Mann beim Gähnen. Hip rief: „Sie selbst könnten es sein, Mr. Joe Barratt in King Vale! Aber keine Sorge. Sie sind es nicht. Wir wollen bloß sehen, ob Sie schon wach sind."

„Schau dir bloß das Gesicht dieses Narren an", sagte Erl, der mit allen übrigen über Joe Barratt aus King Vale lachte.

„Na, wie wäre denn dir zumute?" sagte Melanie. „Jeden kann es treffen, zu jeder Zeit, an jedem Ort. Ich glaube, ich würde vor Schreck tot umfallen, wenn sie plötzlich eine Kamera auf mich richteten."

„Ich nicht", sagte Erl grimmig, und Melanie streckte die Hand aus und umfaßte seinen Arm. Eine gute Sekunde lang sahen sie einander an, während Hip Jones brüllt: „Hier ist die Invig-Show, ein tagelanges Abenteuer, das Ihnen die Invig-Gesellschaft bietet. Für alle, die den Wert des Lebens zu schätzen wissen."

Dann zeigte die Kamera auf eine Tür, fuhr einen Gang entlang, und Hip Jones' Stimme fragte: „Wer wird es sein?" Und dann, als er sagte: „Sie selbst könnten es sein ...", schalteten sie um, fuhren mit den Kameras ins Studio und stellten sie auf Hip Jones ein, der voller – und nicht bloß gespielter – Überraschung schrie: „Mr. Hip Jones von der Invig-Gesellschaft. Hehe, Freunde, das bin ich!"

„Spiel" im Jahr 2018. Aus dem Film „Rollerball" ▷

Melanie und Erl lachten mit den Millionen anderen Zuschauern, und Hip schrie: „O nein, nicht der alte Hip. Ihr lieben Leute dort draußen, Ihr wollt das alle nicht, nicht wahr? Sie spaßen bloß – glaube ich."

„Sehr überzeugt klingt es nicht", sagte Erl lachend. „Wäre das nicht ein Spaß, wenn er es einmal wäre? Falls sein Beliebtheitsindex fallen würde, zum Beispiel."

„Hier sind wir wieder", rief Hip. „Ich darf Ihnen verraten, daß es heute ein Mann ist. Die Chancen für euch Männer stehen also 987 000 zu 1, oder sie sind sogar noch astronomischer?"

„Gestern hatten sie eine Frau", sagte Melanie. „Hast du dir's angesehen?"
„Du weißt, daß ich das nie mache. Nur solange, bis sie den Namen bekanntgeben und ich sicher weiß, daß es nicht du bist oder sonst jemand, den ich kenne."

Als er fertig zur Arbeit angezogen herauskam, stand das Frühstück schon bereit. „Sie könnten es sein, Mr. Logan Ross in Satin Plains." Die Kamera erfaßte einen Mann von mittlerem Alter, der eben aus einem interstädtischen Luftkissenfahrzeug ins Licht trat. Mitten im Schritt verhielt er und fiel beinahe hin. Hip Jones sagte: „Denkt daran, während der ganzen Woche ist ein Preis von 100 000 Pfund ausgesetzt. Ist es schon Mr. Ross? Ist er es? Nein", sagte er, „er ist es nicht, denn der heutige Mann trägt niemals einen Hut. Natürlich kann er sich eilends einen Hut kaufen, sobald die Läden aufmachen. Daran können wir ihn nicht hindern, nicht wahr?"

Erl hatte bereits die S.S.K.E.S.-Statistik aus der Tasche genommen. Melanie sah ihm über die Schulter. „Dreihundertunddreizehntausend Männer tragen gewöhnlich keinen Hut", berichtete er, und Melanie warf ein: „Da werden die Central Stores heute morgen aber eine Menge Hüte verkaufen!"

Erl lachte und sagte: „Bin ich froh, daß ich nicht in der Hutabteilung bin. Ich habe den Andrang vom letztenmal, als alle graue Anzüge kauften, weil er niemals einen trug, noch nicht verkraftet."

Melanie hatte es nicht vergessen.

„Man muß es Ihnen lassen, S.S.K.E.S. sorgt für den Umsatz. Der Kerl, der die Show erfunden hat, muß ein Genie gewesen sein. Aber ich muß zur Arbeit." Er überprüfte sein transportables Gerät, gab Melanie einen Abschiedskuß und eilte zur Haltestelle. Bei der Haltestelle und später im Autobus gab es noch viel mehr Männer ohne Hut.

Als Erl im Geschäft eintraf, war Hip Jones schon da – auf den Bildschirmen der Central Stores, sogar in Überlebensgröße.

„In der Invig-Show ist immer etwas los", verkündete Hip. „Und nun unser nächster Fingerzeig für unser taglanges Abenteuer ‚Sie selbst könnten es sein!' "

Die Central Stores hatten die Eingänge aufgesperrt und Männer ohne Hut strömten in Scharen in das Geschäft, als Hip sagte: „Sie selbst könnten es sein mit den blauen Augen. Mein kleines Statistikbüchlein verrät mir, daß noch 90 000 Möglichkeiten übrigbleiben. Das ist noch immer sehr viel, aber seht nur, wie es weitergeht." Die meisten Männer ohne Hut waren schon wieder umgekehrt und verließen das Geschäft. Sie hatten keine blauen Augen.

◁ *Im Netz der Verfolger. Aus dem Fernsehspiel „Das Millionenspiel"*

„Bis jetzt sind wir noch unter den Auserwählten", sagte Erl zu seinem besten Freund Steve. „Wirklich? Ja, das dürfte stimmen. Ich achte niemals darauf, ich bin schon Dutzende Male unter den letzten Tausend oder Hundert gewesen."

Hip wurde ein Blatt Papier hingereicht, und er schrie: „Er hat schwarzes Haar!" Und die Kameras schwenkten über eine Menge hin und schwebten über eine Glatze. „Der ist es sicher nicht", gluckste Erl. Sowohl Erl als auch Steve hatten schwarzes Haar.

„Jetzt sind es zweiunddreißigtausend", las Steve in der Statistik. „Ich werde den Preis mit dir teilen."

„Aber natürlich. Ich auch." Erl sah, wie drei Kunden näherkamen. „Ich vermute, du hast dir schon überlegt, was du damit machen würdest?"

„Schon oft", sagte Steve. „Auch, falls es mich treffen würde." Erl hatte sich nie Gedanken gemacht. Er war niemals zuvor auch nur unter die letzten 100 000 gekommen. Jetzt aber hatte er keine Zeit, darüber nachzudenken, er mußte sich auf seine Arbeit konzentrieren. Erst nach mehr als einer Stunde konnten er und Steve miteinander sprechen.

„Ein paar Hinweise habe ich verpaßt", sagte Erl. „Ich habe mitbekommen, daß er Anfang Dreißig ist und einen Büroanzug trägt." „Dann hast du nur einen verpaßt, Mann. Die sonnengebräunte Gesichtsfarbe. Raffiniert, wie sie das so nach und nach bekanntgeben! Jetzt ist es auf 8000 herunter." „Und wir sind noch immer dabei", sagte Erl. „Aber 8000 ist eine ganze Menge." Steve zuckte die Achseln. Er beobachtete zwei Frauen, die so taten, als prüften sie eine Spezialanfertigung, in Wirklichkeit aber zu Erl und ihm hinsahen. Es hatte schon angefangen. „Jawohl, wir sind noch immer unter den 8000", sagte Steve, laut genug, daß sie es auch hören mußten. Leise aber fügte er hinzu: „Mir ist ziemlich mulmig zumute."

Auf dem Schirm erschien wieder Mr. Invig, um darauf zu sehen, daß Hip Jones und mit ihm auch alle anderen ihre mittägliche Aufmunterungstablette einnahmen.

Dann sagte Hip: „Sehen wir einmal nach, was draußen los ist. Ach ja, Sie könnten es sein, Mr. Darrell Darling, dort unten in der Dent Street." Die Kameras schwenkten zu einem Mann hin, der mit drei Burschen kämpfte, während weitere Menschen zu ihnen rannten. Darling stieß und trat und brüllte: „Laßt mich in Ruhe." Einer der Burschen fiel nieder.

„He, dort unten in der Dent Street gibt es einen Wirbel", sagte Hip kühl. „Aber Mr. Darling ist es nicht. Er ist Linkshänder und unser Mann ist Rechtshänder."

Darling mußte das aus einem Gerät in seiner Nähe gehört haben, denn er stürzte sich auf die Burschen und stieß sie mit den Köpfen zusammen. Andere Leute traten und schlugen auf sie ein. Die Angreifer von vorhin drehten sich jetzt um und rannten um ihr Leben.

„Es zahlt sich nicht aus, zu ungeduldig zu sein", schrie Hip. „Wir haben noch eine schöne Strecke Weges vor uns. Bis jetzt haben wir die Zahl erst auf 6803 heruntergedrückt. Aber von nun an paßt auf jeden Mann auf, der schwarzes Haar und blaue Augen hat, Anfang Dreißig ist, einen Büroanzug trägt, sonnengebräunt ist und – da ist noch ein Hinweis – er arbeitet mitten im Herzen der Innenstadt. Was sagt Ihr dazu?"

Steve sagte: „He, das ist ein großer Sprung, bis auf 3200 herunter."

„Mitten in der Stadt", schrie Hip. „Und er ist für Sie oder Sie oder Sie gute 100 000 Pfund wert. Oh, ich kann schon sehen, wie Ihr zu Tausenden hinrennt – Ihr alle, meine Damen aus den Vorstädten. Erl sagte: „Die Geschäfte in der Stadt müssen sich heute ihre Teilnahme erkauft haben. Der Ansturm wird uns aber nicht stören. Anzüge werden sie keine kaufen."

Steve aber brummte: „Sie werden alles kaufen, wenn sie glauben, daß es in der Nähe ist. Ich sage dir, ich habe so ein Gefühl . . ."

Erl spürte ein Kribbeln im Rücken. Steve war viel größer und härter als er. Er spielte den Beherrschten, zuckte mit den Achseln und sagte: „Je mehr wir verkaufen, desto größer sind unsere Prozente. Ich mische mich unter die Leute. Verstecken hat keinen Sinn."

„Bis später", sagte Steve und hätte fast die Hand ausgestreckt, änderte aber die Richtung, steckte sie in die Hosentasche und ging fort.

Der Aufzug beförderte immer mehr Leute herbei. Im Nu war Erl von einer Menge umgeben, die Anzüge gingen weg wie warme Semmeln. Es sprach sich herum, daß es bei Socken, Schuhen, Unterwäsche und Sportartikeln genauso war. Die Leute in der Menge mußten sich auf ihr Gefühl verlassen, und viele, die Erl ansahen, schieden ihn aus und gingen zu anderen Abteilungen oder zu anderen Geschäften weiter.

Es wurde still, als Hip Jones auf den Schirmen erschien, um einen weiteren Hinweis zu geben, und plötzlich schlüpfte Melanie durch den dichten Kreis von Körpern und kam an Erls Seite.

„Jetzt sind wir alle in der Stadt?" schrie Hip Jones, „und Sie selbst könnten es sein, Arthur Lonigan von Lonigan & Söhne."

Das war ein Volltreffer, und die Menge brüllte vor Lachen. Sogar Erl lachte. Die Kameras waren unter dem Splittern von Glas in ein Büro eingedrungen, wo der Chef von seinen Angestellten festgehalten wurde, zehn Leuten, die offensichtlich bereit waren, den Preis miteinander zu teilen. Lonigan brüllte: „Ich werde euch alle entlassen!"

Und Hip schrie: „Tun Sie das, Mr. Lonigan, denn Sie sind es nicht. Unser heutiger Mann trägt niemals Brillen und ich sehe welche auf Ihrem Schreibtisch." In Lonigans Büro herrschte sofort ein heilloses Getümmel, und die Kameras verweilten lange genug, um die Situation einzufangen, dann schwenkten sie weiter.

„Diese Leute haben blödsinnig viel riskiert, nicht wahr?" schrie Hip. „Wir haben nämlich noch immer an die 2500 Kandidaten. Noch Zeit genug. He, da habe ich etwas, würdet Ihr das nicht gerne haben?" Und er zeigte die Rückseite eines Fotos. „Erraten, hier habe ich sein Foto."

„Erl, ich fürchte mich so", sagte Melanie.

„Du solltest nicht hier sein. Geh bitte heim. Du kannst gar nichts tun."

„Steve ist auch noch im Rennen, nicht wahr?" Am meisten beunruhigte ihn, daß sie da war. „Steve ist es gewohnt", sagte er. „Er ist schon öfters nahe gekommen. Geh heim!"

„Weg frei für die Versicherung!" rief ein Mann hinten in der Menge, und Erl erkannte die Gelegenheit. „Wenn du nicht gehst, unterschreibe ich nicht", sagte er.

„Gut Liebling, du weißt es am besten." Melanie trat zurück und ging durch die Gasse, die sich der Versicherungsvertreter in der Menge gebahnt hatte, aber sie kam nicht weit, obwohl jedermann nett zu ihr war.

„Hier unterschreiben", sagte der Versicherungsagent zu Erl.

„Waren Sie bei Steve Barclay?" fragte ihn Erl.

„Er hat viel zu tun, aber in einer Minute bin ich bei ihm", sagte der Mann. „In diesem Stadium sollten sie mehr Hinweise geben", sagte Erl. „Es ist der reinste Sadismus, es so lange hinauszuschieben."

„Na ja, sie müssen zum Beispiel uns die Zeit geben, überall hinzukommen. Sicher wäre es Ihnen nicht recht, Ihre Versicherung zu versäumen, nicht? Außerdem ist es so spannender."

„Sicher", antwortete Erl. Die Bildschirme zeigten Ausschnitte von der Mengenmasse in verschiedenen Teilen der Innenstadt.

Bestimmt war es spannend, und diese Aufnahmen verursachten viel Unentschlossenheit unter den Leuten um Erl. Sogar er spürte das. Bei einigen der Kandidaten auf dem Bildschirm erhöhte sich sein Puls, so überzeugt war er von ihnen. Aber schließlich war er hier angestellt, um Anzüge zu verkaufen. „Was ist mit Ihnen, meine Dame?" fragte er eine fette Frau mit grünen Brillen. „Welche Größe hat Ihr Ehemann?"

„Unwichtig, Schätzchen. Haben Sie etwas für einen unwichtigen Mann?" sagte sie und die Menge lachte.

Erl ließ nicht locker. Er nahm einen Anzug von der Stange und hielt ihn ihr hin. „Das ist die neueste Mode. Da merken Sie gar nicht mehr, daß es derselbe Mann ist."

„Schätzchen, wenn ich heute gewinne, kaufe ich mir einen vollkommen neuen Ehemann. Dann ist es bestimmt nicht mehr derselbe Mann." Sie wollte gerade weitergehen, aber etwas auf dem Bildschirm zog die Aufmerksamkeit aller auf sich.

„Jetzt kommt es", schrie Hip. „Seid Ihr in den Central Stores? Unser Mann ist nämlich dort. Macht jetzt keinen Fehler, denkt an die Hinweise – und vergeßt die Strafen nicht. In den Central Stores gibt es fünfzehn Fälle, die in Frage kommen. Und bitte, demoliert die Durchgänge nicht, meine lieben Leute."

„Fünfzehn?" Erl kämpfte sich bis zu einem Ladentisch vor und sprang hinauf, von wo aus er Steve zu erblicken hoffte. Aber Steve steckte in einer noch dichteren Menge als Erl. In dieser Etage gab es nur sie zwei. Die Leute balgten sich darum, Erls Füße festzuhalten, sie schlugen und stießen und schrien aufeinander ein. Sie zogen ihn hinunter in die Menge gaffender Gesichter.

„Er ist in der Anzugabteilung", heulten sie den Hinweis, den Hip Jones gegeben hatte. Erl richtete sich kämpfend auf und schrie: „Es gibt zwei von uns."

Dann sah er, daß es Steve auf einen Ladentisch hinauf geschafft hatte, in der Hand hielt er einen schweren Kleiderhaken. Niemand hatte das Recht, Steve zu berühren, solange sein Name nicht genannt worden war.

Die Menge wuchs mit jedem Augenblick. Steve machte einen verzweifelten Satz über die nächsten Köpfe, und die Menge machte ihm Platz, damit er auf die Füße fallen konnte. Er war groß, und der Kleiderhaken war schwer. Er rannte zum großen Fenster hin, alle strömten ihm nach. Mit einem Schlag zerschmetterte er das Glas und wollte hindurchklettern, aber sie erreichten ihn und zogen ihn zurück.

„Ich sage euch schon, wer in der Anzugabteilung es ist", schrie Hip auf dem Bildschirm. „Aber habt etwas Geduld, meine guten Leute. Macht in der Eile keine Fehler, die Strafen dafür sind schrecklich."

Erl bereitete sich vor, und Hip schrie: „Es ist der starke Bursche, Steve Barclay."

Dann gab es ein furchtbares Geschrei. Am nächsten Tag las Erl, daß Steve drei mit sich nahm und viele andere verletzte. Das war dumm. Das Spiel war notwendig, ein wissenschaftlich approbiertes Überdruckventil, das wußte jeder. Die Fette mit der grünen Brille gewann die 100 000 Pfund. Niemand kümmerte sich darum, ob sie sich einen neuen Ehemann kaufte. Am Nachmittag gab es schon einen anderen Wettbewerb und einen anderen Gewinner.

Der zerschundene und blutende Erl schüttelte die letzten Leute von sich ab und sah sich um. – Wo steckte Melanie? Als er sie sah, ging er zu ihr, ergriff ihre Handtasche, öffnete sie und sah hinein. Natürlich war ihr S.S.K.E.S.-Wettbewerbsmesser mit ihrem Namen und ihrer in Gold eingravierten Nummer drin. „Hätte dir die Versicherung nicht genügt?" fragte er sie.

„Liebling, es wäre doch egal gewesen. Du weißt, daß es darauf nicht mehr angekommen wäre."

Er gab ihr die Handtasche zurück und sagte: „Großer Gott, was haben sie aus uns gemacht?"

9
Tod

Pressenotiz

Das wäre die Schallmauer

Die uralte Wunschfrage, warum der Mensch nicht „ewig“ leben kann, hat eine weitere Antwort erhalten. Die beiden grundlegenden Theorien über den Prozeß des Alterns wurden in der Abteilung Zellbiologie der Universität Stuttgart überprüft. Erste Ergebnisse liegen vor.

Theorie Nr. 1 ist die Mutationstheorie. Bei der Zellteilung, bei der sich eine Zelle gewöhnlich in zwei genau gleiche Zellen teilt, geschehen mitunter Fehler, und zwar bei Verdoppelung des Informations- oder Steuerzentrums der Zellen. Mit der Zeit kommt es im Organismus deshalb zu einer Anreicherung solcher fehlerhaften Zellen, Mutationen genannt. Altern wäre nach dieser Theorie eine Art zunehmender Desorganisation des Organismus.

Die zweite Theorie besagt, daß alle Lebensstadien im Erbprogramm der Zellen vorprogrammiert sind. Altern und Tod sind gemäß dieser sogenannten Differenzierungstheorie also der Ablauf eines von Anfang an feststehenden Programms.

Seit es möglich wurde, Zellen außerhalb des Körpers zu züchten und zur Teilung zu bringen, können solche Theorien im Laboratorium überprüft werden. Forscher in aller Welt arbeiten daran, auch die Abteilung Zellbiologie der Universität Stuttgart unter Leitung von Prof. Klaus Bayreuther.

Nach den bisherigen Ergebnissen sieht es so aus, als ob keine der beiden Theorien alleiniger Sieger bleiben wird. Wahrscheinlich sind beide Mechanismen wirksam. Wobei vor allem die Wirksamkeit des zweiten, das Programm der Lebensstadien, ein entscheidendes Hindernis bei jeder Suche nach einem „Trick für ein ewiges Leben“ sein dürfte.

Denn dieses in den einzigen Erbträgern der Zellen fest verankerte Programm enthält als den eigentlichen tödlichen Programmpunkt die Verordnung: Die Zahl der Zellteilungen ist beschränkt.

Dieser Programmpunkt läßt sich mit einem Standardexperiment nachprüfen. Man verwendet dazu gesunde Lungenzellen aus menschlichen

Embryonen. Ergebnis: Diese Zellen teilen sich im Laboratorium wie im Körper ziemlich genau fünfzigmal. Danach haben sie die fundamentale Lebenseigenschaft der Zellteilung verloren. Auch wenn man die Lungenzellen etwa nach 20 Teilungen in flüssigem Stickstoff einfriert, teilen sie sich nach dem Auftauen gerade noch dreißigmal weiter.

Die oberste Grenze der Zellteilungsfähigkeit stellt gleichsam die Schallmauer aller Lebensverlängerung dar. Und man weiß jetzt auch, wie hoch etwa diese oberste Grenze liegt. Prof. Bayreuther: „Wir sind für ca. 120 Jahre vorprogrammiert." GS/ko

Die Tabuisierung des Todes

Robert Leuenberger

In der vorindustriellen Welt lebten die meisten Menschen in einem Ordnungsgefüge, welches nach sozialen Schichten, nach Berufsgruppen und Familienverbänden gegliedert war. Stadt, Dorf und Einzelhof bildeten beinahe die einzigen Lebensgemeinschaften, wobei auch die Städte in der Regel noch von jedermann überblickt zu werden vermochten. In diesem Gefüge ließ sich der Tod nicht verstecken. Vielmehr bildete er ein natürliches Phänomen, das von vornherein in das private und öffentliche Leben einbezogen war. Schon der öffentliche Tageslauf ließ die Verschleierung des Sterbens und des Todesfalls nicht zu. Wenn, auf dem Dorf wie in der Stadt, zwei bis drei Generationen dasselbe Haus bewohnten, dann erlebten die Hausgenossen unvermeidlich, wie von Zeit zu Zeit einer der ihren zum Sterben kam. Nicht nur die alten Leute starben. Von den vielen Kindern einer Familie starben in der Regel mehrere hinweg. Frauen starben an der Geburt, Männer in der Mitte ihrer Jahre. Dazu kam, daß in der Regel jede Generation mindestens einmal in ihrer Lebenszeit, oft aber zu wiederholten Malen, das Massensterben durch Hungersnot, Seuchen und Kriegszüge erlebte. Auf den Bauernhöfen gehörten sodann das Sterben und die Schlachtung von Tieren zum Alltag und machten jedes Kind von den ersten Lebensjahren an mit der Erscheinung des Todes vertraut. Die Frage, ob einer über den Tod nachdenken wollte oder nicht, war ihm also abgenommen, weil der Tod sich überall selber zu Wort brachte. So vollzog sich auch die Bestattung in aller Öffentlichkeit. Der Todesfall und das Begräbnis waren Sache des ganzen Dorfes, in der Stadt mindestens der ganzen Zunft. Somit hatten Sterbehilfe, Bestattung und Trauer Öffentlichkeitsform, hatten sie ihre Tradition, ja ihre Kultur. Und eben durch die strenge Form, womit der Todesfall öffentlich geordnet war, blieb der Tod respektiert sowohl in seiner Mächtigkeit wie in seinem Geheimnis.

Was sich demgegenüber in den letzten hundert bis hundertfünfzig Jahren geändert hat, läßt sich bereits an den Oberflächenerscheinungen des öffentlichen Lebens ablesen. Die alten Leute wohnen weitgehend für sich, nicht nur ausgegliedert aus dem Arbeitsprozeß, sondern in räumlicher und anderer Distanz zu ihren Kindern und Enkeln. Die Mobilität der modernen

Wohn- und Arbeitswelt trägt zu ihrer Absonderung noch bei: denn die jüngere Generation hat sich in den überwiegenden Fällen ihr Leben ohnehin in größerer oder geringerer Entfernung vom ehemaligen Elternhaus aufgebaut. So leben die Alten immer mehr unter sich und warten, sich selbst überlassen, auf den Tod. Schwerkranke, gleichgültig, welcher Generation sie angehören, überführt man in der Regel in das Spital, bevor sie den Alltag in ihrem Hause zu sehr belasten. Ärzte stellen das zunehmende Bestreben fest, die „Endphase des Lebens von Angehörigen sich im Krankenhaus vollziehen zu lassen ... nicht nur deshalb, weil es daheim an Raum und Pflege mangelt, sondern weil man es ... eben vielfach zu vermeiden trachtet, mit dem Ereignis Tod zu unmittelbar konfrontiert zu werden". Sterben sie dort, dann nicht im Krankensaal, sondern im Absonderungszimmer. Der Sterbevorgang wird also so weit wie möglich von den anderen abgeschirmt, oft auch von den Angehörigen, so weit es sich nicht um die allernächsten handelt. Ebenso unauffällig erfolgt der Transport eines Toten auf den Friedhof oder in das Krematorium. Die städtischen Automobile, welche Tote transportieren, lassen sich kaum mehr von den gewöhnlichen Transportwagen unterscheiden.

Der Sterbevorgang und die Bestattung geschehen somit in möglichst großer Unauffälligkeit. Jedenfalls ist der zu erwartende Sterbefall zum Tabu geworden, für die Angehörigen wie für die Betroffenen. Man erlebe es verhältnismäßig selten, bemerkt der Arzt Freiherr H. von Kress, daß die gewußte Gegebenheit des eigenen Todes von einem Schwerkranken zur ernsthaften Erörterung mit dem Arzt oder der Pflegeperson gestellt werde. Aber auch in der Familie werde das Thema des bevorstehenden Todes eines Angehörigen „aus Scheu und gegenseitiger Rücksichtnahme ängstlich vermieden". Die Tabuisierung des Todes macht jedoch auch bei denen nicht Halt, welche sozusagen berufsmäßig mit dem Sterben anderer zu tun haben, bei den Ärzten und dem Pflegepersonal. Die eben genannte Bemerkung des Arztes H. von Kress, wonach Schwerkranke nur selten die Frage ihres bevorstehenden Todes mit dem Arzt zu erörtern pflegen, bedarf der Ergänzung und Korrektur. In der Regel nämlich verhalten sich Ärzte und Pflegepersonal so, daß die Frage von seiten des Kranken gar nicht gestellt werden kann, ja, daß, wenn dieser nur auf sie anspielt, die Ärzte ihr ausweichen oder den Frager beschwichtigen. Natürlich gibt es zahlreiche Ärzte, die sich anders verhalten. Die Frage der „Wahrheit am Krankenbett" ist jedem Arzt in ihrer Komplexheit bewußt. Darauf wird später einzugehen sein. Vorläufig soll uns nicht ein Sonderproblem der medizinischen Ethik beschäftigen, sondern, wenn man es so nennen darf, der institutionelle Habitus der Medizin.

Die Versachlichung des Todes

Der Arzt ist durch sein Berufsethos wie auch durch das Gesetz dazu verpflichtet, gegen den Tod anzukämpfen, und das bis in solche Grenzzonen hinein, in denen der Kampf des öftern sinnlos zu werden beginnt und bisweilen ohne Zweifel schon sinnlos geworden ist. Dabei hat sich auch der Kampfstil im Zeitraum eines Jahrhunderts gewandelt. Noch bis in unser Jahrhundert hinein stand der ärztliche Widerstand gegen den Tod im Zeichen einer pionierhaften Leidenschaft. Die Medizin feierte öffentlich Triumphe. Die großen Arztpersonen, wie Pasteur, Koch, auch noch Sauerbruch u. a., genossen den Ruhm von Heroen. Heute hat die Medizin in ihrem Kampf zunehmend, und zwar durch eine ihr innewohnende Gesetzmäßigkeit gezwungen, den Stil wissenschaftlich-technischer Sachlichkeit angenommen. An Stelle des großen Arztes ist das Klinik-Team getreten. Das schließt die entscheidende Tat des einzelnen Arztes gewiß nicht aus. Aber auch wo es auf sie immer noch wesentlich ankommt, legt die Ärzteschaft nach außen zumeist eine persönliche Zurückhaltung an den Tag, die anzeigt, daß man als Einzelperson hinter der Gesamtleistung der Medizin zurückzustehen hat. Ausnahmen gibt es. Die Massenmedien sorgen dafür, daß Pioniertaten einzelner Ärzte immer noch bekannt werden. Aber man empfindet dies bisweilen als peinlich. Dabei geht es nicht nur um Fragen des Stils. Die medizinische Wissenschaft und Technik gewährt auch sachlich gesehen eine gewisse Normalität im Ablauf der Krankheiten. Auf unverhoffte Wendungen ist man weniger gefaßt als früher, wenn natürlich auch weiterhin die überraschenden Erfolge und Mißerfolge vorkommen. Diese gelten aber vornehmlich als Angelegenheiten des Teams oder der Fachkreise und werden dort auf ihre Gründe hin untersucht, d. h. wissenschaftlich durchschaubar und für die allgemeine Nutzanwendung brauchbar gemacht. Sie werden also versachlicht und bleiben mehr oder weniger streng im Arkanbereich der ärztlichen Wissenschaft.

Dem entspricht das Verhalten des Arztes gegenüber dem Kranken. Die Aufgabe, wozu der Arzt gesellschaftlich verpflichtet ist, weist seinem Tun die Richtung und setzt ihm bestimmte Grenzen. Die Ärzteschaft ist nicht dazu da, dem Kranken seelische und geistige Sterbehilfe zu leisten, sondern soweit möglich gegen den Tod anzukämpfen. Ihr einziges Ziel bildet die Heilung des Patienten. Es ist dann nur konsequent, daß der zu erwartende Tod dem Kranken in den überwiegenden Fällen verschwiegen wird, oft sogar den nahen und nächsten Angehörigen. Darin äußert sich die wohlbegründete Befürchtung, die ärztliche Pflichterfüllung würde anders nur gestört. Die psychische Notlage eines Kranken wird dabei durchaus gesehen, weshalb auch der Beistand eines Seelsorgers, möglicherweise eines Psychiaters, in der Regel erwünscht ist. Nur wird dessen Mitwirkung nicht eigentlich der ärztlichen Arbeit integriert.

Bis vor wenigen Jahren pflegte der Arzt den Tod eines Menschen am Stillstand des Herzens festzustellen, vielleicht auch an dem der Atmungsorgane. Hierin befand sich der Arzt noch in einem allgemeinen Einverständnis mit dem Nichtfachmann. Es leuchtet jedermann ein, daß namentlich das Herz das zentrale Organ des Menschen sein soll. Es hat seit alters als das Organ gegolten, da der Mensch als leiblich-seelische Ganzheit, als Person, mit sich selbst gleichsam identisch ist. Nun ist aber dieses Einverständnis, und ist die Identifizierung des Personganzen mit dem „Herzen" eines Menschen durch die Entdeckung erschüttert worden, daß sich das

Herz chirurgisch manipulieren und grundsätzlich sogar von einer Person zur andern auswechseln läßt.

Die Möglichkeit, daß einer sein Herz verlieren und mit einem eingepflanzten fremden Herzen doch er selber bleiben kann, bedeutet immer noch einen Schock für jedes natürlich unwissenschaftliche Personbewußtsein, obwohl jedermann weiß, daß er zwischen dem Herzen als Organ des Leibes und dem Herzen als symbolisch verstandenen Mitte der Person unterscheiden muß. Das Befremden wird dadurch noch erhöht, daß die Einpflanzung eines anderen Herzens immer mit dem Tod eines bestimmten Menschen in Verbindung steht. Was bedeutet dessen Tod, wenn sein Herz in einer anderen Person weiterlebt? Was ist das Leben dieses andern Menschen, wenn in seinem Leib ein Herz schlägt, welches nicht ihm gehört? Dem Mediziner fällt es nicht schwer, solche Besorgnisse als unsachgemäß zu zerstreuen und aufzuzeigen, daß sie nur auf die Doppeldeutigkeit des Wortes „Herz" zurückgehen. Der Psychiater allerdings muß die Besorgnisse ernst nehmen! Er weiß, daß die Doppeldeutigkeit des Wortes „Herz" nicht zufällig ist. Hinter ihr steht eine jahrtausendealte Erfahrung, und diese beruht auf dem ursprünglichen Wissen um die Einheit von Leib und Seele. Für den naturwissenschaftlich denkenden Arzt aber bedeutet das organische Herz nicht die Personmitte, vielmehr ist es für ihn der zentrale Pumpmuskel, von welchem das ganze Kreislaufsystem abhängt. Streng genommen, weiß er mit dem Begriff einer Personmitte überhaupt nichts anzufangen. Ihn braucht nur zu interessieren, ob die Funktionssysteme funktionieren oder nicht.

Schon vor den Herztransplantationen galt es nun aber der Medizin als fragwürdig, ob der Stillstand des Herzens etwas aussage über den endgültig eingetretenen Tod. Man wußte seit längerer Zeit, daß ein stillgestandenes Herz u. U. nicht nur durch Massage oder durch elektrische Einwirkung wieder zum Schlagen zu bringen ist, sondern daß ein Herz für kurze Zeit auch künstlich zum Stillstand gebracht werden kann, ohne daß dies den Tod des Patienten bedeuten muß. Weil das gegen die Durchblutungssperre empfindlichste Organ nicht das Herz, sondern das Gehirn ist, wird heute im Zweifelsfall der Tod am Versagen des Gehirns festgestellt. Theoretisch wäre es jedoch denkbar, auch das Gehirn unmittelbar nach seinem Absterben wieder durchbluten zu lassen, ja es sogar auszuwechseln, obwohl die chirurgischen Schwierigkeiten den Gedanken einer Gehirntransplantation kaum je zulassen dürften. Jedenfalls aber darf auch das Gehirn nicht als „Personmitte" bezeichnet werden. Es ist nur, noch ausgeprägter als das Herz, ein hervorragend empfindliches und lebenswichtiges Organ. Man weiß jedoch, daß das Absterben eines von der Zirkulation ausgeschlossenen, aber künstlich unterkühlten Gehirns um das drei- bis fünffache verlangsamt werden kann – eine Entdeckung, welche sich die Chirurgie heute schon zu Nutzen macht.

Damit ist aber deutlich geworden, daß die Grenze zwischen Leben und Tod nicht so scharf verläuft, wie man lange angenommen hatte. Vielmehr bietet die Frage nach dem Verlauf dieser Grenze ein erregendes medizinisches Problem. Dies hat amerikanische Mediziner zu der Spekulation verführt, bis in zwei- oder dreihundert Jahren ließe sich für den Menschen die Unsterblichkeit gewinnen. C. W. Ettlinger, einer dieser Mediziner, meint sogar, ein tiefgekühlter Leib ließe sich für Jahrzehnte aufbewahren und sodann auch wieder beleben. Nicht weniger als die These selbst bewegt sich auch der Protest, welche sie erfahren hat, auf der Grenze zwischen Absurdität und Ernst. Der Nobelpreisträger J. Müller erklärt sich keineswegs deshalb gegen die These Ettlingers, weil sie wissenschaftlich unhaltbar wäre, sondern weil er die Wiederbelebung eingefrorenen Lebens als nicht wünschenswert erachtet. Die Menschheit auch der kommenden Jahrhunderte würde nach seiner Ansicht besser fahren mit neuen Menschen als mit solchen, die sich ja doch nur um den Preis eines unausgleichbaren Persönlichkeitsverlustes wieder zum Leben erwecken ließen.

Die makabern Spekulationen Ettlingers und anderer amerikanischer Mediziner – wie auch die Entgegnung Müllers – markieren einen Grenzfall medizinischer Denkmöglichkeit. Aber der Grenzfall ist aufschlußreich. Wohl ist jedem ernsthaften Arzt die Absurdität derartiger Manipulationen des Todes bewußt. Mag auch zwischen dem klinischen und dem endgültigen Tod des Patienten der schmale Spielraum einiger Minuten und Stunden stehen, mag in dieser Zeit sogar einmal in einem äußersten Fall die rettende Wendung eintreten: darüber, daß früher oder später die lebenswichtigen Organe ihre Funktion irreversibel einstellen werden und also der Tod eintritt, herrscht kein Zweifel. Das Aufreizende an der These Ettlingers besteht jedoch darin, daß sie nur einen Weg konsequent zu Ende denkt, welchen die Medizin tatsächlich zu beschreiten angefangen hat. Bedeutsam ist es, daß J. Müller, um die These zu bekämpfen, den Boden streng naturwissenschaftlichen Denkens verlassen und einen psychologisch-philosophischen Wertbegriff, den des Persönlichkeitsverlustes, zu Hilfe nehmen muß. Nur so vermag er die Absurdheit und Wirklichkeitsferne der These Ettlingers aufzuweisen. Tatsächlich zeigt sich ja nur, daß Ettlinger den Personbegriff verloren hat, und damit den Begriff des Menschen. Als schrankenlos naturwissenschaftlich spekulierendem Mediziner war ihm das immerhin möglich. Der Begriff der Person transzendiert ja eben das naturwissenschaftliche Arbeitsfeld. Dieser Begriff ist nicht naturwissenschaftlicher Herkunft, und wenn die Medizin ihn verwendet, nimmt sie damit einen philosophischen Standpunkt ein. Sie vertritt dann eine transbiologische Anthropologie, ja eine Weltanschauung. Die Pläne Ettlingers sind also nicht in medizinisch-wissenschaftlicher, sondern in anthropologisch-philosophischer Hinsicht falsch: sie sind verwerflich, weil sie unmoralisch sind. Damit aber dürfte sich herausgestellt haben, daß die Medizin allein auf Grund ihrer naturwissenschaftlichen Voraussetzungen das Problem des Todes nicht zu klären vermag. Viel eher noch wird man sagen müssen, daß das Faktum Tod sie nötigt, Klarheit über sich selbst zu gewinnen.

Auf denselben Sachverhalt stoßen wir, indem wir das scheinbar entgegengesetzte Problem der sog. Euthanasie betrachten. Wenn nämlich die

These Ettlingers den Grenzfall einer in rigoroser Weise naturwissenschaftlich denkenden Medizin beleuchtet, so das Problem der Euthanasie die Grenzsituation einer rigoros ethisch orientierten Medizin. In allen zivilisierten Staaten ist es dem Arzt verboten, ein menschliches Leben aus irgendwelchen Gründen vor dessen natürlichem Ableben zu beendigen. Das Problem ist in der neueren Zeit aufgetaucht an der Frage, ob sog. „lebensunwertes Leben" getötet werden dürfe. Geschichtlich gesehen, handelt es sich hierbei um die Folge einer an jüdischen und christlichen Voraussetzungen orientierten Anthropologie. Mindestens war es in allen vorchristlichen Kulturen außerhalb Israels erlaubt, wenn nicht geboten, leiblich oder seelisch verkrüppelte Kinder zu töten. Dadurch wird deutlich, daß erst durch das Aufkommen einer bestimmten, religiös begründeten Ethik die menschliche Person als unantastbar gelten konnte. Der Begriff der Heiligkeit der Person und ihres unbedingten Rechtes auf Leben ist nicht in der Natur und nicht im natürlichen menschlichen Bewußtsein anzutreffen. Erst auf Grund folgenschwerer Entscheidungen und Wertsetzungen kommt er in die Geschichte hinein. Es ist denn auch begreiflich, daß gerade eine Weltanschauung wie der Nationalsozialismus, die sich auf vermeintlich biologischen Voraussetzungen aufbauen wollte, in vorchristliche Wertungen zurückfallen mußte.

Heute begegnet uns das Problem vornehmlich in der ärztlichen Gepflogenheit, bei Schwerkranken, welche mit größter Sicherheit dem Tod entgegengehen, jeden weiteren Lebenstag zu erkämpfen, auch dann, wenn dies für den Kranken mit sinnlosem Leiden verbunden ist – ja, daß Sterbende oft selbst dann noch künstlich am Leben erhalten werden, wenn sie das Bewußtsein ihrer Person verloren haben. Gewiß ist der Sinn einer strengen ärztlichen Haltung in dieser Frage leicht einzusehen. Nur so ist dem Mißbrauch, oder auch nur dem Verdacht eines Mißbrauchs, zu wehren. Aber auch hier zeigt sich, daß das Problem des Todes allein aus den Voraussetzungen einer naturwissenschaftlich orientierten Medizin heraus nicht zu lösen ist. Die Medizin sieht sich vielmehr genötigt, ein ethisches Prinzip zu übernehmen, welches in diesem Fall nicht ohne inneren Widerspruch ist. Allgemein gilt es doch als grausam, unheilbar kranke und leidende Tiere nicht zu töten. Was als Akt der Barmherzigkeit einem Tier gewährt wird, muß also auf Grund eines rigoros gewerteten Personbegriffs dem Menschen verweigert werden.

In dieser ethisch überaus komplexen und diffizilen Frage verrät sich letztlich doch eine Unsicherheit darüber, wie der Tod und das Leben des Menschen sich in Wahrheit zueinander verhalten. In abstrakter Weise wird vorausgesetzt, daß der Tod der absolute Gegensatz zum Leben sei – eine Voraussetzung, welche, wie wir gesehen haben, dem natürlich-biologischen Sachverhalt widerspricht. In Wahrheit bilden nicht nur im Bereich der organischen Natur, sondern auch im personalen Dasein des Menschen Tod und Leben ein Ganzes und läßt sich eines nicht begreifen, es werde denn auch das andere begriffen. Das Leben des Menschen ist mißverstanden, ja gefährdet, wo es dem Tod schlechterdings feindlich entgegengesetzt wird. Wohl geht ein Streit zwischen Tod und Leben vor sich, wie in der Natur, so auch in der Geschichte und im Schicksal jedes einzelnen Menschen. Aber der Streit wird erst dann recht verstanden und recht ausgetragen, wenn der Tod nicht einfach das schreckenerregende, von außen hereinbrechende „brutum factum" wider das menschliche Leben sein muß, sondern wenn erkannt wird, daß er diesem Leben ganz gehört und an seiner Erfüllung teilhat.

12 Paragraphen der „Bill of Rights" für Krankenhauspatienten Gesetzestext

1. Der Patient hat ein Recht auf sorgfältige und respektvolle Versorgung.
2. Der Patient hat das Recht, von seinem Arzt vollkommene Informierung über Diagnose, Behandlung und Prognose zu erhalten, und zwar in einer Form, von der zu erwarten ist, daß der Patient sie gut versteht.
3. Der Patient hat das Recht, von seinem Arzt vor Beginn irgendeiner Maßnahme oder einer Behandlung so informiert zu werden, daß er diese hinreichend beurteilen und ihr zustimmen kann („informed consent").
4. Der Patient hat das Recht, eine Behandlungsart abzulehnen, soweit das gesetzlich zulässig ist, und über die medizinischen Folgen seiner Handlungsweise unterrichtet zu werden.
5. Der Patient hat das Recht auf Berücksichtigung seiner Privatsphäre soweit es seine eigene ärztliche Versorgung betrifft.
6. Der Patient hat das Recht, zu erwarten, daß alle Mitteilungen und Aufzeichnungen, die seine Gesundheit betreffen, vertraulich behandelt werden.
7. Der Patient hat das Recht, zu erwarten, daß das Krankenhaus sachgemäß auf seine Wünsche um Hilfeleistungen reagiert, soweit das Krankenhaus dazu in der Lage ist.
8. Der Patient hat das Recht, über das Verhältnis seines Krankenhauses zu anderen Anstalten unterrichtet zu werden, die für seine eigene Fürsorge in Betracht kommen (hierbei handelt es sich um Verlegung von einem Krankenhaus in ein anderes oder etwa in ein Rekonvaleszenten- oder Altersheim).
9. Der Patient hat das Recht, darüber unterrichtet zu werden, wenn sich das Krankenhaus an experimentellen klinischen Behandlungsmethoden beteiligt, soweit es seine eigene Fürsorge oder Behandlung betrifft.
10. Der Patient hat das Recht, zu erwarten, daß seine Versorgung so lange fortgesetzt wird, wie es gesundheitlich angezeigt ist.
11. Der Patient hat das Recht, die Rechnung des Krankenhauses zu prüfen und Erklärung für Punkte zu verlangen, die ihm nicht klar sind. Es ist dabei gleichgültig, wer für die Mittel aufkommt.
12. Der Patient hat das Recht, zu erfahren, welche Krankenhausregeln und -bestimmungen für sein Verhalten als Patient in Betracht kommen.

Später trat anderes dazu, nach dem Kollaps schon, nach dem Tod meiner Mutter. Alles verschärfte, verdichtete, verdüsterte sich, Halluzinationen kamen, Schwermut, die Furcht verrückt zu werden, Gesichte, ich wuchs wie in ein Gespinst aus Melancholie, ich ging wie in einem ewigen Herbst, ich wurde heimgesucht von Träumen, Bedrückungen, ich sah das Fürchterliche in den Gesichtern der Meinen, sah es im Spiegel, ich sah es draußen auf meinen Gängen, wo ich ging und stand, alles um mich roch nach Tod, nach Verwesung, nach Untergang, ich nahm es mit in den Schlaf. Einmal wurden meine Füße im Traum ganz heiß. Sie standen wie unter Strom. Ich schrie: Reißt mir die Schuhe runter! Schnell! Schnell! Doch dann war die Spannung überall, das ganze Haus geladen, eine Mühle plötzlich, unheimlich bedroht, und die Maschinen bereiteten das Gräßliche vor. Gingen sie nicht schon heiser? Rochen sie nicht schon? Ich stürzte durch die Stockwerke, immer tiefer, immer rascher. Das Grauen wuchs. Ich brüllte: Mutter! Mutter! Ich sah meinen Vater in eine Ecke fliehn. Und war da nicht auch Mutter? War sie es nicht? Ich wollte sie schützen, mit dem Messer, mit gezücktem Messer. Doch da roch ich es schon. Es roch nach Knochenmehl. – Als ich erwachte, flog mein Herz noch, und neben mir atmete das Kind, unregelmäßig manchmal, flatternd, und ich horchte darauf und hatte von neuem Angst, große Angst.

Seither spüre ich, wie das Verhängnis schreitet; seit wir wußten, daß meine Mutter Krebs hatte. Ich trat dann immer, wenn sie fortging, ans Fenster und sah ihr nach. Ich vergaß schon so viel aus ihrem Leben, aber immer noch sehe ich mich so stehn, ihr nachblicken, sehe ich, wie sie im Weggehen noch einmal heraufschaut, wie sie mir zulächelt, winkt . . . Auch meinen Hund hab ich dann oft vom Fenster aus beobachtet, besonders als er alt wurde. Und dann sah ich meiner kleinen Tochter nach, wenn sie fortging, oder ich schaute zu, wenn sie, oft ganz allein, ganz still, auf dem Sandhaufen spielte, Sonne im Haar, Schatten, den Wind, und ich hoffte, das Verhängnis würde bei mir rascher schreiten. Ich wünschte es inständig, und doch fürchtete ich, es könnte zu rasch sein.

Manchmal, wenn ich damals wegfuhr, wenn ich schon im Zug saß und hinaussah, dachte ich plötzlich, vielleicht nie wieder, vielleicht niemals wieder, vielleicht passiert es diesmal, vielleicht das alles zum letztenmal, dies Haus, diesen Turm, diese Brücke, und wenn nicht heut, dann in einer Woche, einem Monat vielleicht, in einem Jahr, geschieht es jetzt, so geschieht es nicht in Zukunft, geschieht es nicht in Zukunft, so geschieht es jetzt, geschieht es jetzt nicht, ja, so war es, einmal mußte es sein, das Fürchterliche, das Unausweichliche, sag an, mein Freund, sag an, sage mir die Ordnung der Erde, die du schautest, ich wuchs wie in eine weiche graue Aura aus Verwesung, ich sah es überall, das Ende. Da lag etwas Braunes, Rostiges auf meinem Weg, mitten in der Frühlingssonne, im weißen Sand, wie ein auseinanderbröckelnder Nagel, wie Eisenfeilspäne um einen Magnetstab, und als ich mich bückte, erkannte ich lauter kleine Ameisen rings um einen halb verzehrten Regenwurm. Ich fand den Flügel eines Vogels, nur den Flügel. Er sah aus wie Gras. Ich erblickte einen Fuchs mit einem halben Rehkitz im Maul. Ich hörte ringsum Schüsse gluckern am Horizont. Fressen und gefressen werden, sagt Jahnn. Immer wieder auch trugen sie jemand hinaus, und immer wieder stand ich dann auf und versuchte, durch die Bäume zu sehen, ein Rot von Ministranten, ein Weiß vom Pfarrer, Schuhe, Bewegungen, und in den Sonnenschein manchmal, den Regen hörte ich es murmeln: *Jetzt und in der Stunde unseres Todes.* Ich sah mich selber, sah mich in meinem Zimmer, an meinem Schreibtisch, an einem Wegrain, ich sah meinen Körper, etwas Langes, Raumverdrängendes, das plötzlich so merkwürdig unvertraut war, ich sah meine Beine, unendlich weit von mir, etwas Fremdes, Seltsames, Abseitiges, ich sah sie im Sarg, sah sie unter der Erde, ich sah mich ausgelöscht, verfault. Sag an, mein Freund, sag an ... Ich sage es dir nicht, ich sage es dir nicht. Sagte ich dir die Ordnung der Erde, die ich schaute, du müßtest dich setzen und weinen. Ich konnte irgendwo auf einem Markstein ruhn, an meine Mutter denken und plötzlich wünschen, mit einem Schlag ein Baum zu werden. Ich pflückte manchmal Schwämme, und wenn ich mich aufrichtete, wurde es mir schwarz vor den Augen. Ich roch im Sommer oft den warmen süßen stechenden Geruch von Aas im Wald. Dann blieb ich jedesmal stehn und sah mich um ...

Ich spielte Beethoven, einen seiner schönen langsamen Sätze, und als ich abbrach, sagte meine Tochter, die vor dem Schlafengehen noch einmal hereingewischt war und ruhig auf der Couch lag, Papa? Ja? sagte ich. Papa, sagte sie und stotterte ein wenig, ich denk an die Oma, die tot ist. Sie hatte sich aufgerichtet und sah nachdenklich aus. Papa, sagte sie wieder, was hat denn die Oma gemacht, als die vielen Leute hier waren? Wann? fragte ich. Als die vielen Leute da waren im großen Zimmer? Auf einmal sah ich alles wieder, das Zimmer, den Sarg, meine Mutter im Sarg. Hm, sagte das Kind, hat die geschlafen oder war die tot? Ich schwieg. Ich schwieg lang. Aber sie sah mich an und wartete. Sag an, mein Freund, sag an ... Endlich sagte ich, sie war tot. Tot? Ganz tot? Ich nickte. Und als sie in der Stadt war? Da war sie krank, da lag sie im Krankenhaus. Weißt du das noch? Sie hatte lange nicht mehr von meiner Mutter gesprochen. Jetzt aber nickte sie eifrig, ja, rief sie, ja, da hat sie uns ein Eis gegeben, ja, ein Eis. Bleib da, Papa, bat sie, bleib da! Geh nicht. Spiel noch. Ich denk an die Oma, die tot ist. Und dann spielte ich weiter, und sie legte sich wieder zurück, blickte zur Decke und man sah, daß sie dachte. Ist das von der Oma? fragte sie. Ja, ist das von ihr? Und ich nickte und spielte, und die Tränen liefen mir übers Gesicht, Kanäle von Tränen, wie es in jenem alten Epos heißt – wann war das, vor dreitausend, vor viertausend Jahren. Und dann kam E. und wollte Karin ins Bett holen. Aber sie weigerte sich. Nein, sagte sie, nicht. Ich denk an die Oma, die tot ist. Der Papa spielt von ihr. Du, Mama, war die Oma, als die vielen Leute da waren, war die da tot oder hat die geschlafen? Die war tot, sagt E. Tot? fragte meine Tochter wieder. Ganz tot? Ja, sagte meine Frau und nickte. Nein, rief das Kind. Die war nicht tot. Die war nicht tot. Ihre Augen strahlten, und sie lachte lautlos und sah uns an.

Der junge strebsame Reporter Flanagan sitzt vor seinem mächtigen Zeitungschef Warren. Er beklagte sich, daß seine Reporterarbeit eintönig ist und ihn nicht befriedige. Immer dieselben Katastrophen: Brände, Erdbeben, Skandale – politische und private. Immer dieselben Sensationen. Warren fragt Flanagan: was er denn schildern wolle? Flanagan wünscht einmal das Gegenteil zu beschreiben – in eine Lage zu geraten, wo nichts geschieht. Keine Sensation. Wo die Stille der Inhalt der Zeit ist. Da betritt der Kapitän eines Segelschiffs das Büro, um sich von Warren zu verabschieden, mit dem er verwandt ist. Und Warren bietet Flanagan an, mit diesem langsamen Segelschiff zu reisen, wo wirklich nichts geschähe. Nur Wellen – mehr Wind, weniger Wind. Flanagan nimmt an und geht an Bord dieses Seglers, um nichts zu erleben.

Aber er erlebt das größte Abenteuer seines Lebens. Der Segler macht lange Zeit ruhige Fahrt. Nichts geschieht. Es scheint wirklich der niedrigste Grad des Erlebens erreicht zu sein. Da bricht eines Tages ein Sturm aus, der sich zu äußerster Gewalt steigert und das Schiff steuerlos macht. Es ist ein Spielball der Wogen. Endlich legt sich der Sturm. Auf glatter See kennt sich der Kapitän nicht mehr aus, wo er sich befindet. Weit vom Kurs ist sein Segler abgetrieben. Doch zuerst muß das Steuer repariert werden und andere Schäden beseitigt. Die Arbeit nimmt Zeit in Anspruch.

In der Ferne zeigt sich die felsige Küste einer Insel. Flanagan langweilt sich an Bord und will die Insel besuchen. Der Kapitän rät ab: die steilen Klippen gefährden die Landung. Doch Flanagan besteht auf seinem Vorsatz und rudert in einem Boot vom Schiff zur Insel.

Er kehrt nicht wieder. Der Kapitän wartet nach vollendeter Reparatur von Masten und Steuer noch einige Zeit, dann gibt er die Hoffnung auf und erklärt Flanagan für ein Opfer der Klippen. Er befiehlt die Abfahrt. Später berichtet er in New York Warren, was vorgefallen ist: daß der junge Reporter vom Besuch einer felsigen Insel nicht zurückgekehrt sei. Warren bedauert den Tod des verheißungsvollen jungen Mannes.

Dreißig Jahre später kreuzt ein Luxusdampfer in diesen Gewässern, in die damals der Segler verschlagen wurde. Neugierige Passagiere mustern durch Ferngläser die felsige Küste – und auf ihre Frage, was das für eine Insel sei, kann der Kapitän nicht antworten. Durch eine magnetische Störung ist er vom Kurs abgekommen, er kenne die Insel nicht und finde sie auf keiner Karte. Plötzlich entdeckt ein Passagier ein Boot, das von der Insel naht. Der Kapitän stoppt die Fahrt seines Dampfers und erwartet den Ruderer im Boot. Es ist Flanagan, der an Bord kommt.

Aber es ist der unveränderte Flanagan, wie er vor dreißig Jahren war, als er vom Segler abstieß. Er ist nicht gealtert, seine Kleidung ist nicht verfallen. Er ist vollkommen in jenem Zustand erhalten – gleichsam präpariert, um nicht zu vergehen.

Flanagan errät bald das Geheimnis der Insel: es ist die Insel, da die Menschen nicht altern, da ihnen ein ewiges Leben beschieden ist. Flanagan bewahrt sein Geheimnis und verrät den Passagieren des Dampfers keine

Silbe, als diese ihn wegen seiner altmodischen Kleidung und Unkenntnis der Vorgänge in der Welt verwundert befragen.

In New York betritt Flanagan das Büro seines gealterten Chefs Warren – und bietet ihm die größte Sensation an, die je die Welt sah: die Insel der tausendjährigen Menschen ist entdeckt. Warren begreift die Einzigartigkeit dieser Entdeckung und will sie Flanagan abkaufen. Der Streit um den Preis beginnt. Warren erklärt sich mit Flanagans ungeheurer Forderung schließlich einverstanden und lädt ihn abends zu sich ein – er werde ihn in seinem Wagen abholen lassen. Und in diesem Wagen wird Flanagan abends ermordet – die Papiere werden ihm entwendet. Er ist das erste Opfer der Insel der tausendjährigen Menschen.

Warren ist der Besitzer der Aufzeichnungen Flanagans. Er beginnt die Verwertung in seiner Zeitung. Der Erfolg dieser Sensation ist ungeheuer. Warren begreift seine Macht: nur er kennt die Lage der Insel und kann den Menschen das dauernde Leben ermöglichen. Er erhält Angebote um einen Platz auf dieser Insel, die märchenhaft sind. Doch er wartet. Da taucht die Vermutung auf, daß alles Schwindel ist. Staatlich wird eine Untersuchung beschlossen. Die Kommission wird aus unbestechlichen Personen zusammengestellt – und das Ergebnis ihrer Forschungen auf der Insel ist, daß die chemischen Stoffe dieses Eilandes den Verfall des Lebens verhindern und auf dieser Insel tatsächlich ein tausendjähriges Leben möglich ist. Doch Warren selbst hat keinen Vorteil mehr von diesem Ergebnis. Er starb in der Haftzelle, in die man ihn als vermeintlichen Schwindler bis zur Rückkehr der Untersuchungskommission von der Insel gesperrt hatte. Er verübte Selbstmord, als ihm die Wahngestalt des getöteten Flanagan nahte.

Nun befinden sich die Pläne der Insel in der Macht des amerikanischen Staates. Es wird entschieden: daß niemand sich für Geld einen Platz auf dieser Insel, die nur wenigen Hundert Raum bietet, erwerben darf. Ein Platz auf dieser Insel oder das tausendjährige Leben solle als die höchste Ehrung nur den verdienstvollsten Menschen gewährt werden. Und alle Länder der Erde sollten ihre größten Repräsentanten namhaft machen – von einem internationalen Ausschuß solle dann beschlossen werden, ob der vorgeschlagene Repräsentant würdig sei.

Wer ist würdig? Wer ist ein wirklicher Repräsentant? Wer ist ein Heros? Und hier prallen die Meinungen aufeinander. Man kann sich nicht einigen. Die Urteile der Menschen sind zu verschieden. Der Haß lodert auf. Die Welt will sich zerfleischen. Das Chaos droht sich zu entfalten.

Man erkennt: die Insel der tausendjährigen Menschen wird der ewige Herd unsagbaren Unheils sein. Die Begierde nach dem endlosen, todlosen Leben muß Instinkte entfesseln, die den Menschen zu einer Bestie erniedrigen, die den Mitmenschen frißt ohne Scham. Jede Menschlichkeit geht unter.

Diese Erkenntnis geht in letzter Stunde auf und der Beschluß wird gefaßt, die Insel zu zertrümmern. Eine ungeheure Explosion wird veranlaßt – und die Insel versinkt in einer Wolke von Stein und Staub in die Tiefe des Meeres. Keine Klippe verrät mehr, wo sie lag – keine Seekarte verzeichnet die Insel der tausendjährigen Menschen.

10

Unheimliche Wirklichkeit

Das Bettelweib von Locarno **Heinrich von Kleist**

Am Fuße der Alpen, bei Locarno im oberen Italien, befand sich ein altes, einem Marchese gehöriges Schloß, das man jetzt, wenn man vom St. Gotthard kommt, in Schutt und Trümmern liegen sieht; ein Schloß mit hohen und weitläufigen Zimmern, in deren einem einst, auf Stroh, das man ihr unterschüttete, eine alte kranke Frau, die sich bettelnd vor der Tür eingefunden hatte, von der Hausfrau, aus Mitleiden, gebettet worden war. Der Marchese, der, bei der Rückkehr von der Jagd, zufällig in das Zimmer trat, wo er seine Büchse abzusetzen pflegte, befahl der Frau unwillig, aus dem Winkel, in welchem sie lag, aufzustehn und sich hinter den Ofen zu verfügen. Die Frau, da sie sich erhob, glitschte mit der Krücke auf dem glatten Boden aus und beschädigte sich, auf eine gefährliche Weise, das Kreuz dergestalt, daß sie zwar noch mit unsäglicher Mühe aufstand und quer, wie es ihr vorgeschrieben war, über das Zimmer ging, hinter dem Ofen aber, unter Stöhnen und Ächzen, niedersank und verschied.

Mehrere Jahre nachher, da der Marchese, durch Krieg und Mißwachs, in bedenkliche Vermögensumstände geraten war, fand sich ein florentinischer Ritter bei ihm ein, der das Schloß, seiner schönen Lage wegen, von ihm kaufen wollte. Der Marchese, dem viel an dem Handel gelegen war, gab seiner Frau auf, den Fremden in dem obenerwähnten, leerstehenden Zimmer, das sehr schön und prächtig eingerichtet war, unterzubringen. Aber wie betreten war das Ehepaar, als der Ritter mitten in der Nacht, verstört und bleich, zu ihnen herunterkam, hoch und teuer versichernd, daß es in dem Zimmer spuke, indem etwas, das dem Blick unsichtbar gewesen, mit einem Geräusch, als ob es auf Stroh gelegen, im Zimmerwinkel aufgestanden, mit vernehmlichen Schritten, langsam und gebrechlich, quer über das Zimmer gegangen und hinter dem Ofen, unter Stöhnen und Ächzen, niedergesunken sei.

Der Marchese, erschrocken, er wußte selbst nicht recht warum, lachte den Ritter mit erkünstelter Heiterkeit aus und sagte, er wolle sogleich aufstehen und die Nacht, zu seiner Beruhigung, mit ihm in dem Zimmer zubringen.

Doch der Ritter bat um die Gefälligkeit, ihm zu erlauben, daß er, auf einem Lehnstuhl, in seinem Schlafzimmer übernachte, und als der Morgen kam, ließ er anspannen, empfahl sich und reiste ab.

Dieser Vorfall, der außerordentliches Aufsehen machte, schreckte, auf eine dem Marchese höchst unangenehme Weise, mehrere Käufer ab, dergestalt, daß, da sich unter seinem eignen Hausgesinde, befremdend und unbegreiflich, das Gerücht erhob, daß es in dem Zimmer zur Mitternachtstunde umgehe, er, um es mit einem entscheidenden Verfahren niederzuschlagen, beschloß, die Sache in der nächsten Nacht selbst zu untersuchen. Demnach ließ er, beim Einbruch der Dämmerung, sein Bett in dem besagten Zimmer aufschlagen und erharrte, ohne zu schlafen, die Mitternacht. Aber wie erschüttert war er, als er in der Tat, mit dem Schlage der Geisterstunde, das unbegreifliche Geräusch wahrnahm; es war, als ob ein Mensch sich von Stroh, das unter ihm knisterte, erhob, quer über das Zimmer ging und hinter dem Ofen, unter Geseufz und Geröchel, niedersank. Die Marquise, am anderen Morgen, da er herunterkam, fragte ihn, wie die Untersuchung abgelaufen; und da er sich, mit scheuen und ungewissen Blicken, umsah und, nachdem er die Tür verriegelt, versicherte, daß es mit dem Spuk seine Richtigkeit habe, so erschrak sie, wie sie in ihrem Leben nicht getan, und bat ihn, bevor er die Sache verlauten ließe, sie noch einmal, in ihrer Gesellschaft, einer kaltblütigen Prüfung zu unterwerfen. Sie hörten aber, samt einem treuen Bedienten, den sie mitgenommen hatten, in der Tat, in der nächsten Nacht, dasselbe unbegreifliche, gespensterartige Geräusch; und nur der dringende Wunsch, das Schloß, es koste was es wolle, loszuwerden, vermochte sie, das Entsetzen, das sie ergriff, in Gegenwart ihres Dieners zu unterdrücken und dem Vorfall irgendeine gleichgültige und zufällige Ursache, die sich entdecken lassen müsse, unterzuschieben. Am Abend des dritten Tages, da beide, um der Sache auf den Grund zu kommen, mit Herzklopfen wieder die Treppe zu dem Fremdenzimmer bestiegen, fand sich zufällig der Haushund, den man von der Kette losgelassen hatte, vor der Tür desselben ein, dergestalt, daß beide, ohne sich bestimmt zu erklären, vielleicht in der unwillkürlichen Absicht, außer sich selbst noch etwas Drittes, Lebendiges, bei sich zu haben, den Hund mit sich in das Zimmer nahmen. Das Ehepaar, zwei Lichter auf dem Tisch, die Marquise unausgezogen, der Marchese Degen und Pistolen, die er aus dem Schrank genommen, neben sich, setzen sich, gegen elf Uhr, jeder auf sein Bett; und während sie sich mit Gesprächen, so gut sie vermögen, zu unterhalten suchen, legt sich der Hund, Kopf und Beine zusammengekauert, in der Mitte des Zimmers nieder und schläft ein. Darauf, in dem Augenblick der Mitternacht, läßt sich das entsetzliche Geräusch wieder hören; jemand, den kein Mensch mit Augen sehen kann, hebt sich, auf Krücken, im Zimmerwinkel empor; man hört das Stroh, das unter ihm rauscht; und mit dem ersten Schritt: tapp! tapp! erwacht der Hund, hebt sich plötzlich, die Ohren spitzend, vom Boden empor, und knurrend und bellend, grad als ob ein Mensch auf ihn eingeschritten käme, rückwärts gegen den Ofen weicht er aus. Bei diesem Anblick stürzt die Marquise, mit sträubenden Haaren, aus dem Zimmer; und während der Marchese, der den Degen ergriffen, „Wer da?“ ruft und, da ihm niemand antwortet, gleich einem Rasenden, nach allen Richtungen die Luft durchhaut, läßt sie anspannen, entschlossen, augenblicklich nach der Stadt abzufahren. Aber ehe sie noch nach Zusammenraffung einiger Sachen aus dem Tore herausgerasselt, sieht sie schon das Schloß ringsum in Flammen aufgehen. Der Marchese, von Entsetzen überreizt, hatte eine Kerze genommen und dasselbe, überall mit Holz getäfelt wie es war, an allen vier Ecken, müde seines Lebens, angesteckt. Vergebens schickte sie Leute hinein, den Unglücklichen zu retten; er war auf die elendiglichste Weise bereits umgekommen, und noch jetzt liegen, von den Landleuten zusammengetragen, seine weißen Gebeine in dem Winkel des Zimmers, von welchem er das Bettelweib von Locarno hatte aufstehen heißen.

Das Faß Amontillado

Edgar Allan Poe

Ich hatte die tausendfältigen Ungerechtigkeiten und Kränkungen, die mir Fortunato unaufhörlich zufügte, mit wahrer Engelsgeduld ertragen. Als er mich aber zu beleidigen wagte, da schwur ich ihm Rache. Sie kennen meinen Charakter und werden mir also glauben, daß ich meine Rachegedanken durch keine einzige Drohung verriet: Aber ich wußte, daß der Tag meiner Rache kommen würde; das stand felsenfest. Und so fein wollte ich meine Netze auslegen, daß ich dabei für meine Person nicht die mindeste Gefahr zu befürchten hatte. Ich wollte nicht nur strafen, sondern ungestraft strafen. Denn das ist keine rechte Rache, wenn den Rächer seinerseits wieder eine Strafe ereilt. Und nur dann ist die Rache vollkommen, wenn der Beleidiger weiß, daß es die Rache des Beleidigten ist, die ihn trifft.

Sie können sich denken, daß ich Fortunato durch kein einziges Wort, durch nichts in meinem Benehmen Anlaß gab, an meiner Sympathie ihm gegenüber zu zweifeln. Ich lächelte ihm zu, als ob nichts geschehen wäre, und er konnte also durchaus nicht ahnen, daß ich nur in dem frohlockenden Gedanken an sein baldiges Verderben lächelte.

Dieser Fortunato, der übrigens ein Mann war, den man allgemein achtete, ja sogar ein wenig fürchtete, hatte eine schwache Seite. Er tat sich nämlich etwas darauf zugute, ein besonders gewiegter Weinkenner zu sein. Mit der Kennerschaft der Italiener ist es freilich im allgemeinen nicht weit her. In den meisten Fällen paßt sich ihr Enthusiasmus dem Augenblick und ihrem Vorteil an, wenn es sich darum handelt, einen englischen oder österreichischen Millionär übers Ohr zu hauen. Von Gemälden und Edelsteinen verstand Fortunato wie die meisten seiner Landsleute verflucht wenig; daß er aber ein ausgekochter Kenner alter Weine war, das konnte man nicht leugnen. In dieser Wissenschaft gab ich ihm übrigens nichts nach; ich war selbst mit den Erzeugnissen der italienischen Weingärten wohlvertraut und kaufte reichlich ein, wo immer sich die Gelegenheit bot.

Eines Abends bei anbrechender Dämmerung, gerade während der tollsten Faschingszeit, traf ich mit meinem Freund zusammen. Er begrüßte mich mit überschwenglicher Herzlichkeit, denn er hatte viel getrunken. Er trug ein enganliegendes Harlekinsgewand, dessen zwei Hälften verschieden gefärbt waren, und auf dem Kopf eine spitze Narrenkappe mit Schellen. Ich freute mich so sehr, als ich ihn sah, daß ich schier nicht aufhören konnte, ihm die Hand zu schütteln.

„Mein lieber Fortunato!" sagte ich zu ihm, „ich freue mich, Sie zu treffen! Wie famos Sie heute aussehen! Denken Sie nur, ich habe ein Faß Wein bekommen, von dem der Verkäufer behauptet, es sei echter Amontillado; aber ich zweifle ein wenig daran."

„Was?" rief er, „Amontillado? Ein ganzes Faß? Unmöglich! Und jetzt, mitten im Karneval!"

„Ja, auch mir kommt die Sache nicht ganz geheuer vor", entgegnete ich, „und ich war dumm genug, den vollen Preis zu bezahlen, ohne vorher Ihr Gutachten einzuholen. Aber Sie waren nirgends zu finden, und ich wollte mir den Kauf nicht entgehen lassen."

„Amontillado!"

„Ich zweifle, wie gesagt."

„Amontillado!"

„Ich muß einen Kenner fragen."

„Amontillado!"

„Da Sie wohl keine Zeit haben, will ich Luchesi aufsuchen. Wenn irgendwer ein Urteil hat, so ist er es. Er wird mir gewiß sagen können . . ."

„Luchesi kann einen Amontillado nicht von einem Sherry unterscheiden!"

„Und doch gibt es Dummköpfe, die behaupten, daß er ebensoviel von Wein verstünde wie Sie selber."

„Kommen Sie, gehen wir!"

„Wohin?"

„In Ihren Weinkeller!"

„Aber, lieber Freund, ich will Ihre Liebenswürdigkeit nicht mißbrauchen. Sie haben doch sicher eine Verabredung. Luchesi . . ."

„Ich habe keine Verabredung. Kommen Sie nur!"

„Nein, mein Freund, es handelt sich nicht allein darum; aber ich sehe, Sie sind erkältet. Die Keller sind unerträglich feucht, die Wände ganz mit Salpeter überzogen."

„Kommen Sie nur, das macht nichts. Meine Erkältung ist nicht der Rede wert. Amontillado! Wer weiß, was man Ihnen da angehängt hat. Und dieser Luchesi – ich versichere Ihnen, er kann Sherry nicht von einem Amontillado unterscheiden."

Damit ergriff Fortunato meinen Arm. Ich nahm eine schwarze Seidenmaske vors Gesicht, hüllte mich fest in meinen weiten Mantel und ließ mich von ihm zu meinem Palazzo führen.

Keiner meiner Diener war zu Hause. Sie waren alle ausgeflogen, um sich an Karnevalsfreuden zu vergnügen. Ich hatte ihnen gesagt, daß ich vor dem frühen Morgen nicht heimkehren werde, und hatte ihnen den strikten Befehl gegeben, das Haus nicht zu verlassen. Das genügte, wie ich sehr wohl wußte, damit sie alle ausflogen, sowie ich den Rücken gekehrt hatte.

Ich nahm zwei Fackeln aus ihren Ringen, gab eine Fortunato zu halten und geleitete ihn durch die ganze Flucht meiner Zimmer bis zu dem Bogengang, der zu den Kellern führte. Wir stiegen eine lange Wendeltreppe hinab, und ich bat ihn, mir recht vorsichtig zu folgen. Wir kamen endlich unten an und standen nun auf dem feuchten Boden der Katakomben der Montresors.

Der Gang meines Freundes war schwankend, und die Schellen seiner Narrenkappe klingelten bei jedem Schritt.

„Wo ist das Faß?"

„Es liegt weiter hinten", antwortete ich; „aber sehen Sie nur, wie die weißen Krusten an den Wänden glitzern!"

Er wandte sich mir zu und starrte mich mit glasigen Augen an, aus denen die Tränen der Trunkenheit tropften.

„Salpeter?" fragte er schließlich.

„Ja, Salpeter", antwortete ich. „Seit wann sind Sie so erkältet?"

„Kch! kch! kch! kch! kch! kch!"

Während mehrerer Minuten vermochte mein armer Freund vor lauter Husten nicht zu antworten.

„Ach, es ist nichts", sagte er endlich.

„Kommen Sie!" fuhr ich entschlossen fort, „kehren wir um. Ich fürchte wirklich für Ihre Gesundheit. Sie sind reich, angesehen, geachtet und beliebt. Sie sind so glücklich, wie auch ich es einmal war. Es wäre wirklich schade um Sie. Mir macht es nichts weiter aus. Gehen wir zurück. Sie werden sonst krank, und ich möchte diese Verantwortung nicht auf mich nehmen. Übrigens kann ich ja wirklich Luchesi –"

„Aber lassen Sie doch!" rief er. „Mein Husten ist wirklich nicht der Rede wert. Er wird mich nicht umbringen. Ich werde an ein bißchen Husten nicht gleich sterben!"

„Nun, freilich", antwortete ich, „und ich hatte wahrhaftig nicht die Absicht, Sie unnötig zu beunruhigen; aber Sie sollten doch recht vorsichtig sein. Übrigens wird uns ein Schluck von diesem Medoc in den dumpfigen Gewölben guttun."

Mit diesen Worten nahm ich eine Flasche von einer langen, reichbesetzten Stellage und entkorkte sie.

„Trinken Sie", sagte ich und reichte ihm den Wein.

Schmunzelnd hob er die Flasche an die Lippen. Dann setzte er ab und nickte mir freundschaftlich zu, während seine Schellen klingelten.

„Ich trinke auf die Toten, die rings um uns ruhen!" sagte er.

„Und ich auf Ihr langes Leben!"

Wieder nahm er meinen Arm, und wir schritten weiter.

„Sehr geräumig, diese Katakomben", meinte er.

„Die Montresors", erwiderte ich, „waren eine große und zahlreiche Familie."

„Wie ist doch Ihr Wappen?"

„Ein großer goldener Fuß im azurnen Feld. Der Fuß zertritt eine Schlange, die ihre Zähne in seine Ferse gräbt."

„Und die Devise?"

„Nemo me impune lacessit."

„Ein schöner Wahlspruch!" meinte er.

Seine Augen flackerten trunken, und seine Schellen klingelten. Auch mein Kopf wurde durch den Medoc erhitzt. Wir waren an großen Haufen aufgeschichteter Gebeine vorbeigekommen, dann wieder an langen Reihen großer und kleinerer Fässer und befanden uns nun im entlegensten Teil der Katakomben. Wieder blieb ich stehen und ergriff nun meinerseits Fortunatos Arm.

„Sehen Sie nur diese Unmengen von Salpeterkrusten!" sagte ich. „Wie Moos hängt er von den Wänden. Wir befinden uns jetzt gerade unterhalb des Flußbettes. Hören Sie, wie das Wasser zwischen die Totenknochen tropft? Kommen Sie, wir wollen umkehren, ehe es zu spät ist. Ihr Husten ..."

„Aber das macht mir nichts", sagte er; „kommen Sie nur. Zuerst aber noch einen Schluck Medoc für uns beide."

Ich entkorkte eine Flasche Grave und reichte sie ihm. Er leerte sie auf einen Zug. Seine Augen funkelten wie glühende Kohlen. Er lachte auf und warf die Flasche mit einer Geste, die ich nicht recht verstand, in eine Ecke.

Ich schaute ihn verwundert an. Wieder machte er diese groteske Handbewegung.

„Verstehen Sie nicht?" fragte er.

„Nein", entgegnete ich.

„Sie gehören also nicht der Loge an?"

„Wie meinen Sie?"

„Sie sind nicht Maurer?"

„Ja, doch", sagte ich, „doch doch!"

„Ein Zeichen!" rief er.

„Da!" Ich zog aus den Falten meines Mantels eine Maurerkelle hervor.

„Sie scherzen!" erwiderte er und trat ein paar Schritte zurück. „Aber gehen wir endlich zu Ihrem Faß Amontillado."

„Ja, gehen wir", entgegnete ich, verbarg die Kelle wieder unter den Mantelfalten und nahm erneut seinen Arm. Er stützte sich schwer auf mich, und wir setzten unseren Weg fort. Wir schritten durch eine Reihe niederer Bogengänge, stiegen tiefer hinab, weiter ging es, noch tiefer, bis wir schließlich in ein niederes Gewölbe gelangten, in dem die Luft so stickig war, daß unsere Fackeln kaum noch brannten und fast kein Licht mehr gaben.

An dieses Gewölbe schloß sich ein zweites, weniger geräumiges an, an dessen Wänden wie in den großen Katakomben zu Paris menschliche Gebeine hoch aufgestapelt lagen. Drei Wände dieser tiefsten Krypta waren noch auf diese Weise geschmückt, von der vierten war das Gebein heruntergefallen und lag verstreut auf dem Boden umher und bildete an einer Stelle einen Haufen von ziemlich beträchtlicher Höhe. In der freigelegten Wand war noch eine weitere Höhlung von vielleicht vier Fuß Tiefe, drei Fuß Breite und sechs oder sieben Fuß Höhe zu sehen. Diese Nische war offenbar in keiner bestimmten Absicht angelegt worden, sondern bildete vielmehr den Zwischenraum zwischen zwei der ungeheuren Pfeiler, die das Gewölbe der Katakomben stützten. Auf der Rückseite schloß sie die massive Granitmauer ab, die das Ganze umgab.

Vergebens hob Fortunato seine trüb flackernde Fackel, um in die Tiefe der Nische hineinzuspähen. Das schwache Licht ließ die Ausdehnung des Gewölbes nicht erkennen.

„Treten Sie ein", sagte ich, „da drin liegt das Faß. Dieser Luchesi übrigens . . ."

„Er ist ein Dummkopf", unterbrach mich mein Freund und tappte schwankend weiter, während ich ihm auf den Fersen folgte. In wenigen Augenblicken hatte er die Rückwand der Nische erreicht und blieb verdutzt stehen, als er gegen die Mauer stieß. Eine Sekunde später hatte ich ihn blitzschnell an den Felsen angekettet. Dort befanden sich nämlich in den Granit eingelassen zwei eiserne Ringe, etwa zwei Schritt voneinander entfernt. Von einem dieser Ringe hing eine kurze Kette herunter, vom anderen ein Vorhängeschloß. Die Kette um seinen Leib zu schlingen und sie zuzuschließen war das Werk eines Augenblicks. Er war viel zu überrascht, um an Widerstand zu denken. Ich zog den Schlüssel ab und trat aus der Nische zurück.

„Greifen Sie einmal mit Ihren Händen an die Mauer", sagte ich. „Spüren Sie die Salpeterkruste? Es ist wirklich verdammt feucht hier unten. Ich bitte Sie noch einmal, gehen wir zurück. Sie wollen nicht? Nun, dann muß ich Sie wirklich allein lassen. Zuerst aber will ich Ihnen alles an Bequemlichkeit verschaffen, was in meiner Macht steht."

„Der Amontillado!" stammelte mein Freund, der sich noch nicht gefaßt hatte.

„Gewiß, gewiß", entgegnete ich, „der Amontillado."

Während dieser Worte machte ich mir an dem Knochenhaufen zu schaffen, von dem ich schon gesprochen habe, und warf die Gebeine beiseite. Bald hatte ich eine ziemliche Menge von Ziegelsteinen und Mörtel freigelegt. Mit diesen Steinen und mit dem Mörtel begann ich nun eifrig mit Hilfe meiner Kelle den Eingang der Nische zu vermauern.

Ich hatte kaum die erste Reihe meiner Ziegelmauer gelegt, als ich bemerkte, daß die Trunkenheit Fortunatos fast ganz verschwunden war. Das erste Zeichen davon war ein dumpfer, gequälter Schrei, der mir aus der Nische entgegenklang. Das war nicht der Schrei eines Betrunkenen. Dann folgte ein langes Schweigen. Ich mauerte die zweite Lage, die dritte und die vierte, dann hörte ich wütendes Kettengerassel. Das Geräusch dauerte mehrere Minuten an, und um mir rechte Genugtuung zu verschaffen, unterbrach ich meine Arbeit und setzte mich auf den Knochenhaufen, während ich lauschte. Als das Gerassel verstummte, nahm ich meine Kelle wieder zur Hand und legte ohne Unterbrechung die fünfte, sechste und siebente Lage. Die Mauer, die ich aufgerichtet hatte, reichte mir nun schon bis an die Brust. Wieder machte ich eine Pause, hielt die Fackel in die Nische hinein und beleuchtete den Eingeschlossenen.

Da schrillte mir aus der Kehle des Gefesselten ein lautes, gellendes Geschrei entgegen, gleichsam als wollte er mich mit diesem Schreien zurückschleudern. Wirklich fuhr ich für einen Augenblick zögernd zurück. Ich zitterte. Ich zog meinen Degen und stieß mehrmals in die Nische hinein, doch ein weiterer Augenblick des Nachdenkens beruhigte mich wieder.

Ich legte meine Hand wie prüfend auf das massive Mauerwerk des Gewölbes und fühlte mich höchst befriedigt. Ich trat wieder an die Maueröffnung heran und antwortete auf das Gebrüll des Schreienden. Ich gab ihm das Echo seines Schreiens zurück, ich half ihm. Ich schrie noch lauter, noch fürchterlicher als er. Da verstummte er.

Es war indessen Mitternacht geworden, und meine Arbeit näherte sich dem Ende. Die achte, neunte und zehnte Lage war vollendet, ebenso der größte Teil der elften und letzten Lage. Ein einziger großer Stein war noch einzumauern. Mühsam hob ich ihn auf und rückte ihn zurecht. In diesem Augenblick aber drang ein so fürchterliches, halblautes Lachen aus der Nische, daß sich mir die Haare auf dem Kopf sträubten. Dann vernahm ich eine traurige Stimme, die ich kaum als die des stolzen Fortunato wiedererkannte. Und die Stimme sagte: „Hahaha! Wirklich ein guter Spaß, ein famoser Spaß. Wir werden im Palazzo noch viel darüber lachen – hehehe! – über unseren Wein! hehehe!"

„Über den Amontillado!" sagte ich.

„Hehehe! – hehehe! – ja, über den Amontillado. Aber ist es inzwischen nicht spät geworden? Werden sie uns nicht schon erwarten, Signora Fortunato und die anderen? Wollen wir nicht gehen?"

„Ja", sagte ich, „wir wollen gehen."

„Um Gottes willen, Montresor!"

„Ja, um Gottes willen!"

Nach diesen Worten lauschte ich vergeblich auf eine Antwort. Ich wurde ungeduldig und rief laut: „Fortunato!"

Keine Antwort. Ich rief noch einmal: „Fortunato!"

Wieder keine Antwort. Ich zwängte eine Fackel durch die schmale Öffnung, die noch geblieben war, und ließ sie hineinfallen. Leises Schellengeklirr drang aus der Nische an mein Ohr. Mir schwindelte, die dumpfe Luft des Gewölbes war schuld daran. Hastig beendete ich mein Werk. Ich rückte den letzten Stein zurecht und mauerte ihn mit dem Mörtel fest. Vor das neue Mauerwerk schichtete ich den alten Wall von Totengebeinen wieder auf. Seit einem halben Jahrhundert hat kein menschliches Wesen die Gebeine der Toten in ihrer Ruhe gestört. In pace requiescat!

Das Plakat

Ilse Aichinger

„Du wirst nicht sterben!" sagte der Mann, der die Plakate klebte, und erschrak über seine Stimme, als wäre ihm in der flirrenden Hitze sein eigener Geist erschienen. Dann wandte er den Kopf vorsichtig nach links und rechts, aber da war niemand, der ihn für verrückt halten konnte, niemand stand unter seiner Leiter. Der Stadtbahnzug war eben weggefahren und hatte die Schienen wieder ihrem eigenen Glanz überlassen. Auf der anderen Seite der Station stand eine Frau und hielt ein Kind an der Hand. Das Kind sang vor sich hin. Und das war alles. Die Stille des Mittags lag wie eine schwere

Hand über der Station, und das Licht schien von seinem eigenen Übermaß überwältigt zu sein. Der Himmel über den Schutzdächern war blau und gewalttätig, im gleichen Maß bereit, zu schützen und einzustürzen, und die Telegrafendrähte hatten längst zu singen aufgehört. Die Ferne hatte die Nähe verschlungen und die Nähe die Ferne. Es war kein Wunder, daß nur wenige Leute um diese Zeit mit der Stadtbahn fuhren, vielleicht hatten sie Angst, zu Gespenstern zu werden und sich selbst zu erscheinen.

„Du wirst nicht sterben!" wiederholte der Mann verbittert und spuckte von der Leiter. Ein Flecken Blut auf den hellen Steinen. Der Himmel darüber schien plötzlich vor Schreck erstarrt. Es war fast, als hätte ihm einer erklärt: „Du wirst nie Abend werden", als wäre der Himmel selbst zum Plakat geworden und stünde nun grell und groß wie die Werbung für ein Seebad über der Station. Der Mann warf den Pinsel in den Eimer zurück und stieg von der Leiter. Er fiel mit dem Rücken gegen die Mauer, hatte aber gleich darauf den Schwindel überwunden, nahm die Leiter über die Schulter und ging.

Der Junge auf dem Plakat lachte schreckerfüllt mit weißen Zähnen und starrte geradeaus. Er wollte dem Mann nachschauen, hatte aber keine Möglichkeit, den Blick zu senken. Seine Augen waren aufgerissen. Halb nackt, die Arme hochgeworfen, im Lauf festgehalten wie zur Strafe für Sünden, von denen er nichts wußte, stand er im weißen Gischt, über sich den Himmel, der zu blau, und hinter sich den Strand, der zu gelb war, und lachte verzweifelt auf die andere Seite der Station, wo das Kind vor sich hin sang und die Frau verloren und sehnsüchtig nach ihm hinübersah. Er hätte ihr gerne erklärt, daß es eine Täuschung war, daß er nicht die See vor sich hatte, wie das Plakat glauben machen wollte, sondern ebenso wie sie nur den Staub und die Stille der Station und die Tafel mit der Aufschrift: „Das Betreten der Schienen ist verboten!" Und er hätte ihr sein eigenes Lachen geklagt, das ihn zur Verzweiflung brachte, wie der Gischt, der ihn umsprang, ohne zu kühlen.

Der Junge auf dem Plakat hätte niemals auf solche Ideen kommen dürfen. Weder das Mädchen links von ihm, das einen Blumenstrauß aus einem ganz bestimmten Blumenladen an die Brust gepreßt hielt, noch der Herr rechts von ihm, der eben gebückt aus einem blitzblauen Auto stieg, fanden irgend etwas daran. Es fiel ihnen nicht ein, sich aufzulehnen. Das Mädchen hatte kein Verlangen, den Strauß, den es kaum halten konnte, aus seinen rosigen Armen zu lassen, und die Blumen hatten kein Verlangen nach Wasser. Und der Herr mit dem Auto schien seine gebückte Haltung für die einzig mögliche zu halten, denn er lächelte vergnügt und dachte nicht daran, sich aufzurichten, das Auto abzusperren und den hellen Wolken ein Stück nachzugehen. Sogar die hellen Wolken standen reglos, von silbernen Linien wie von Ketten umgeben, die sie nicht wandern ließen. Der Junge im Gischt war der einzige, dem die Auflehnung hinter dem erstarrten Lachen saß wie das unsichtbare Land hinter der gelben Küste.

Schuld daran war der Mann mit der Leiter, der gesagt hatte: „Du wirst nicht sterben!" Der Junge hatte keine Ahnung was sterben hieß. Wie sollte er auch? Über seinem Kopf stand in heller Schrift schräg wie eine vergessene

Rauchwolke über den Himmel geworfen, das Wort „Jugend", und zu seinen Füßen in dem täuschenden Streifen giftgrüner See konnte man lesen: „Komm mit uns!" Es war eine der vielen Werbungen für ein Ferienlager.

Der Mann mit der Leiter war inzwischen oben angelangt. Er lehnte die Leiter an die schmutzige Mauer des Stationsgebäudes, wechselte mit dem lahmen Bettler einige Worte über die Hitze und überquerte zuletzt die Fahrbahn, um sich an dem Stand auf der Brücke ein Glas Bier zu kaufen. Dort wechselte er wieder einige Worte über die Hitze und keines über das Sterben und ging dann zurück, um seine Leiter zu holen. Über allem war ein Schleier von Staub, in den das Licht sich vergeblich zu hüllen versuchte. Der Mann packte die Leiter, den Eimer und die Rolle mit den Plakaten und stieg auf der anderen Seite der Stadtbahn die Stiegen wieder hinunter. Der nächste Zug war noch immer nicht gekommen. Sie verkehrten um diese Zeit manchmal so selten, als verwechselten sie Mittag mit Mitternacht.

Der Junge auf dem Plakat, der nichts anderes konnte als lachend geradeaus starren, sah, wie der Mann genau gegenüber seine Leiter wieder aufstellte und von neuem über die Wände zu streichen begann, über die Wände, an welchen Frauen in kostbaren Kleidern und in dem frevelhaften Wunsch, festzuhalten, was nicht festzuhalten war, erstarrt waren. Der Wunsch, das Ende der Nacht nicht zu erleben, war ihnen in Erfüllung gegangen. Ihre Angst vor dem Morgengrauen war so groß gewesen, daß sie von nun an nichts anderes mehr konnten als für den Spiegelsaal eines Tanzlokals werben, starr und leicht zurückgeneigt in den Armen ihres Herren. Der Mann auf der Leiter schüttelte seinen Pinsel aus. Sie waren an der Reihe überklebt zu werden. Der Junge gegenüber konnte es deutlich sehen. Und er sah, wie sie freundlich und wehrlos das Furchtbare mit sich geschehen ließen. Er wollte schreien, doch er schrie nicht. Er wollte die Arme ausstrecken, um ihnen zu helfen, aber seine Arme waren hochgeworfen. Er war jung und schön und strahlend. Er hatte das Spiel gewonnen, doch den Preis hatte er zu bezahlen. Er war festgehalten in der Mitte des Tages wie die Tänzer gegenüber in der Mitte der Nacht. Und wie sie würde er wehrlos alles mit sich geschehen lassen, wie sie würde er den Mann nicht von der Leiter stoßen können. Vielleicht hing alles damit zusammen, daß er nicht sterben konnte.

Komm mit uns – komm mit uns – komm mit uns! Er hatte nichts anderes im Kopf zu haben als die Worte zu seinen Füßen. Es war der Reim eines Liedes. Das sangen sie, wenn sie auf Ferien fuhren, das sangen sie, wenn ihnen die Haare flogen. Das sangen sie noch immer, wenn der Zug auf der Strecke hielt, das sangen sie, wenn ihnen die Haare im Fliegen erstarrten. Komm mit uns – komm mit uns – komm mit uns! Und keiner wußte weiter.

Hinter der Stirne des Jungen begann es zu rasen. Weiße Segler landeten ungesehen in der unsichtbaren Bucht. Der Reim sprang um: Du wirst nicht sterben – du wirst nicht sterben – du wirst nicht sterben! Es war wie eine Warnung. Der Junge hatte keine Ahnung, was Sterben war, aber es brannte plötzlich wie ein Wunsch in ihm. Sterben, das hieß vielleicht die Bälle fliegen lassen und die Arme ausbreiten, sterben, das hieß vielleicht tauchen oder fragen, sterben hieß, von dem Plakat springen, sterben – jetzt wußte er es –, sterben mußte man, um nicht überklebt zu werden.

Der Mann auf der Leiter hatte seine Worte längst vergessen. Und wenn es einer Fliege auf dem Rücken seiner Hand eingefallen wäre, ihn daran zu erinnern, so hätte er sie abgeleugnet. Er hatte es in einem Anfall von Verbitterung gesagt, einer Verbitterung, die in ihm gewachsen war, seit er Plakate klebte. Er haßte diese glatten jungen Gesichter, denn er selbst hatte ein Feuermal auf der Wange. Außerdem mußte er achtgeben, daß ihn der Husten nicht von Zeit zu Zeit von der Leiter warf. Aber schließlich lebte er davon, Plakate zu kleben. Die Hitze war ihm eben in den Kopf gestiegen, vielleicht hatte er im Traum gesprochen. Schluß damit.

Die Frau mit dem Kind war näher gekommen. Drei Mädchen in hellen Kleidern klapperten die Stiegen herunter. Zuletzt standen alle um seine Leiter und sahen ihm zu. Das schmeichelte ihm, und es blieb ihm nichts übrig, als zum drittenmal ein Gespräch über die Hitze zu beginnen. Sie stimmten alle eifrig ein, als wüßten sie endlich den Grund für ihre Freude und für ihre Traurigkeit.

Das Kind hatte sich von der Hand der Mutter losgerissen und drehte sich im Kreis. Es wollte schwindlig werden. Aber bevor es schwindlig wurde, fiel sein Blick auf das Plakat gegenüber. Der Junge lachte beschwörend. „Da!" rief das Kind und zeigte mit der Hand hinüber, als gefielen ihm der weiße Schaum und die See, die zu grün war.

Der Junge hatte keine Macht, den Kopf zu schütteln, er hatte keine Macht, zu sagen: „Nein, das ist es nicht!" Aber das Rasen hinter seiner Stirne war unerträglich geworden: Sterben – sterben – sterben! Ist das Sterben, wenn die See endlich naß wird? Ist das Sterben, wenn der Wind endlich weht? Was ist das: Sterben?

Das Kind auf der anderen Seite faltete die Stirne. Es war nicht sicher, ob es die Verzweiflung in dem Lachen erkannt hatte oder ob es nur das Spiel mit den Gesichtern spielen wollte. Doch der Junge konnte nicht einmal die Stirne falten, um dem Kind die Freude zu machen. Sterben – dachte er – sterben, daß ich nicht mehr lachen muß! Ist das Sterben, wenn man seine Stirne falten darf? Ist das Sterben? fragte er stumm.

Das Kind streckte seinen Fuß ein wenig vor, als wollte es tanzen. Es warf einen Blick zurück. Die Erwachsenen waren in ihr Gespräch vertieft und beachteten es nicht. Sie redeten jetzt alle auf einmal, um gegen die Stille der Station aufzukommen. Das Kind ging an den Rand, betrachtete die Schienen und lächelte hinunter, ohne die Tiefe zu messen. Es hob den Fuß ein Stück über den Rand und zog ihn wieder zurück. Dann lachte es wieder zu dem Jungen hinüber, um ihm das Spiel zu erleichtern.

„Was meinst du?" fragte sein Lachen zurück. Das kleine Mädchen hob die Schürze ein wenig. Es wollte mit ihm tanzen. Aber wie sollte er tanzen, wenn er nicht sterben konnte, wenn er immer so bleiben mußte, jung und schön, die Arme erhoben, halb nackt im weißen Gischt? Wenn er sich niemals in die See werfen konnte, um auf die andere Seite zu tauchen, wenn er niemals zurück an Land gehen durfte, um seine Kleider zu holen, die im gelben Sand versteckt lagen? Wenn das Wort Jugend immer über seinem

Kopf hing wie ein Schwert, das nicht fallen wollte? Wie sollte er mit dem kleinen Mädchen tanzen, wenn das Betreten der Schienen verboten war?

Aus der Ferne hörte man das Anrollen des nächsten Zuges, vielmehr hörte man es nicht, es war nur, als hätte sich die Stille verstärkt, als hätte sich die Helligkeit an ihrem hellsten Punkt in einen Schwarm dunkler Vögel verwandelt, die brausend näher kamen.

Das Kind faßte den Saum seines Kleides mit beiden Händen. „So –", sang es, „und so –", und es hüpfte wie ein Vogel am Rand. Aber der Junge bewegte sich nicht. Das Kind lächelte ungeduldig. Wieder hob es den Fuß über den Rand, den einen – den anderen – den einen – den anderen –, aber der Junge konnte nicht tanzen.

„Komm!" rief das Kind. Niemand hörte es. „So!" lächelte es noch einmal. Der Zug raste um die Kurve. Die Frau neben der Leiter bemerkte ihre freie Hand, ihre freie Hand warf sie herum. Sie griff nach dem Saum eines Kleides, als wollte sie den Himmel greifen. „So!" rief das Kind zornig und sprang auf die Schienen, bevor der Zug das Bild des Jungen verdecken konnte. Niemand war imstande, es zurückzureißen. Es wollte tanzen.

In diesem Augenblick begann die See die Füße des Jungen zu netzen. Wunderbare Kühle stieg in seine Glieder. Spitze Kiesel stachen in seine Sohlen. Der Schmerz jagte ihm Entzücken in die Wangen. Zugleich fühlte er die Müdigkeit in seinen Armen, breitete sie aus und ließ sie sinken. Gedanken falteten seine Stirne und schlossen seinen Mund. Der Wind begann zu wehen und trieb ihm Sand und Wasser in die Augen. Das Grün der See vertiefte sich und wurde undurchsichtig. Und mit dem nächsten Windstoß verschwand das Wort Jugend vom blauen Himmel und löste sich auf wie Rauch. Der Junge hob die Augen, doch er sah nicht, wie der Mann von der Leiter sprang, als stieße ihn jemand zurück. Er legte die Hände hinter die Ohren und lauschte, doch er hörte nicht das Schreien der Menschen und das grelle Hupen des Rettungswagens. Die See begann zu fluten.

Ich sterbe, dachte der Junge, ich kann sterben! Er atmete tief, zum ersten Male atmete er. Eine Handvoll Sand flog ihm ins Haar und ließ es weiß erscheinen. Er bewegte die Finger und versuchte, einen Schritt vorwärts zu machen, wie das Kind es ihm gezeigt hatte. Er wandte den Kopf zurück und überlegte, ob er seine Kleider holen sollte. Er schloß die Augen und öffnete sie wieder. Da fiel sein Blick noch einmal auf die Tafel gegenüber: „Das Betreten der Schienen ist verboten." Und plötzlich überfiel ihn die Angst, sie könnten ihn noch einmal erstarren lassen, lachend, mit weißen Zähnen und einem gleißenden Fleck in jedem seiner Augen, sie könnten ihm den Sand wieder aus dem Haar und den Atem wieder aus dem Mund nehmen, sie könnten die See noch einmal zu einem täuschenden Streifen unter seinen Füßen machen, worin keiner ertrinken konnte, und das Land zu einem hellen Flecken in seinem Rücken, worauf keiner stehen konnte. Nein, er würde seine Kleider nicht holen. Mußte die See nicht zur See werden, damit das Land Land sein konnte? Wie hatte das Kind gesagt? „So!" Er versuchte zu springen. Er stieß sich ab, kam wieder zurück und stieß sich wieder ab. Und gerade, als er dachte, es würde ihm nie gelingen, kam ein Windstoß von der Brücke. Die See stürzte auf die Schienen und riß den

Jungen mit sich. Der Junge sprang und riß die Küste mit sich. „Ich sterbe", rief er, „ich sterbe! Wer will mit mir tanzen?"

Niemand beachtete es, daß eines der Plakate schlecht geklebt worden war, niemand beachtete es, daß eines davon sich losgerissen hatte, auf die Schienen wehte und von dem einfahrenden Gegenzug zerfetzt wurde. Nach einer halben Stunde lag die Station wieder leer und still. Schräg gegenüber war zwischen den Schienen ein heller Flecken Sand, als hätte es ihn vom Meer herübergeweht. Der Mann mit der Leiter war verschwunden. Kein Mensch war zu sehen.

Schuld an dem ganzen Unglück waren die Züge, die um diese Zeit so selten fuhren, als verwechselten sie Mittag mit Mitternacht. Sie machten die Kinder ungeduldig. Aber nun senkte sich der Nachmittag wie ein leichter Schatten über die Station.

11

Werther
(Goethe — Kleist — Plenzdorf)

Eine entsetzliche

Mordgeschichte

von dem

jungen Werther,

wie sich derselbe

den 21 December

durch einen Pistolenschuß

eigenmächtig ums Leben gebracht.

Allen jungen Leuten zur Warnung, in ein Lied
gebracht, auch den Alten fast nützlich
zu lesen.

Im Ton:
Hört zu ihr lieben Christen rc.

Das Stück kostet 4 Kreutzer.
Ist ja nur ein geringes Geld.

Die Leiden des jungen Werthers — Johann Wolfgang Goethe

Goethe schrieb die Leiden des jungen Werther im Jahre 1774. Zwei Jahre zuvor hatte der Selbstmord des jungen Karl Wilhelm Jerusalem in der Öffentlichkeit Aufsehen erregt und Goethe sehr beeindruckt.

In seinem Roman stellt sich das Schicksal des jungen Werther in Briefen dar; sie umfassen den Zeitraum vom 4. Mai 1771 bis zum 23. Dezember 1772. Die meisten von ihnen hat Werther an seinen Freund Wilhelm gerichtet, einige auch an Lotte, zu der ihn eine heftige Liebe ergriffen hat. – Die abgedruckten Auszüge geben jeweils für sein Schicksal entscheidende Äußerungen, Auffassungen und Gefühle wieder.

Folgender Handlungszusammenhang liegt dem Briefroman zugrunde:

Werther hat das Haus seiner Mutter verlassen, er „will nicht mehr geleitet, ermuntert, angefeuert sein" sondern sein Leben aus eigener Kraft gestalten. Nach Regelung einer Familienangelegenheit ist er in einen Ort gekommen, der seine ganze Bewunderung hat. Er berichtet Wilhelm von der Umgebung, die er vorfindet, von der Natur, die für ihn eine besondere Bedeutung gewinnt, den Menschen, denen er begegnet, und seinen Gefühlen. –

Anläßlich eines Balles in einem nahegelegenen Dorf lernt er Charlotte kennen. Sie führt nach dem Tode der Mutter dem Vater den Haushalt und versorgt ihre sechs jüngeren Geschwister, die sie herzlich lieben. Obwohl Werther erfährt, daß Lotte mit Albert verlobt ist, besucht er sie in dessen Abwesenheit fast täglich. Im Gefühl einer wachsenden leidenschaftlichen Liebe erlebt er seine Umwelt intensiver als bisher. Er nimmt seine Malstudien wieder auf und will Lottes Porträt malen. Als es ihm dreimal mißlingt, fertigt er, um ihr Bild bei sich zu haben, einen Schattenriß an. – Dann kommt Albert zurück. Werthers Gefühle für ihn sind recht zwiespältig. Nach und nach empfindet er, wie sein Leben neben Lotte und ihrem Verlobten immer unerträglicher wird. Während er sich seiner unglücklichen Liebe bewußt wird, verändert sich auch sein Verhältnis zur Natur, die etwas Bedrohliches für ihn annimmt. Jede tätige Kraft scheint ihn zu verlassen, bis er den Entschluß faßt, fortzugehen.

Aber fern vom Ort seiner Leiden kann er Lotte nicht vergessen, „der Sauerteig", der sein „Leben in Bewegung setzte", fehlt. In seinem Amt – er ist in den Staatsdienst eingetreten – fühlt er sich nicht wohl. Er erlebt manchen Ärger, lehnt sich gegen die bürgerliche Welt auf, besonders gegen die, die ihn „in das Joch geschwatzt" und „so viel von Aktivität vorgesungen" haben. Als er auf einer Gesellschaft bei Hofe erscheint, erregt er unliebsames Aufsehen und bittet danach um seine Entlassung vom Hofe. Seine Liebe zu Lotte treibt ihn in ihre Nähe zurück. Sie hat inzwischen Albert geheiratet. Todesgedanken kommen Werther in den Sinn. Immer wieder sucht er zu eigener Qual Lotte auf, die seine heftigen Ausbrüche kaum dämpfen kann. Seine Einstellung zu Albert hat sich in völliges Mißtrauen verwandelt. Albert selbst versucht Werther aus seinem Hause zu entfernen. – Die seelischen Qualen haben Werther zu völliger Untätigkeit verdammt, seine Todessehnsucht wird größer. Schließlich steht sein Vorsatz zu sterben unwiderruflich fest. Lotte hat ihn aufgefordert, sie nicht eher als am Weihnachtsabend wieder aufzusuchen. Als er dennoch früher erscheint, Albert nicht vorfindet, kommt es noch einmal zu einer für ihn entscheidenden Begegnung mit Lotte. Völlig außer sich wirft er sich vor ihr nieder, doch Lotte weist ihn – nicht unbeeindruckt von seinem heftigen Gefühlsausbruch – zurück. Völlig verstört langt er wieder zu Haus an. Anderntags schickt Werther seinen Bedienten zu Albert, um sich für eine Reise eine Pistole zu leihen. Albert kommt dem Wunsch nach und händigt sie ihm aus. Werther läßt seinen Bedienten einpacken, bringt noch kleine Schulden in Ordnung und begeht Selbstmord, nachdem er noch einen letzten Brief an Lotte geschrieben hat.

Am 10. Mai.

Eine wunderbare Heiterkeit hat meine ganze Seele eingenommen, gleich den süßen Frühlingsmorgen, die ich mit ganzem Herzen genieße. Ich bin allein und freue mich meines Lebens in dieser Gegend, die für solche Seelen geschaffen ist wie die meine. Ich bin so glücklich, mein Bester, so ganz in dem Gefühle von ruhigem Dasein versunken, daß meine Kunst darunter leidet. Ich könnte jetzt nicht zeichnen, nicht einen Strich, und bin nie ein größerer Maler gewesen als in diesen Augenblicken. Wenn das liebe Tal um mich dampft, und die hohe Sonne an der Oberfläche der undurchdringlichen Finsternis meines Waldes ruht, und nur einzelne Strahlen sich in das innere Heiligtum stehlen, ich dann im hohen Grase am fallenden Bache liege, und näher an der Erde tausend mannigfaltige Gräschen mir merkwürdig werden; wenn ich das Wimmeln der kleinen Welt zwischen Halmen, die unzähligen, unergründlichen Gestalten der Würmchen, der Mückchen näher an meinem Herzen fühle, und fühle die Gegenwart des Allmächtigen, der uns nach seinem Bilde schuf, das Wehen des Alliebenden, der uns in ewiger Wonne schwebend trägt und erhält; mein Freund! wenn's dann um meine Augen dämmert, und die Welt um mich her und der Himmel ganz in meiner Seele ruhn wie die Gestalt einer Geliebten – dann sehne ich mich oft und denke: Ach könntest du das wieder ausdrücken, könntest du dem Papiere das einhauchen, was so voll, so warm in dir lebt, daß es würde der Spiegel deiner Seele, wie deine Seele ist der Spiegel des unendlichen Gottes! – Mein Freund – Aber ich gehe darüber zugrunde, ich erliege unter der Gewalt der Herrlichkeit dieser Erscheinungen.

Am 16. Julius.

Ach wie mir das durch alle Adern läuft, wenn mein Finger unversehens den ihrigen berührt, wenn unsere Füße sich unter dem Tische begegnen! Ich ziehe zurück wie vom Feuer, und eine geheime Kraft zieht mich wieder vorwärts – mir wird's so schwindelig vor allen Sinnen. – O! und ihre Unschuld, ihre unbefangene Seele fühlt nicht, wie sehr mich die kleinen Vertraulichkeiten peinigen. Wenn sie gar im Gespräch ihre Hand auf die meinige legt und im Interesse der Unterredung näher zu mir rückt, daß der himmlische Atem ihres Mundes meine Lippen erreichen kann: – ich glaube zu versinken, wie vom Wetter gerührt. – Und, Wilhelm! wenn ich mich jemals unterstehe, diesen Himmel, dieses Vertrauen –! Du verstehst mich. Nein, mein Herz ist so verderbt nicht! Schwach! schwach genug! – Und ist das nicht Verderben? –

Sie ist mir heilig. Alle Begier schweigt in ihrer Gegenwart. Ich weiß nie, wie mir ist, wenn ich bei ihr bin; es ist, als wenn die Seele sich mir in allen Nerven umkehrte. – Sie hat eine Melodie, die sie auf dem Klaviere spielet mit der Kraft eines Engels, so simpel und so geistvoll! Es ist ihr Leiblied, und mich stellt es von aller Pein, Verwirrung und Grillen her, wenn sie nur die erste Note davon greift.

Kein Wort von der Zauberkraft der alten Musik ist mir unwahrscheinlich. Wie mich der einfache Gesang angreift! Und wie sie ihn anzubringen weiß, oft zur Zeit, wo ich mir eine Kugel vor den Kopf schießen möchte! Die Irrung und Finsternis meiner Seele zerstreut sich, und ich atme wieder freier.

10 Aufrisse 10 (26560)

Am 20. Januar.

Ich muß Ihnen schreiben, liebe Lotte, hier in der Stube einer geringen Bauernherberge, in die ich mich vor einem schweren Wetter geflüchtet habe. Solange ich in dem traurigen Nest D . . . unter dem fremden, meinem Herzen ganz fremden Volke herumziehe, habe ich keinen Augenblick gehabt, keinen, an dem mein Herz mich geheißen hätte, Ihnen zu schreiben; und jetzt in dieser Hütte, in dieser Einsamkeit, in dieser Einschränkung, da Schnee und Schloßen wider mein Fensterchen wüten, hier waren Sie mein erster Gedanke. Wie ich hereintrat, überfiel mich Ihre Gestalt, Ihr Andenken, o Lotte! so heilig, so warm! Guter Gott! der erste glückliche Augenblick wieder.

Wenn Sie mich sähen, meine Beste, in dem Schwall von Zerstreuung! Wie ausgetrocknet meine Sinne werden! Nicht einen Augenblick der Fülle des Herzens, nicht eine selige Stunde! nichts! nichts! Ich stehe wie vor einem Raritätenkasten und sehe die Männchen und Gäulchen vor mir herumrücken, und frage mich oft, ob es nicht optischer Betrug ist. Ich spiele mit, vielmehr, ich werde gespielt wie eine Marionette und fasse manchmal meinen Nachbar an der hölzernen Hand und schaudere zurück. Des Abends nehme ich mir vor, den Sonnenaufgang zu genießen, und komme nicht aus dem Bette; am Tage hoffe ich, mich des Mondscheins zu erfreuen, und bleibe in meiner Stube. Ich weiß nicht recht, warum ich aufstehe, warum ich schlafen gehe.

Der Sauerteig, der mein Leben in Bewegung setzte, fehlt; der Reiz, der mich in tiefen Nächten munter erhielt, ist hin, der mich des Morgens aus dem Schlafe weckte, ist weg.

Ein einzig weibliches Geschöpf habe ich hier gefunden, eine Fräulein von B . . ., sie gleicht Ihnen, liebe Lotte, wenn man Ihnen gleichen kann. „Ei!" werden Sie sagen, „der Mensch legt sich auf niedliche Komplimente!" Ganz unwahr ist es nicht. Seit einiger Zeit bin ich sehr artig, weil ich doch nicht anders sein kann, habe viel Witz, und die Frauenzimmer sagen, es wüßte niemand so fein zu loben als ich (und zu lügen, setzen Sie hinzu, denn ohne das geht es nicht ab, verstehen Sie?). Ich wollte von Fräulein B . . . reden. Sie hat viel Seele, die voll aus ihren blauen Augen hervorblickt. Ihr Stand ist ihr zur Last, der keinen der Wünsche ihres Herzens befriedigt. Sie sehnt sich aus dem Getümmel, und wir verphantasieren manche Stunde in ländlichen Szenen von ungemischter Glückseligkeit; ach! und von Ihnen! Wie oft muß sie Ihnen huldigen, muß nicht, tut es freiwillig, hört so gern von Ihnen, liebt Sie. –

O säß' ich zu Ihren Füßen in dem lieben, vertraulichen Zimmerchen, und unsere kleinen Lieben wälzten sich mit einander um mich herum, und wenn sie Ihnen zu laut würden, wollte ich sie mit einem schauerlichen Märchen um mich zur Ruhe versammeln.

Die Sonne geht herrlich unter über der schneeglänzenden Gegend, der Sturm ist hinüber gezogen, und ich – muß mich wieder in meinen Käfig sperren. – Adieu! Ist Albert bei Ihnen? Und wie –? Gott verzeihe mir diese Frage!

Am 3. November.

Weiß Gott! ich lege mich so oft zu Bett mit dem Wunsche, ja manchmal mit der Hoffnung, nicht wieder zu erwachen: und morgens schlage ich die Augen auf, sehe die Sonne wieder, und bin elend. O daß ich launisch sein könnte, könnte die Schuld aufs Wetter, auf einen Dritten, auf eine fehlgeschlagene Unternehmung schieben, so würde die unerträgliche Last des Unwillens doch nur halb auf mir ruhen. Wehe mir! ich fühle zu wahr, daß an mir alle Schuld liegt – nicht Schuld! Genug, daß in mir die Quelle alles Elendes verborgen ist, wie ehemals die Quelle aller Seligkeiten. Bin ich nicht noch ebenderselbe, der ehemals in aller Fülle der Empfindung herumschwebte, dem auf jedem Tritt ein Paradies folgte, der ein Herz hatte, eine ganze Welt liebevoll zu umfassen? Und dies Herz ist jetzt tot, aus ihm fließen keine Entzückungen mehr, meine Augen sind trocken, und meine Sinne, die nicht mehr von erquickenden Tränen gelabt werden, ziehen ängstlich meine Stirn zusammen. Ich leide viel, denn ich habe verloren, was meines Lebens einzige Wonne war, die heilige, belebende Kraft, mit der ich Welten um mich schuf; sie ist dahin! – Wenn ich zu meinem Fenster hinaus an den fernen Hügel sehe, wie die Morgensonne über ihn her den Nebel durchbricht und den stillen Wiesengrund bescheint, und der sanfte Fluß zwischen seinen entblätterten Weiden zu mir herschlängelt, – o! wenn da diese herrliche Natur so starr vor mir steht wie ein lackiertes Bildchen, und alle die Wonne keinen Tropfen Seligkeit aus meinem Herzen herauf in das Gehirn pumpen kann, und der ganze Kerl vor Gottes Angesicht steht wie ein versiegter Brunnen, wie ein verlechter Eimer. Ich habe mich oft auf den Boden geworfen und Gott um Tränen gebeten, wie ein Ackersmann um Regen, wenn der Himmel ehern über ihm ist und um ihn die Erde verdürstet.

Aber, ach, ich fühle es, Gott gibt Regen und Sonnenschein nicht unserm ungestümen Bitten, und jene Zeiten, deren Andenken mich quält, warum waren sie so selig, als weil ich mit Geduld seinen Geist erwartete und die Wonne, die er über mich ausgoß, mit ganzem, innig dankbarem Herzen aufnahm!

Am 20. Dezember.

Es ist beschlossen, Lotte, ich will sterben, und das schreib' ich dir ohne romantische Überspannung, gelassen, an dem Morgen des Tags, an dem ich dich zum letztenmal sehn werde. Wenn du dieses liesest, meine Beste, deckt schon das kühle Grab die erstarrten Reste des Unruhigen, Unglücklichen, der für die letzten Augenblicke seines Lebens keine größere Süßigkeit weiß, als sich mit dir zu unterhalten. Ich habe eine schreckliche Nacht gehabt und ach! eine wohltätige Nacht. Sie ist's, die meinen Entschluß befestiget, bestimmt hat: ich will sterben! Wie ich mich gestern von dir riß, in der fürchterlichen Empörung meiner Sinne, wie sich alles das nach meinem Herzen drängte und mein hoffnungsloses, freudeloses Dasein neben dir in gräßlicher Kälte mich anpackte – ich erreichte kaum mein Zimmer, ich warf mich außer mir auf meine Knie, und o Gott! du gewährtest mir das letzte

Labsal der bittersten Tränen! Tausend Anschläge, tausend Aussichten wüteten durch meine Seele, und zuletzt stand er da, fest, ganz, der letzte, einzige Gedanke: ich will sterben! – Ich legte mich nieder, und morgens, in der Ruhe des Erwachens, steht er noch fest, noch ganz stark in meinem Herzen: ich will sterben! – Es ist nicht Verzweiflung, es ist Gewißheit, daß ich ausgetragen habe, und daß ich mich opfere für dich. Ja, Lotte! warum sollt' ich's verschweigen? Eins von uns dreien muß hinweg, und das will ich sein! O meine Beste! in diesem zerissenen Herzen ist es wütend herumgeschlichen; oft – deinen Mann zu ermorden! – dich! – mich! – So sei's denn! – Wenn du hinaufsteigst auf den Berg an einem schönen Sommerabende, dann erinnere dich meiner, wie ich so oft das Tal heraufkam, und dann blicke nach dem Kirchhofe hinüber nach meinem Grabe, wie der Wind das hohe Gras im Schein der sinkenden Sonne hin und her wiegt – Ich war ruhig, da ich anfing, nun, nun wein' ich wie ein Kind, da alles das so lebhaft um mich wird. –

Nach eilfe.

Alles ist so still um mich her, und so ruhig meine Seele. Ich danke dir, Gott, der du diesen letzten Augenblicken diese Wärme, diese Kraft schenkest.

Ich trete an das Fenster, meine Beste, und sehe, und sehe noch durch die stürmenden, vorüberfliehenden Wolken einzelne Sterne des ewigen Himmels! Nein, ihr werdet nicht fallen! der Ewige trägt euch an seinem Herzen, und mich. Ich sehe die Deichselsterne des Wagens, des liebsten unter allen Gestirnen. Wenn ich nachts von dir ging, wie ich aus deinem Tore trat, stand er gegen mir über. Mit welcher Trunkenheit habe ich ihn angesehen, oft mit aufgehobenen Händen ihn zum Zeichen, zum heiligen Merksteine meiner gegenwärtigen Seligkeit gemacht! und noch – O Lotte, was erinnert mich nicht an dich! umgibst du mich nicht! und habe ich nicht, gleich einem Kinde, ungenügsam allerlei Kleinigkeiten zu mir gerissen, die du Heilige berührt hattest!

Liebes Schattenbild! Ich vermache dir es zurück, Lotte, und bitte dich, es zu ehren. Tausend, tausend Küsse habe ich darauf gedrückt, tausend Grüße ihm zugewinkt, wenn ich ausging oder nach Hause kam.

Ich habe deinen Vater in einem Zettelchen gebeten, meine Leiche zu schützen. Auf dem Kirchhof sind zwei Lindenbäume, hinten in der Ecke nach dem Felde zu; dort wünsche ich zu ruhen. Er kann, er wird das für seinen Freund tun. Bitte ihn auch. Ich will frommen Christen nicht zumuten, ihren Körper neben einen armen Unglücklichen zu legen. Ach, ich wollte, ihr begrübt mich am Wege, oder im einsamen Tale, daß Priester und Levit vor dem bezeichneten Steine sich segnend vorübergingen und der Samariter eine Träne weinte.

Hier Lotte! Ich schaudere nicht, den kalten, schrecklichen Kelch zu fassen, aus dem ich den Taumel des Todes trinken soll! Du reichst mir ihn, und ich zage nicht. All! all! So sind alle die Wünsche und Hoffnungen meines Lebens erfüllt! So kalt, so starr an der ehernen Pforte des Todes anzuklopfen.

Daß ich des Glückes hätte teilhaftig werden können, für dich zu sterben! Lotte, für dich mich hinzugeben! Ich wollte mutig, ich wollte freudig sterben, wenn ich dir die Ruhe, die Wonne deines Lebens wiederschaffen könnte. Aber ach! das ward nur wenigen Edeln gegeben, ihr Blut für die Ihrigen zu vergießen und durch ihren Tod ein neues, hundertfältiges Leben ihren Freunden anzufachen.

In diesen Kleidern, Lotte, will ich begraben sein, du hast sie berührt, geheiligt; ich habe auch deinen Vater darum gebeten. Meine Seele schwebt über dem Sarge. Man soll meine Taschen nicht aussuchen. Diese blaßrote Schleife, die du am Busen hattest, als ich dich zum ersten Male unter deinen Kindern fand – O küsse sie tausendmal und erzähle ihnen das Schicksal ihres unglücklichen Freundes. Die Lieben! sie wimmeln um mich. Ach wie ich mich an dich schloß! seit dem ersten Augenblick dich nicht lassen konnte! – Diese Schleife soll mit mir begraben werden. An meinem Geburtstage schenktest du sie mir! Wie ich das alles verschlang! – Ach, ich dachte nicht, daß mich der Weg hierher führen sollte! – – Sei ruhig! ich bitte dich, sei ruhig! –

Sie sind geladen – Es schlägt zwölf! So sei es denn! – Lotte! Lotte, lebe wohl! lebe wohl!"

Aus: Dichtung und Wahrheit — Johann Wolfgang Goethe

Die Wirkung dieses Büchleins war groß, ja ungeheuer, und vorzüglich deshalb, weil es genau in die rechte Zeit traf. Denn wie es nur eines geringen Zündkrauts bedarf, um eine gewaltige Mine zu entschleudern, so war auch die Explosion, welche sich hierauf im Publikum ereignete, deshalb so mächtig, weil die junge Welt sich schon selbst untergraben hatte, und die Erschütterung deswegen so groß, weil ein jeder mit seinen übertriebenen Forderungen, unbefriedigten Leidenschaften und eingebildeten Leiden zum Ausbruch kam. Man kann von dem Publikum nicht verlangen, daß es ein geistiges Werk geistig aufnehmen solle. Eigentlich ward nur der Inhalt, der Stoff beachtet, wie ich schon an meinen Freunden erfahren hatte, und daneben trat das alte Vorurteil wieder ein, entspringend aus der Würde eines gedruckten Buchs, daß es nämlich einen didaktischen Zweck haben müsse. Die wahre Darstellung aber hat keinen. Sie billigt nicht, sie tadelt nicht, sondern sie entwickelt die Gesinnungen und Handlungen in ihrer Folge und dadurch erleuchtet und belehrt sie.

Von Rezensionen nahm ich wenig Notiz. Die Sache war für mich völlig abgetan, jene guten Leute mochten nun auch sehn, wie sie damit fertig wurden. Doch verfehlten meine Freunde nicht, diese Dinge zu sammeln, und, weil sie in meine Ansichten schon mehr eingeweiht waren, sich darüber lustig zu machen.

Zu L . . e in Frankreich war ein junger Kaufmannsdiener, Charles C . . ., der die Frau seines Prinzipals, eines reichen, aber bejahrten Kaufmanns, namens D . . ., heimlich liebte. Tugendhaft und rechtschaffen, wie er die Frau kannte, machte er nicht den mindesten Versuch, ihre Gegenliebe zu erhalten: um so weniger, da er durch manche Bande der Dankbarkeit und Ehrfurcht an seinen Prinzipal geknüpft war. Die Frau, welche mit seinem Zustande, der seiner Gesundheit nachteilig zu werden drohte, Mitleiden hatte, forderte ihren Mann, unter mancherlei Vorwand auf, ihn aus dem Hause zu entfernen; der Mann schob eine Reise, zu welcher er ihn bestimmt hatte, von Tage zu Tage auf, und erklärte endlich ganz und gar, daß er ihn in seinem Kontor nicht entbehren könne. Einst machte Herr D . . ., mit seiner Frau, eine Reise zu einem Freunde, aufs Land; er ließ den jungen C . . ., um die Geschäfte der Handlung zu führen, im Hause zurück. Abends, da schon alles schläft, macht sich der junge Mann, von welchen Empfindungen getrieben, weiß ich nicht, auf, um noch einen Spaziergang durch den Garten zu machen. Er kömmt bei dem Schlafzimmer der teuern Frau vorbei, er steht still, er legt die Hand an die Klinke, er öffnet das Zimmer: das Herz schwillt ihm bei dem Anblick des Bettes, in welchem sie zu ruhen pflegt, empor, und kurz, er begeht, nach manchen Kämpfen mit sich selbst, die Torheit, weil es doch niemand sieht, und zieht sich aus und legt sich hinein. Nachts, da er schon mehrere Stunden, sanft und ruhig, geschlafen, kommt, aus irgendeinem besonderen Grunde, der, hier anzugeben, gleichgültig ist, das Ehepaar unerwartet nach Hause zurück; und da der alte Herr mit seiner Frau ins Schlafzimmer tritt, finden sie den jungen C . . ., der sich, von dem Geräusch, das sie verursachen, aufgeschreckt, halb im Bette erhebt. Scham und Verwirrung, bei diesem Anblick, ergreifen ihn; und während das Ehepaar betroffen umkehrt, und wieder in das Nebenzimmer, aus dem sie gekommen waren, verschwindet, steht er auf, und zieht sich an; er schleicht, seines Lebens müde, in sein Zimmer, schreibt einen kurzen Brief, in welchem er den Vorfall erklärt, an die Frau, und schießt sich mit einem Pistol, das an der Wand hängt, in die Brust. Hier scheint die Geschichte seines Lebens aus; und gleichwohl (sonderbar genug) fängt sie hier erst allererst an. Denn statt ihn, den Jüngling, auf den er gemünzt war, zu töten, zog der Schuß dem alten Herrn, der in dem Nebenzimmer befindlich war, den Schlagfluß zu: Herr D . . . verschied wenige Stunden darauf, ohne daß die Kunst aller Ärzte, die man herbeigerufen, imstande gewesen wäre, ihn zu retten. Fünf Tage nachher, da Herr D . . ., schon längst begraben war, erwachte der junge C . . ., dem der Schuß, aber nicht lebensgefährlich, durch die Lunge gegangen war: und wer beschreibt wohl – wie soll ich sagen, seinen Schmerz oder seine Freude? als er erfuhr, was vorgefallen war, und sich in den Armen der lieben Frau befand, um derentwillen er sich den Tod hatte geben sollen! Nach Verlauf eines Jahres heiratete ihn die Frau; und beide lebten noch im Jahre 1801, wo ihre Familie bereits, wie ein Bekannter erzählte, aus 13 Kindern bestand."

Die neuen Leiden des jungen W.

21.00 SWF

Von Ulrich Plenzdorf

Edgar W.	Klaus Hoffmann
Charlie	Léonie Thelen
Vater	Hans-Werner Bussinger
Dieter	Henning Gissel
Mutter	Barbara Klein
Zaremba	Bruno Dallansky
Addi	Peter Thom
Willi	Bernd Köhler
Jonas	Wolfgang Condrus
Tommy	Jörg Nagel

Kamera: Franz Rath und Uli Burtin

Regie: Eberhard Itzenplitz

Der Ost-Berliner Autor Ulrich Plenzdorf schrieb die Geschichte des Lehrlings Edgar W. 1972. Die Uraufführung des Stücks in der ›DDR‹ rief eine lebhafte Diskussion hervor.

In der Bundesrepublik war der ›Werther‹ das meistgespielte Stück der Theatersaison 1974/75. Die von Plenzdorf selbst geschriebene Fernsehfassung bot die Möglichkeit, die verschiedenen Ebenen von Realität, Rekonstruktion und Kommentar mit elektronischen Mitteln zu verdeutlichen: Edgars Lebensgeschichte wird nach seinem Tode in Rückblenden gezeigt. Plenzdorfs Kunstgriff: Er läßt den Toten immer wieder selbst auftreten, um die Eindrücke der Hinterbliebenen von seinem Leben zu kommentieren.

HÖRZU-Experten... Fernsehen

PLUS UND MINUS

Die Leiden des jungen W.

Der Zusammenklang von Drehbuch, Regie und Spiel war exzellent. Aber haften bleibt vor allem Klaus Hoffmann als der junge W. Man glaubte ihm alles: den ungebärdigen Rebellierer gegen herkömmliche Zwänge, den träumenden Gammler, den Goethe-Leser und den Liebhaber auf Werthers Spuren. Vor allem aber erlebte man mit ihm die Entwicklung vom Nichtsnutz und Querkopf zum zielstrebigen Bastler und liebenswerten Kumpel. Eine Geschichte auf mehreren Ebenen, die nun — nach dem Theater — auch auf dem Bildschirm verzauberte. (ARD)

bv

21.00

Die neuen Leiden des jungen W.

Edgar W., Lehrling in der ›DDR‹, hat die Nase voll: von seiner Arbeit, vom Elternhaus. In Ost-Berlin verkriecht er sich in einer abbruchreifen Laube. Hier kann er tun und lassen, was er will. Als ihm zufällig ein Exemplar von Goethes ›Werther‹ in die Hände fällt, findet er Passagen, die seine Probleme mit einer Freundin und seinen Arbeitskollegen umschreiben. Edgar spricht Werther-Zitate auf Tonband und schickt sie einem Freund. Nach Edgars Tod helfen diese Aufzeichnungen dem Vater, das Leben seines Sohnes zu rekonstruieren ...

Rechts: Klaus Hoffmann in der Rolle des Außenseiters Edgar, für den Jeanskleidung fast eine Weltanschauung ist

Notiz in der „Berliner Zeitung" vom 26. Dezember:

Am Abend des 24. Dezember wurde der Jugendliche Edgar W. in einer Wohnlaube der Kolonie Paradies II im Stadtbezirk Lichtenberg schwer verletzt aufgefunden. Wie die Ermittlungen der Volkspolizei ergaben, war Edgar W., der sich seit längerer Zeit unangemeldet in der auf Abriß stehenden Laube aufhielt, bei Basteleien unsachgemäß mit elektrischem Strom umgegangen.

Anzeige in der „Berliner Zeitung" vom 30. Dezember:

Ein Unfall beendete am 24. Dezember das Leben unseres jungen Kollegen

Edgar Wibeau

Er hatte noch viel vor!

VEB WIK Berlin

AGL Leiter FDJ

Anzeigen in der „Volkswacht" Frankfurt/O. vom 31. Dezember:

Völlig unerwartet riß ein tragischer Unfall unseren unvergessenen Jugendfreund

Edgar Wibeau

aus dem Leben.

VEB (K) Hydraulik Mittenberg

Berufsschule Leiter FDJ

Für mich noch unfaßbar erlag am 24. Dezember mein lieber Sohn

Edgar Wibeau

den Folgen eines tragischen Unfalls.

Else Wibeau

„Wann hast du ihn zuletzt gesehen?"

„Im September. Ende September. Am Abend bevor er wegging."

„Hast du nie an eine Fahndung gedacht?"

„Wenn mir einer Vorwürfe machen kann, dann nicht du! Nicht ein Mann, der sich jahrelang um seinen Sohn nur per Postkarte gekümmert hat!"

„Entschuldige! – War es nicht dein Wunsch so, bei meinem Lebenswandel?!"

„Das ist wieder deine alte Ironie! – Nicht zur Polizei zu gehen war vielleicht das einzig Richtige, was ich gemacht hab. Selbst das war schließlich falsch. Aber zuerst war ich einfach fertig mit ihm. Er hatte mich in eine unmögliche Situation gebracht an der Berufsschule und im Werk. Der Sohn der Leiterin, bis dato der beste Lehrling, Durchschnitt eins Komma eins, entpuppt sich als Rowdy! Schmeißt die Lehre! Rennt von zu Hause weg!

Ich meine ...! Und dann kamen ziemlich schnell und regelmäßig Nachrichten von ihm. Nicht an mich. Bewahre. An seinen Kumpel Willi. Auf Tonband. Merkwürdige Texte. So geschwollen. Schließlich ließ sie mich dieser Willi anhören, die Sache wurde ihm selber unheimlich. Wo Edgar war, nämlich in Berlin, wollte er mir zunächst nicht sagen. Aus den Tonbändern wurde jedenfalls kein Mensch schlau. Immerhin ging so viel daraus hervor, daß Edgar gesund war, sogar arbeitete, also nicht gammelte. Später kam ein Mädchen vor, mit der es dann aber auseinanderging. Sie heiratete! Solange ich ihn *hier* hatte, hat er nichts mit Mädchen gehabt. Aber es war doch kein Fall für die Polizei!"

Stop mal, stop! – Das ist natürlich Humbug. Ich hatte ganz schön was mit Mädchen. Zum erstenmal mit vierzehn. Jetzt kann ich's ja sagen. Man hatte so allerhand Zeug gehört, aber nichts Bestimmtes. Da wollte ich's endlich genau wissen, das war so meine Art. Sie hieß Sylvia. Sie war ungefähr drei Jahre älter als ich. Ich brauchte knapp sechzig Minuten, um sie rumzukriegen. Ich finde, das war eine gute Zeit für mein Alter, und wenn man bedenkt, daß ich noch nicht meinen vollen Charme hatte und nicht dieses ausgeprägte Kinn. Ich sag das nicht, um anzugeben, sondern daß sich keiner ein falsches Bild macht, Leute. Ein Jahr später klärte mich Mutter auf. Sie rackerte sich ganz schön ab. Ich Idiot hätte mich beölen können, aber ich machte Pfötchen wie immer. Ich glaube, das war eine Sauerei.

„Wieso entpuppte er sich als Rowdy?!"

„Er hat seinem Ausbilder den Zeh gebrochen." – „Den Zeh?"

„Er hat ihm eine schwere Eisenplatte auf den Fuß geworfen, eine Grundplatte. Ich war wie vor den Kopf geschlagen. Ich meine ...!"

„Einfach so?"

„Ich war nicht dabei, aber der Kollege Flemming sagte mir – das ist der Ausbilder, ein erfahrener und alter Ausbilder, zuverlässig –, daß es *so* war: Er verteilt morgens in der Werkstatt die Werkstücke, eben diese Grundplatten zum Feilen. Und die Burschen feilen auch, und beim Nachmessen fällt ihm auf, Edgars Nachbar, Willi, hat da eine Platte fertig, aber die hat er nicht gefeilt, die war aus dem Automaten. In der Produktion werden die Grundplatten natürlich automatisch gefertigt. Der Junge hat sie sich besorgt und zeigt sie jetzt vor. Sie ist natürlich genau bis auf ein Hundertstel. Er sagt ihm das: Die ist aus dem Automaten.

Willi: Aus was für einem Automaten?

Flemming: Aus dem Automaten in Halle zwei.

Willi: Ach, da steht ein Automat?! – Das kann ich doch gar nicht wissen, Meister. In der Halle waren wir zum letzten Mal, als wir anfingen mit der Lehre, und da hielten wir die Dinger noch für Eierlegemaschinen.

Und das war dann Edgars Stichwort, das war natürlich alles vorher abgemacht: Also nehmen wir mal an, da steht ein Automat. Kann ja sein. Da fragt man sich doch, warum wir dann die Grundplatten mit der Feile zurechtschruppen müssen. Und das im dritten Lehrjahr."

Gesagt hab ich das. Das stimmt. Aber aus dem Hut. Abgemacht war überhaupt nichts. Ich wußte, was Willi und die anderen vorhatten, wollte mich aber raushalten, wie immer.

„Flemming: Was hab ich euch gesagt, als ihr bei mir angefangen habt? – Ich hab euch gesagt: Hier habt ihr ein Stück Eisen! Wenn ihr aus dem eine Uhr machen könnt, habt ihr ausgelernt. Nicht früher und nicht später.

Das ist so sein Wahlspruch.

Und Edgar: Aber Uhrmacher wollten wir eigentlich schon damals nicht werden."

Das wollte ich Flemming schon lange mal sagen. Das war nämlich nicht nur sein blöder Wahlspruch, das war seine ganze Einstellung aus dem Mittelalter: Manufakturperiode. Bis da hatt ich's mir immer verkniffen.

„Und anschließend warf ihm Edgar dann diese Grundplatte auf den Fuß und mit dermaßen viel Kraft, daß ein Zeh brach. Ich war wie vom Donner gerührt. Ich wollte das erst nicht glauben."

Stimmt alles. Bis auf zwei Kleinigkeiten. Erstens hab ich die Platte nicht *geworfen*. Das brauchte ich nicht. Diese Platten waren auch so schwer genug, einen ollen Zeh oder was zu brechen, einfach durch ihre Masse. Ich brauchte sie bloß fallen zu lassen. Was ich denn auch machte. Und zweitens ließ ich sie nicht *anschließend* fallen, sondern erst sagte Flemming noch einen kleinen Satz, nämlich er tobte los: Von dir hätte ich das am allerwenigsten erwartet, Wiebau!

Da setzte es bei mir aus. Da ließ ich die Platte fallen. Wie das klingt : Edgar Wiebau! – Aber Edgar Wibeau! Kein Aas sagt ja auch Nivau statt Niveau. Ich meine, jeder Mensch hat schließlich das Recht, mit seinem richtigen Namen richtig angeredet zu werden. Wenn einer keinen Wert darauf legt – seine Sache. Aber ich lege nun mal Wert darauf. Das ging schon jahrelang so. Mutter ließ sich das egal weg gefallen, mit Wiebau angeredet zu werden. Sie war der Meinung, das hätte sich nun mal so eingebürgert, und sie wär nicht gestorben davon und überhaupt, alles, was sie im Werk geworden ist, ist sie unter dem Namen Wiebau geworden. Und natürlich hieß unsereins dann auch Wiebau! Was ist denn mit Wibeau? Wenn's Hitler wär oder Himmler! Das wär echt säuisch! Aber so? Wibeau ist ein alter Hugenottenname, na und? – Trotzdem war das natürlich kein Grund, olle Flemming die olle Platte auf seinen ollen Zeh zu setzen. Das war eine echte Sauerei. Mir war gleich klar, daß jetzt kein Schwein mehr über die Ausbildung reden würde, sondern bloß noch über die Platte und den Zeh. Manchmal war mir eben plötzlich heiß und schwindlig, und dann machte ich was, von dem ich nachher nicht mehr wußte, was es war. Das war mein Hugenottenblut, oder ich hatte einen zu hohen Blutdruck. Zu hohen Hugenottenblutdruck.

„Du meinst, Edgar hat einfach die Konsequenz der Sache gescheut und ist deshalb weg?"

„Ja. Was sonst?"

Ich will mal sagen: Besonders scharf war ich auf das Nachspiel nicht. „Was sagt der Jugendfreund Edgar Wiebau (!) zu seinem Verhalten zu Meister Flemming?" Leute! Ich hätt mir doch lieber sonstwas abgebissen, als irgendwas zu sülzen von: Ich sehe ein ... Ich werde in Zukunft ..., verpflichte mich hiermit ... und so weiter! Ich hatte was gegen Selbstkritik, ich meine: gegen öffentliche. Das ist irgendwie entwürdigend. Ich weiß nicht, ob mich einer versteht. Ich finde, man muß dem Menschen seinen Stolz lassen. Genauso mit diesem Vorbild. Alle forzlang kommt doch einer und will hören, ob man ein Vorbild hat und welches, oder man muß in der Woche drei Aufsätze darüber schreiben. Kann schon sein, ich hab eins, aber ich stell mich doch nicht auf den Markt damit. Einmal hab ich geschrieben: Mein größtes Vorbild ist Edgar Wibeau. Ich möchte so werden, wie er mal wird. Mehr nicht. Das heißt: Ich *wollte* es schreiben. Ich hab's dann bleibenlassen, Leute. Dabei wäre der Aufsatz höchstens nicht gewertet worden. Kein Aas von Lehrer traute sich doch, mir eine Fünf oder was zu geben.

„Kannst du dich an sonst noch was erinnern?"
„An einen Streit natürlich? – Wir haben uns nie gestritten. Doch, einmal schmiß er sich vor Wut die Treppen runter, weil ich ihn irgendwohin nicht mitnehmen wollte. Da war er fünf, wenn du *das* meinst. – Trotzdem wird alles wohl meine Schuld sein."

Das ist großer Quatsch! Hier hat niemand schuld, nur ich. Das wolln wir mal festhalten! – Edgar Wibeau hat die Lehre geschmissen und ist von zu Hause weg, *weil er das schon lange vorhatte*. Er hat sich in Berlin als Anstreicher durchgeschlagen, hat seinen Spaß gehabt, hat Charlotte gehabt und hat beinah eine große Erfindung gemacht, *weil er das so wollte!*
Daß ich dabei über den Jordan ging, ist echter Mist. Aber wenn das einen tröstet: Ich hab nicht viel gemerkt. 380 Volt sind kein Scherz, Leute. Es ging ganz schnell. Ansonsten ist Bedauern jenseits des Jordans nicht üblich. Wir alle hier wissen, was uns blüht. Daß wir aufhören zu existieren, wenn ihr aufhört, an uns zu denken. Meine Chancen sind da wohl mau. Bin zu jung gewesen.

„Mein Name ist Wibeau."
„Angenehm. – Lindner, Willi."

Salute, Willi! Du warst zeitlebens mein bester Kumpel, tu mir jetzt einen Gefallen. Fang nicht auch an, in deiner Seele oder wo nach Schuld zu wühlen und so. Reiß dich zusammen.

„Es soll Tonbänder von Edgar geben, die er besprochen hat? Sind sie greifbar? Ich meine, kann ich sie hören?
Gelegentlich?"
„Ja. Das geht."

Die Tonbänder:

kurz und gut / wilhelm / ich habe eine bekanntschaft gemacht / die mein herz näher angeht – einen engel – und doch bin ich nicht imstande / dir zu sagen / wie sie vollkommen ist / warum sie vollkommen ist / genug / sie hat allen meinen sinn gefangengenommen – ende

nein / ich betrüge mich nicht – ich lese in ihren schwarzen augen wahre teilnehmung an mir und meinem schicksal – sie ist mir heilig – alle begier schweigt in ihrer gegenwart – ende

genug / wilhelm / der bräutigam ist da – glücklicherweise war ich nicht beim empfange – das hätte mir das herz zerrissen – ende

er will mir wohl / und ich vermute / das ist lottens werk / denn darin sind die weiber fein und haben recht / wenn sie zwei verehrer in gutem vernehmen miteinander erhalten können / ist der vorteil immer ihr / so selten es auch angeht – ende

das war eine nacht – wilhelm / nun überstehe ich alles – ich werde sie nicht wiedersehn – hier sitz ich und schnappe nach luft / suche mich zu beruhigen / erwarte den morgen / und mit sonnenaufgang sind die pferde

o meine freunde / warum der strom des genies so selten ausbricht / so selten in hohen fluten hereinbraust und eure staunende seele erschüttert – liebe freunde / da wohnen die gelassenen herren auf beiden seiten des ufers / denen ihre gartenhäuschen / tulpenbeete und krautfelder zugrunde gehen würden / die daher in zeiten mit dämmen und ableiten der künftig drohenden gefahr abzuwenden wissen – das alles / wilhelm / macht mich stumm – ich kehre in mich selbst zurück und finde eine welt – ende.

und daran seid ihr alle schuld / die ihr mich in das joch geschwatzt und mir so viel von aktivität vorgesungen habt – aktivität – ich habe meine entlassung verlangt – bringe das meiner Mutter in einem säftchen bei – ende

„Verstehn Sie's?"
„Nein. Nichts . . ."

Könnt ihr auch nicht. Kann keiner, nehme ich an. Ich hatte das aus dieser alten Schwarte oder Heft. Reclamheft. Ich kann nicht mal sagen, wie es hieß. Das olle Titelblatt ging flöten auf dem ollen Klo von Willis Laube. Das ganze Ding war in diesem unmöglichen Stil geschrieben.

„Ich denke manchmal – ein Code."
„Für einen Code hat es zuviel Sinn.
Ausgedacht hört es sich auch wieder nicht an."

„Bei Ed wußte man nie. Der dachte sich noch ganz andere Sachen aus. Ganze Songs zum Beispiel. Text *und* Melodie! Irgendein Instrument, das er nach zwei Tagen nicht spielen konnte, gab's überhaupt nicht. Oder nach einer Woche, von mir aus. Er konnte Rechenmaschinen aus Pappe bauen, die funktionieren heute noch. Aber die meiste Zeit haben wir gemalt."

„Edgar hat gemalt? – Was waren das für Bilder?"

„Immer DIN A 2."

„Ich meine: was für Motive? Oder kann man welche sehen?"

„Nicht möglich. Die hatte er alle bei sich. Und ‚Motive' kann man nicht sagen. Wir malten durchweg abstrakt. Eins hieß Physik. Und: Chemie. Oder: Hirn eines Mathematikers. Bloß, seine Mutter war dagegen. Ed sollte erst einen ‚ordentlichen Beruf' haben. Ed hatte ziemlich viel Ärger deswegen, wenn Sie das interessiert. Aber am sauersten war er immer, wenn er rauskriegte, daß sie, also seine Mutter, mal wieder eine Karte von seinem Erzeuger . . ., ich meine: von seinem Vater . . ., ich meine: von Ihnen zurückgehalten hatte. Das kam hin und wieder vor. Dann war er immer ungeheuer sauer." . . .

Natürlich Jeans! Oder kann sich einer ein Leben ohne Jeans vorstellen? Jeans sind die edelsten Hosen der Welt. Dafür verzichte ich doch auf die ganzen synthetischen Lappen aus der Jumo, die ewig tiffig aussehen. Für Jeans konnte ich überhaupt auf alles verzichten, außer der *schönsten Sache* vielleicht. Und außer Musik. Ich meine jetzt nicht irgendeinen Händelsohn Bacholdy, sondern echte Musik, Leute. Ich hatte nichts gegen Bacholdy oder einen, aber sie rissen mich nicht gerade vom Hocker. Ich meine natürlich echte Jeans. Es gibt ja auch einen Haufen Plunder, der bloß so tut wie echte Jeans. Dafür lieber gar keine Hosen. Echte Jeans dürfen zum Beispiel keinen Reißverschluß haben vorn. Es gibt ja überhaupt nur eine Sorte echte Jeans. Wer echter Jeansträger ist, weiß, welche ich meine. Was nicht heißt, daß jeder, der echte Jeans trägt, auch echter Jeansträger ist. Die meisten wissen gar nicht, was sie da auf dem Leib haben. Es tötete mich immer fast gar nicht, wenn ich so einen fünfundzwanzigjährigen Knacker mit Jeans sah, die er sich über seine verfetteten Hüften gezwängt hatte und in der Taille zugeschnürt. Dabei sind Jeans Hüfthosen, das heißt Hosen, die einem von der Hüfte rutschen, wenn sie nicht eng genug sind und einfach durch Reibungswiderstand obenbleiben. Dazu darf man natürlich keine fetten Hüften haben und einen fetten Arsch schon gar nicht, weil sie sonst nicht zugehen im Bund. Das kapiert einer mit fünfundzwanzig schon nicht mehr. Das ist, wie wenn einer dem Abzeichen nach Kommunist ist und zu Hause seine Frau prügelt. Ich meine, Jeans sind eine Einstellung und keine Hosen. Ich hab überhaupt manchmal gedacht, man dürfte nicht älter werden als siebzehn – achtzehn. Danach fängt es mit dem Beruf an oder mit irgendeinem Studium oder mit der Armee, und dann ist mit keinem mehr zu reden. Ich hab jedenfalls keinen gekannt. Vielleicht versteht mich keiner. Dann zieht man eben Jeans an, die einem nicht mehr zustehen. Edel ist wieder, wenn einer auf Rente ist und trägt dann Jeans, mit Bauch und Hosenträgern. Das ist wieder edel. Ich hab aber keinen gekannt, außer Zaremba. Zaremba war edel. Der hätte welche tragen können, wenn er gewollt hätte, und es hätte keinen angestunken.

„Ed wollte sogar, daß ich dableiben sollte. ‚Wir kommen durch!' sagte er. Aber das war nicht geplant, und ich konnte es auch nicht. Ed konnte das, ich nicht. Ich wollte schon, aber ich konnte nicht.

Ed sagte dann noch: Zu Hause sag: Ich lebe, und damit gut. Das war das letzte, was ich von ihm hörte. Ich bin dann zurückgefahren."

Du bist in Ordnung, Willi. Du kannst so bleiben. Du bist ein Steher. Ich bin zufrieden mit dir. Wenn ich ein Testament gemacht hätte, hätte ich dich zu meinem Alleinerben gemacht. Vielleicht hab ich dich immer unterschätzt. Wie du mir die Laube eingeredet hat, war sauber. Aber ich hab es auch nicht ehrlich gemeint, daß du dableiben solltest. Ich meine, ehrlich schon. Wir wären gut gefahren zusammen. Aber wirklich ehrlich nicht. Wenn einer sein Leben lang nie echt allein gewesen ist und er *hat* plötzlich die Chance, dann ist er vielleicht nicht ganz ehrlich. Ich hoffe, du hast es nicht gemerkt. Wenn doch, vergiß es. Als du weg warst, kam ich jedenfalls noch in eine ganz verrückte Stimmung. Erst wollte ich einfach pennen gehen, ganz automatisch. Meine Zeit war ran. Dann fing ich erst an zu begreifen, daß ich ab jetzt machen konnte, wozu ich Lust hatte. Daß mir keiner mehr reinreden konnte. Daß ich mir nicht mal mehr die Hände zu waschen brauchte vorm Essen, wenn ich nicht wollte. Essen hätte ich eigentlich müssen, aber ich hatte nicht *so* viel Hunger. Ich verstreute also zunächst mal meine sämtlichen Plünnen und Rapeiken möglichst systemlos im Raum. Die Socken auf den Tisch. Das war der Clou. Dann griff ich zum Mikro, warf den Recorder an und fing mit einer meiner Privatsendungen an: Damen und Herren! Kumpels und Kumpelinen! Gerechte und Ungerechte! Entspannt euch! Scheucht eure kleinen Geschwister ins Kino! Sperrt eure Eltern in die Speisekammer! Hier ist wieder euer Eddie, der Unverwüstliche . . .

Ich fing meinen Bluejeans-Song an, den ich vor drei Jahren gemacht hatte und der jedes Jahr besser wurde.

Oh, Bluejeans
White Jeans? – No
Black Jeans? – No
Blue Jeans, oh
Oh, Bluejeans, jeah

Oh, Bluejeans
Old Jeans? – No
New Jeans? – No
Blue Jeans, oh
Oh, Bluejeans, jeah

„Am Montag, einen Tag vor Weihnachten, kam er nicht zur Arbeit. Wir waren nicht besonders sauer deswegen. Es war unwahrscheinlich mild, und wir konnten den Tag gut nutzen, aber wir hatten den Jahresplan längst in der Tasche. Außerdem fehlte Edgar das erste Mal, seit wir ihn wiedergeholt hatten." . . .

Das war mein Glück, oder wie man das nennen soll. So ziemlich die einzige von meinen Rechnungen, die aufging. Ich begreife zum Beispiel nicht mehr, warum ich mit meiner Spritze so sicher war. Aber ich war tatsächlich so sicher wie nie. Der Gedanke mit der Hydraulik war so logisch wie nur was. Dieser Farbnebel beim Spritzen kam durch die Druckluft. Fiel die weg und man brauchte den nötigen Druck ohne Luft, war das Ding gelaufen. Blöd war bloß, daß ich auf die Art keine Zeit mehr hatte, mir die nötige Düse anzufertigen. Ich mußte bis Feierabend warten, am besten bis es dunkel wurde, und dann die von Addi klauen. Addis Spritze lag abgeschrieben unter unserem Salonwagen. Mein nächstes Problem war, die nötigen PS ranzuschaffen für die beiden Druckzylinder. Zum Glück hatte ich tatsächlich einen E-Motor von gut zwei PS auftreiben können. Den mußte ich sogar noch drosseln. Ich weiß nicht, ob sich einer vorstellen kann, was zwei PS anrichten können, wenn sie losgelassen sind. Vielleicht denkt auch einer, das Ganze war eine Spielerei oder was. Hobbybeschäftigung. Das ist Quatsch. Was Zaremba gesagt hatte, war richtig. Das Ding wäre eine echte Sensation gewesen, technisch und ökonomisch. Ungefähr in der Art wie der Vorderradantrieb bei Autos seinerzeit, wenn einer weiß, was das ist. An sich sogar noch eine Stufe höher. Es könnte einen berühmt machen, jedenfalls in der Fachwelt. Ich wollte es Addi auf den Tisch knallen und sagen: Drück mal auf dieses Knöpfchen hier.

Schätzungsweise wäre er nicht wieder geworden. Dann hätte ich die Sache mit Charlie in Ordnung gebracht und wäre dann abgedampft. Ich meine, ich hätte sie ihm natürlich nicht *wirklich* auf den Tisch geknallt. Dazu war sie langsam zu groß. Sie sah langsam aus wie eine olle Jauchepumpe mit Windantrieb. Ich hatte zwar alles, was ich brauchte, bloß nichts paßte richtig zusammen. Ich *mußte* einfach anfangen zu pfuschen. Sonst wäre ich nie im Leben fertig geworden. An meisten fehlte mir eine elektrische Bohrmaschine. Außerdem hatte der Motor natürlich dreihundertachtzig Volt. Ich nahm an, er war aus einer alten Drehmaschine. Das heißt, ich mußte die zweihundertzwanzig in der Laube erst hochtransformieren. Ich hoffte bloß, daß der Trafo in Ordnung war, den ich hatte. Irgendein Meßgerät hatte ich nicht. Das war wahrscheinlich ein weiterer Nagel zu meinem Sarg. Und Zeit, eins irgendwo aufzureißen, hatte ich schon gar nicht. Außerdem liegen Meßgeräte nicht so rum wie ein oder zwei alte LKW-Stoßdämpfer. Die hatten übrigens auch nicht gerade rumgelegen, und alt waren sie vielleicht auch nicht, aber man konnte doch rankommen, wenn man wollte. Ohne die Stoßdämpfer wäre ich einfach aufgeschmissen gewesen. Die Mäntel hätten zwar dicker sein müssen, für den Druck. Notfalls wollte ich deswegen die Düse aufbohren. Das hätte zwar den Strahl dicker gemacht, aber ich wollte sowieso mit Ölfarbe anfangen. Gegen zwölf war ich so weit, daß ich die Düse brauchte zum Einpassen. Ich robbte los in Richtung Baustelle. Ich war nicht der Meinung, daß ich schon fertig war und daß der erste Versuch gleich klappen würde. Aber auf die Art hatte ich noch die Nacht lang Zeit zum Verbessern. Ich war wieder ruhiger. Mutter Wiebau konnte höchstens am nächsten Vormittag auftauchen. Sie hatte mir noch eine Chance gegeben. Auf dem Bau war alles dunkel. Ich tauchte unter unseren Salonwagen und fing an, die Überwurfmutter zu lösen. Blöderweise hatte ich kein anderes Universalwerkzeug als die halbvergammelte Rohrzange. Außerdem saß die Übermutter fest wie Mist. Ich riß mir fast den halben Arsch auf, bis ich sie locker hatte. In dem Moment hörte ich, daß Zaremba im Wagen war, und zwar mit einer Frau. Ich sagte es schon. Wahrscheinlich hatte ich sie aufgestört. Jedenfalls, als ich unter dem Wagen vorkroch, stand er vor mir. Er knurrte: No?

Er stand direkt vor mir und starrte mich an. Allerdings stand er da im Licht, das aus dem Wagen kam. Er hatte dieses kleine Beil von uns in der Hand. Ich nahm damals an, er war einfach geblendet. Aber er hatte dieses Grinsen in seinen Schweinsritzen. Auf *die* Entfernung hat er mich einfach sehen müssen. Ich machte zwar keine Bewegung. Ich kann nur jedem raten, in dieser Situation einfach keine Bewegung zu machen. Meiner Meinung nach war Zaremba der letzte Mensch, der mich gesehen hat und der auch genau wußte, was gespielt wurde.

Auf dem ganzen Rückweg sah ich keinen Schwanz. Um die Zeit hätte man auch nach Mittenberg gehen können. Überhaupt sah Berlin nach acht genau wie Mittenberg aus. Alles hockte vor der Röhre. Und die paar Halbstarken verkrümelten sich in den Parks oder Kinos oder sie waren Sportler und zum Training. Kein Schwanz auf der Straße.

Gegen zwei hatte ich die Düse im Stutzen. Ich füllte die Hälfte der Ölfarbe in die Patrone. Dann überprüfte ich noch mal die Schaltung. Ich sah mir überhaupt das ganze Ding noch mal an. Ich sagte wohl schon, wie es aussah. Es war normalerweise technisch nicht vertretbar. Aber mir kam es auf das Prinzip an. Das war schätzungsweise mein letzter Gedanke, bevor ich auf den Knopf drückte. Ich Idiot hatte doch tatsächlich den Klingelknopf von der Laube abgebaut. Ich hätte jeden normalen Schalter nehmen können. Aber ich hatte den Klingelknopf abgebaut, bloß damit ich zu Addi sagen konnte: Drück mal auf den Knopf hier.

Ich war vielleicht ein Idiot, Leute. Das letzte, was ich merkte, war, daß es hell wurde und daß ich mit der Hand nicht mehr von dem Knopf loskam. Mehr merkte ich nicht. Es kann nur so gewesen sein, daß die ganze Hydraulik sich nicht bewegte. Auf die Art mußte die Spannung natürlich ungeheuer hochgehen, und wenn einer dann die Hand daran hat, kommt er nicht wieder los. Das war's. Macht's gut, Leute!

„Als Edgar auch am Dienstag nicht kam, gingen wir gegen Mittag los.

Auf dem Grundstück war die VP. Als wir sagten, wer wir sind, sagten sie uns, was los war. Auch, daß es keinen Zweck hatte, ins Krankenhaus zu gehen. Wir waren wie vor den Kopf geschlagen. Sie ließen uns dann in die Laube. Das erste, was mir auffiel, war, daß die Wände voller Ölfarbe waren, vor allem in der Küche. Sie war noch feucht. Es war dieselbe, mit der wir die Küchenpaneele machten. Es roch nach der Farbe und nach verschmortem Isolationsmaterial. Der Küchentisch lag um. Sämtliches Glas lag in Scherben. Unten lagen ein verschmorter Elektromotor, verbogene Rohrenden, Stücke von Gartenschlauch. Wir sagten denen von der VP, was wir wußten, aber eine Erklärung hatten wir auch nicht. Zaremba sagte noch, aus welchem Betrieb Edgar gekommen war. Dann war Schluß.

Wir machten an dem Tag keinen Handschlag mehr. Ich schickte alle nach Hause. Bloß Zaremba ging nicht. Er fing an, unter unserem Bauwagen unsere alte Spritze vorzuziehen. Er untersuchte sie, und dann zeigte er mir, daß die Düse fehlte. Wir gingen sofort zurück auf Edgars Grundstück. Die Düse fanden wir in der Küche in einem Stück alten Gasrohr. Ich suchte zusammen, was sonst noch rumlag, auch das Kleinste. Auch, was auf dem Tisch festgeschraubt war. Zu Hause reinigte ich es von der Ölfarbe. Über Weihnachten versuchte ich, die ganze Anordnung zu rekonstruieren. Ein besseres Puzzlespiel. Ich schaffte es nicht. Wahrscheinlich fehlte doch noch die Hälfte der Sachen, vor allem ein Druckbehälter oder etwas in der Art. Ich wollte noch mal in die Laube, aber da war sie schon eingeebnet."

Schätzungsweise war es am besten so. Ich hätte diesen Reinfall sowieso nicht überlebt. Ich war jedenfalls fast so weit, daß ich Old Werther verstand, wenn er nicht mehr weiterkonnte. Ich meine, ich hätte nie im Leben freiwillig den Löffel abgegeben. Mich an den nächsten Haken gehängt oder was. Das nie. Aber ich wär doch nie *wirklich* nach Mittenberg zurückgegangen. Ich weiß nicht, ob das einer versteht. Das war vielleicht mein größter Fehler: Ich war zeitlebens schlecht im Nehmen. Ich konnte einfach nichts einstecken. Ich Idiot wollte immer der Sieger sein.

Interview mit Ulrich Plenzdorf

Kennen Sie einen wie Ihren Helden Edgar?
Sie meinen im Leben? – Nein.
Er ist also erfunden?
Eher zusammengesetzt, wenn Sie wollen, ein Gruppenporträt.
Welche Gefühle haben Sie Ihren Figuren gegenüber?
Ich mag sie alle. Besonders Edgar.
Trotzdem lassen Sie ihn „über den Jordan" gehen?
Das tut mir auch leid, ließ sich aber kaum vermeiden.
Widerspricht das nicht Ihrer Absicht, den Leuten Mut zu sich selbst zu machen, Lust darauf, sich selbst auszuprobieren?
Kaum. Edgars Ableben ist nur die erlaubte Zuspitzung der Tatsache, daß es Leute wie er schwer haben. Übrigens ist es ein Unfall.
Aber Edgar weiß doch, daß „dreihundertachtzig Volt kein Schmerz" sind.
Das ja.
Also ist er am Ende gar selbst schuld?
Schuld ist da niemand. Das soll vorkommen.
Sie meinen juristisch. Und sonst? Wir wollen das Stück spielen als Warnung an alle, die es angeht, so mit Edgar und seinesgleichen umzugehen. Was sagen Sie dazu?
Schon recht.

11 Aufrisse 10 (26560)

Wir vermuten, daß sich die Figur Edgar nicht so einfach über Nacht hat „zusammensetzen“ lassen. Nach Kenntnis zweier Filme und Drehbücher von Ihnen sehen bestimmte Leute darin nach Vorarbeiten für Edgar aus. Absicht oder Zufall?

Beides. Aber von einem bestimmten Punkt an Absicht, fast Plan.

Dies ist Ihr erstes Stück?

Ja.

Wir haben Sie bei und nach einer Lesung des Stückes vor Lehrlingen recht aufgeregt gesehen. Der für Sie neue Kontakt mit dem jungen Publikum hat Sie beeindruckt?

Es war tatsächlich aufregend.

Wodurch haben Sie so einen unmittelbaren Zugang zu Edgars Generation? Sie sind . . .?

Jahrgang vierunddreißig.

Es handelt sich also kaum um eine Autobiografie. Sollte da eine Rolle spielen, daß Sie Ihre erste Ausbildung abgebrochen und viel später von vorn angefangen und dadurch lange Zeit mit wesentlich Jüngeren die Schulbank gedrückt haben?

Ja, das könnte sein.

Haben Sie literarische Vorbilder?

Ich teile da völlig Edgars Meinung zu diesem Thema.

12

Zukunft und Beruf

Berufsanfänger

Ludwig Kroeber-Keneth

Sechzehnjährige: „Ich stelle mir den Beruf so vor, daß man alle Tage von morgens bis abends arbeiten muß" (Elga). „Da ich nicht gern laufe und stehe, muß ich einen Beruf haben, bei dem ich sitzen kann" (Regina). „Ich bin durch das Monopoly-Spiel zum Beruf Sparkassenkaufmann gekommen. Mir hat es viel Spaß gemacht, das Spielgeld anzulegen und auszugeben" (Paul). „Ich stelle mir diesen Beruf interessant vor, nicht zuletzt, weil man damit Geld verdienen kann, das man immer braucht. Ich möchte mir nämlich ein Motorrad kaufen, und diese Art Fortbewegung ist teuer" (Stephan). „Da ich körperlich nicht sehr standhaft bin, habe ich einen Büroberuf gewählt. Ich stelle mir diesen Beruf abwechslungsreich vor" (Ute).

Wenn die Jungen vernünftiger als die Eltern sind

Siebzehnjährige: „Man hat in diesem Beruf eine geregelte Freizeit und kann seinen Hobbys weiter nachgehen" (Hans). „Zu meinem Lebensweg kann ich noch nichts sagen, da ich noch nicht weiß, welche Chancen ich überhaupt habe" (Jürgen). „Ich wollte eine geregelte Arbeitszeit und ein geregeltes Einkommen und Beruf und Privatleben getrennt haben" (Friedrich). „Eigentlich wollte ich keinen Büroberuf erlernen, sondern Säuglingsschwester oder Krankenschwester. Aber meine Mutter war nicht ganz einverstanden damit" (Ingrid). „Mein erster Berufswunsch war Krankenschwester, aber meine Eltern waren dagegen" (Erika). „Ursprünglich war mein größter Berufswunsch, Kindergärtnerin zu werden. Aber meine Eltern haben mir dreingeredet . . ." (Linda).

Bisweilen kann man sich des Wunsches nicht erwehren, Eltern möge die Berufsberatung ihrer Kinder polizeilich verboten werden: Falsch verstandene Schonung und Prestigegründe spielen hier häufig eine verhängnisvolle Rolle. So widerspricht eine Mutter dem Berufswunsch ihrer Tochter, die eine Hauswirtschaftslehre machen will: „Du wirst doch nicht anderen Leuten den Dreck wegräumen."

Achtzehnjährige: „Meinen Lebensweg stelle ich mir folgendermaßen vor: Zunächst zwei bis drei Jahre Lehrzeit ... dann in eine andere Stadt oder in ein andres Land, um dort dazuzulernen" (Georg). „Die Idee, den Beruf eines Bankkaufmanns zu erreichen, kam mir relativ rasch" (Michael). „Meinen Beruf stelle ich mir wechselhaft vor ... Über das Weitere habe ich mir noch keine Gedanken gemacht" (Gerald). „Mein (!) Lebensweg stelle ich mir so vor, daß ich nach meiner Lehre eine Fachhochschule besuchen kann, um dann in eine leitende Stellung zu kommen ... Eine Heirat vor Vollendung des 25. Lebensjahres ist ausgeschlossen" (Günther).

Neunzehnjähriger: „Den Namen ‚Program' (!) las ich zum ersten Mal in einem Zeitungsartikel. Ich informierte mich, was man alles tun mußte. Der Computer ist, meine ich, die Zukunft" (Anton). „Durch die Schule wurden wir aufgefordert, ein Formular auszufüllen, in dem wir unseren Berufswunsch eintragen mußten und das danach an das Arbeitsamt geschickt wurde. Nicht zuletzt geht es mir darum, mit Menschen in Kontakt zu kommen, mit ihnen zu reden und sie zu beraten" (Rita). „Ich interessiere mich für den Beruf eines Industriekaufmanns, weil er vielseitig ist und mir zusagt. Ich wünsche mir, daß ich es in diesem Beruf zu etwas bringe" (Reinhold). „Mein Beruf muß mich direkt mit den Problemen der Soziologie, Wirtschaft und Politik konfrontieren. Die aktive Gestaltung der Umwelt will ich meine Arbeit nennen können" (Harras, Werbekaufmann).

Hier muß eingeblendet werden: Der noch vor zehn Jahren so häufige Gescheit- und Größenschwatz der Halbwüchsigen ist wesentlich seltener geworden. Er hat gewissermaßen einer „ahnungslosen Nüchternheit" Platz gemacht. Ist das ein Gewinn an Realistik oder ein Verlust an überschießender jugendlicher Phantasie? Ich weiß es nicht. Die traurige Bewußtseinslücke zwischen Schulwelt und Berufswirklichkeit ist jedem mit diesen Fragen Beschäftigten bekannt. An Versuchen, sie zu schließen, fehlt es nicht. Der Experimental-Zirkus der Schulreform bietet immer neue Gratisvorstellungen: Berufsgrundschuljahr, Berufsfachschuljahr, berufliches Vollzeitschuljahr, Fach „Polytechnik" an der Gesamtschule.

Der Wert dieser Versuche soll hier nicht diskutiert werden. Es wäre auch zu früh. Tatsache aber ist: Die erforderlichen wirtschaftsnahen Lehrkräfte sind nicht vorhanden, und es besteht auch gar keine Aussicht, sie heranzubilden. Das Elend beginnt schon bei den Berufsschullehrern: Wie der Deutsche Industrie- und Handelstag mitteilt, bleiben im Bundesdurchschnitt rund 52 Prozent aller Berufsschulklassen wegen des katastrophalen Mangels an Lehrkräften unter der gesetzlich vorgeschriebenen Unterrichtszeit von acht Stunden pro Woche. Das ist die Realität, und die Reform-Artistik ist Traumtänzerei. Berufsorientierung ist – es muß wiederholt werden – vorderhand noch immer an die praktische An-Schauung gebunden. Und für sie bleiben einstweilen eben nur die drei simplen, alterprobten Behelfswege: die Betriebsbesichtigung, die Ferienarbeit, das Betriebspraktikum.

Die Betriebsbesichtigung durch junge Berufsanwärter stellt den Beobachter immer wieder vor eine Überraschung: Er selbst trägt von Betriebsrundgängen in der Regel nichts weiter nach Haus als ein Mühlrad im Kopf und müde Beine. Die Jugendlichen hingegen schalten anders: Bei ihnen erfolgt häufig eine Einstimmung in das Milieu oder aber das Gegenteil – eine affektive Ablehnung. Der Wert dieser emotionalen Stellungnahme sei hier nicht erörtert. Immerhin erfolgt eine Vorentscheidung und auch einige Unterrichtung:

„Ich habe eine Sparkasse besichtigt, und die Sauberkeit und Höflichkeit haben mir sehr gefallen. Die Arbeit stelle ich mir so vor: die Kunden am Schalter bedienen, Eintragungen in das Sparkassenbuch vornehmen. Vielleicht auch später nach einer längeren Ausbildung an der Kasse arbeiten. Das alles entspricht meinen Wünschen" (Petra, 16 Jahre).

Ergänzend seien zwei schlichte Kunstgriffe berichtet: Ein bescheidener Imbiß in der Kantine vermittelt häufig einen besseren Einblick in Erziehungsstand und soziale Gesinnung als alle Tests zusammen. Ein kurzer Aufsatz über das beim Betriebsrundgang Gesehene kann überraschende Korrekturen des persönlichen Eindrucks bewirken: Stille, unauffällige Halbkinder erweisen sich bisweilen als bemerkenswert gute und kritische Beobachter. Und umgekehrt: Frisch-fröhliche Wortführer, die durch ihre kesse Munterkeit bestachen, haben in Wirklichkeit nichts wahrgenommen als ihre Chance, zu glänzen.

Die Ferienarbeit unserer Schüler ist ein fragwürdiges Kapitel: Es ist nicht immer die beste Berufsseite, die sie auf diese Weise zu Gesicht bekommen. Auch ist das Arbeitsangebot sehr schmal geworden. Ausnahmsweise sei aus einem früheren Bericht die frühreife Stimme eines 15jährigen angeführt:
„Ich werd' Pflasterer. Da muß ich erst den Straßenunterbau machen, dann das Pflaster aus Naturstein oder Kunststein. Später kann ich Polier werden oder auch mein eigenes Geschäft aufmachen. Aber das möcht' ich gar nicht." Warum denn nicht? „Ah, der ewige Ärger mit den Gesellen: solange sie auf dem guten Akkord sitzen, arbeiten sie wie die Narren, und wenn sie der schlechtere Akkord trifft, dann werden sie krank." Woher weißt du denn das so genau? „Weil ich in den Ferien immer in einem Pflasterergeschäft mitgearbeitet hab'."

Lehrausbildung aus Meistersinger-Zeiten?

Das Betriebspraktikum hat in den letzten Jahren zusehends an Verbreitung gewonnen, nicht zuletzt bei großen Dienstleistungsinstituten. Nach dem Praktikum und einer Eignungsuntersuchung verzichtet man vielfach auf eine Lehrausbildung und übernimmt den Jugendlichen als Jungangestellten. Wir müssen uns hier leider mit einer allerdings vielsagenden Stimme begnügen:

„Ich persönlich hatte ja nicht den Wunsch, in einer Bank zu arbeiten. Aber da ich zu einem Praktikum hier bin, muß ich das ja in Kauf nehmen. Ehrlich gesagt, ich hatte es mir ja viel schlimmer vorgestellt – viel spießiger. Da ich von vielen Seiten gehört hatte, in einer Bank arbeiten lauter Spießer, die nur daran denken hinaufzukommen und viel Geld zu verdienen, bin ich jetzt eigentlich anderer Meinung. Natürlich sind welche darunter, aber die übersehe ich einfach. Ich denke schon, daß ich hier bleibe" (Gabi, 16 Jahre).

Hier ist die allmähliche Einstimmung in ein ursprünglich affektiv abgelehntes Berufsmilieu besonders interessant. Am Rande klingt hier die überaus aktuelle Frage an: Ist unsere spezifisch deutsche Lehrausbildung aus Meistersinger-Zeiten überhaupt noch so zwingend? Wäre nicht auch ein Wechsel zwischen Praktikantenzeiten und Vollstudienzeiten an weiterführenden Schulen denkbar? Dieser Dualismus könnte manchen Konfliktherd löschen. Und bestimmt ist diese Problemstellung nicht illusionistischer als die jüngsten Paradestücke des Reformkarussells.

Berufsziel: „Ich heirat' ja doch" — Hannelore Frank

Eine Volksschul-Abschlußklasse auf dem Lande

Die Beste in der Klasse ist Petra, ihr Zeugnis ist glänzend (in Rechnen und Deutsch eine Zwei, alles andere eins). Man lobt sie als fleißig, penibel, bescheiden. Sie will ins Büro, hat bereits eine Stelle in Aussicht. Ob ihr das Spaß machen wird? Verlegenes Lächeln. Sie weiß nicht so recht. Sie weiß nur: Wenn man gute Noten hat, wird man Reno-Gehilfin, oder man geht ins Büro. Das hat ihr der Lehrer gesagt. Eigentlich hat sie ja „irgendwas mit Kindern" machen wollen, aber „Bei dem Zeugnis wäre das doch schade!" hatte es geheißen.

Bärbel, Marion und Heidi gehen in die Lehre als Friseusen. Eigner Wunsch und der der Eltern trafen zusammen. Warum Friseuse? „Och, da kann man immer schick im weißen Kittel stehen. Und Nagellack und Cremes verkaufen. Macht doch Spaß!" Sie sehen sich verwundert an, als gäbe es da nichts zu fragen. „Und dann das Trinkgeld!" sagt Bärbel. Sie wollen verdienen, jetzt gleich, nicht erst später. Es lockt so vieles: „Mal reisen und so. Und die Kleider – das kostet ja alles." Heide, hochtoupiert, zeigt mit der Hand an sich herunter bis zur klobigen Sandale. Das erübrigt nähere Beschreibung. Sie sieht aus wie Zwanzig, gibt sich lässig und kokett. Geringe Aufstiegschancen? Sie zuckt die Achseln: „Ich heirat' ja doch." Die Hochzeit ist das Ziel – natürlich ganz in Weiß! –, danach kommt nichts mehr, nur der Tod.

Ute denkt ähnlich: „Das will der Mann doch meistens nicht, daß man auf Arbeit geht. Und sowieso, wenn die Kinder kommen ..." So wird es sein, da hegt sie keinen Zweifel. Es kommt, es wird schon recht sein, und wenn nicht, dann wird man sehen. Hat sie eine Wahl? „Doch, ja", sie nickt: „Lieber Verkäuferin als ins Büro. Da ist die Lehre nicht so schrecklich lang. Man lernt auch leichter jemand kennen." Ein Textilgeschäft war selbstverständlich besser als ein Metzgerladen. „Weil, man kriegt dann Strümpfe billiger und alles das." Wovon sie sonst noch träumt? „Von einem richtigen Motorrad! Nicht bloß son Mofa, so eins hat ja jeder. Und einen Anzug aus Leder, vollkommen in Schwarz. Also, das fänd ich Klasse!"

Bettina kommt zum Bäcker, Rosmarie beginnt im Supermarkt ihre Lehre, alle sind mit ihrem Los zufrieden. Allerdings, Bettinas Mutter wollte ihre

Tochter für ein Jahr in einen Haushalt geben „Daß sie auch das Feine lernt". Das gab Krach in der Familie: „Andern Leuten ihren Dreck wegmachen! Ich wär doch verrückt!" Sie glüht noch vor Empörung. Was sie mal in der Ehe braucht, wird sie schon lernen, wenn es soweit ist. Das klingt aus ihrem Munde so, als spräche sie vom Jüngsten Tag.

Die Jungen sind wortkarg, grinsen schweigend, schubsen sich mit den Schultern. Zwei werden Maurer. „Das hat Zukunft!", sagt der eine. Hat er sich danach denn erkundigt? „Weiß doch jeder!" Ärger aber gab es, bei Heinz zu Hause, der gern Koch werden wollte. „Ich muß ja sowieso zum Bund. Und bei der Marine, da kann man das lernen. Die kochen doch auch für die Olympiade, haben Sie das nicht gelesen? Später kann man dann ins Hotelfach gehen oder auf Passagierdampfern kochen. Wenn man was kann, wird das sehr gut bezahlt." Der Vater tat das ab als Schnickschnack, schickte ihn zu einem Schornsteinfegermeister und ließ nicht mehr mit sich reden. Heinz nimmt es gelassen hin: „Die drei Jahre! Nachher mach ich doch, was ich will."

Peter hat lange nicht gewußt, was er machen wollte. Endlich half das Arbeitsamt: Ein Bäcker-Konditor suchte einen Lehrling. Ihm ist es recht, er findet ebenso wie Heinz, man könne sich später immer noch für was ganz anderes entscheiden: „Gelernt ist gelernt, ganz egal. Man kann ja alles gebrauchen." Er spricht wie ein Alter.

Bleiben noch Robert – der geht in die Lehre beim eigenen Vater, wird Tischler und Bestattungsunternehmer, was die anderen sehr komisch finden – und Ulrich. Für den war es einfach, der wollte schon immer „an Autos rumfummeln", verbrachte jede Minute Freizeit in der Werkstatt nebenan, sonntags half er als Tankwart aus, stolz im blauen Overall. Jetzt ist er als Lehrling, wohin er sein Lebtag lang gewollt hat.

Es fällt da auf: Von ein paar tausend möglichen Berufen sind den Eltern wie den Kindern nur ganz wenige bekannt. Zimmermann und Maurer, Bäcker, Metzger, Schornsteinfeger, Autoschlosser und Friseuse, Kinderpflegerin, Berufe in Büro und Laden, bei der Post und bei der Bahn. Das sind, bei Licht betrachtet, die Berufe aus dem Dorf, in dem man lebt. Man kennt sie und natürlich auch den Werdegang von Onkeln, Tanten, Nachbarn, Vettern und Kusinen. Das hat den Vorteil, daß man weiß und miterleben kann, wie es bei dieser Arbeit zugeht, aber andererseits den Nachteil, daß andere Berufe überhaupt nicht in Betracht kommen. „So was Ausgefallenes soll unser Sohn nicht werden", heißt es beim Berufsberater, der von einer Ausbildung zum Hörgerät-Akustiker zu reden wagt!

Selbstverständlich wird auch vorausgesetzt, daß all diese Berufe in Zukunft weiter bestehen werden, Treue zum erlernten Handwerk wie zum Arbeitsplatz gilt weiter als erste Tugend; die Mobilität der Arbeitswelt von heute wird nicht einkalkuliert. Die Jungen sehen manchmal etwas weiter als die Alten, diskutieren auch. Fehlt es ihnen an Überblick und Wissen, um entsprechend zu handeln? Wem der schmale Kenntnisstand des deutschen Volksschulabsolventen ungefähr vertraut ist, versteht, warum dem Schulentlassenen eine weitblickende Entscheidung so schwerfällt. Sie brauchen Rat, doch wo sie ihn bekommen könnten – bei den Arbeitsämtern –, suchen sie ihn selten. Die Eltern sind sicher, daß sie wissen, was für ihre Kinder gut ist.

Bei den Mädchen vollends wird nicht lange gefackelt. Bis zur Ehe – die man als ganz selbstverständlich annimmt – sollen sie sich ihr Brot verdienen, nachher hat der Ehemann zu sorgen. Ein Beruf mit Aufstiegschancen, aber bei geringem Lohn am Anfang, gilt als ungeeignet. Weiterbildung, sei es im Betrieb, durch Kurse oder als Fernstudium, das ist etwas für Jungen. Das Mädchen soll sich hübsch kleiden können, allenfalls ein bißchen selber nähen und möglichst rasch möglichst gut verdienen. Damit ist der Lebensweg der meisten festgelegt.

Die Jungen gehen oft mit größerem Gleichmut in die vorgeschriebene Lehre, stehen sie durch – und warten ab. Dann, spätestens „beim Bund", entscheiden sie sich noch einmal und neu, manchmal aus größerer Kenntnis der verschiedenen Möglichkeiten. Sie informieren sich jetzt wenigstens genau und gründlich. Ihre Zukunft ist noch etwas mehr offen, auch wenn es jetzt, wo sie zusammen mit den Mädchen aus der Schule entlassen werden, nicht so aussieht.

Schaubild: Anteilmäßige Verteilung der Erwerbstätigen 1964 – nach 8 Berufsbereichen und 87 Gruppen

Siehe S. 176

Die Berufe wandeln sich

Robert Jungk

Der Weltraumtechniker, der sein tägliches Brot als Taxifahrer verdienen muß, der Nuklearingenieur, der sich als Heizungsinstallateur durchbringt, der Physiker, der nach Abschluß seiner Universitätsstudien umsatteln muß, weil er keinen entsprechenden Arbeitsplatz findet – das sind durchaus typische Berufsschicksale in den siebziger Jahren.

So manche auf die Voraussagen vom unaufhaltsamen Fortschritt der Technik gegründete Erwartung hat zu bitterer Enttäuschung geführt. Diese auffallende Ungenauigkeit von Berufsprognosen – so schrieb Englands führende Tageszeitung „Times" Ende 1972 – sei beklagenswert und deute auf die Notwendigkeit von mehr und besserer Information auf diesem für alle Menschen so wichtigen Gebiet.

Da wurde zum Beispiel kürzlich in einem Gutachten, das für die Errichtung einer zweiten technischen Hochschule im Lande Nordrhein-Westfalen eintrat, aufgrund der Entwicklung der letzten Jahre behauptet, daß der Bedarf an Diplomingenieuren jährlich um rund acht Prozent steige. Diese Zuwachsrate würde aber bedeuten, daß binnen 60 Jahren die gesamte männliche Bevölkerung der Bundesrepublik Deutschland aus Ingenieuren bestünde.

Die Unsinnigkeit solcher futurologischer Milchmädchenrechnungen ist wohl einsichtig. Dennoch werden sie immer wieder nicht nur von privater, sondern auch von offizieller Seite aufgemacht. Allerdings meist für so kurze Zeiträume, daß die Unmöglichkeit solcher Schätzungen nicht sofort ins Auge springt. Ein nicht unwesentlicher Teil der optimistischen Berechnungen über die stetige Steigerung des Jahreseinkommens in den hochindustrialisierten Ländern beruht auf solchen gradlinigen Additionen und Multiplikationen, die gesellschaftliche, wirtschaftliche, umweltbedingte Faktoren nicht oder in zu geringem Maße berücksichtigen.

Wer vor der Berufswahl steht und nicht einem modischen Trend folgen will, sollte für diese Entscheidung mindestens so viele Informationen einholen wie beim Kauf eines Autos oder einer Filmkamera. Er wird sich ja bei einer kostspieligen Anschaffung nicht mit einer pauschalen Empfehlung „Dies ist besser als das" begnügen, sondern fragen: „Was will ich? Wieviel kann ich ausgeben? Wie gut ist der Reparaturdienst? Wie bald wird sich das Modell verändern?"

Diese sorgfältige, prüfende Haltung, die bei anderen Gelegenheiten selbstverständlich ist, hat sich nach Ansicht von Berufsforschern bei der Berufswahl noch nicht allgemein durchgesetzt. Man wählt seinen Lebensweg, „weil der Vater schon den Beruf hatte", „weil das Anfangsgehalt gut ist", „weil der Beruf Sozialprestige verspricht". Aber wie oft erweisen sich solche Motive als kurzsichtig. Denn Vaters Beruf kann auf dem absteigenden Ast sein, dem lockenden Anfangsgehalt folgt keine entsprechende Aufstiegschance und Weiterentwicklung, das Ansehen des Berufs ist zeitbedingt.

Gerade weil sich die Berufsbilder und Berufschancen so schnell ändern, wird denjenigen, die keine ausgeprägten Spezialbegabungen haben, empfohlen, eine Ausbildung zu wählen, die Grundstock für möglichst viele Berufe sein kann. Und zwar nicht nur zu solchen Beschäftigungen, die es bereits gibt, sondern auch zu solchen, die vielleicht erst morgen entstehen.

Deshalb sollte man heute immer mehr an „Berufsfelder" als an Einzelberufe denken. Ein angehender Mediziner muß durchaus nicht Arzt werden. Es gibt so viele Berufe, die sich mit dem „Heilen" beschäftigen. Er kann als biomedizinischer Ingenieur, als Beschäftigungstherapeut, als Mitarbeiter in einer Gesundheitsbehörde, als Umweltschützer (der vorbeugend krankheitsfördernde Lebensbedingungen zu bekämpfen hat) den für ihn richtigen Platz finden.

Immer mehr Berufe werden auswechselbar. Deshalb drängen die Berufsforscher darauf, daß die Ausbildung die Ersetzung eines Berufes durch den anderen von Anfang an im Auge hat. Das verlangt allerdings auch auf seiten der Arbeitgeber beim Stellenangebot mehr Spielraum, als sie heute anbieten. Sie dürfen und können in Zukunft nicht mehr damit rechnen, einen „maßgeschneiderten Mitarbeiter" zu finden, der von Anfang an die geforderten Qualifikationen besitzt. Dafür bekommen sie nach dem neuen Ausbildungsprinzip einen beweglicheren, vielseitigeren und selbständigeren Mann.

Denn nicht nur die enge Spezialisierung im Berufsleben wird abgebaut werden, sondern auch jene meist nur äußerlich widerspruchslose Unterordnung unter „Entscheidungen von oben", die im Erwerbsleben vielfach noch als Tugend gilt. Gerade das schnelle Tempo der Veränderungen auf allen beruflichen Gebieten verlangt von den Arbeitenden ein hohes Maß an eigener Urteilsfähigkeit und Kreativität. Diese Eigenschaften können aber nur dort gedeihen, wo blinder Gehorsam und reibungsloses „Spuren" nicht mehr gefordert werden.

Von zunehmender Wichtigkeit für den Berufserfolg der Zukunft wird – nach fast einhelliger Auffassung der Organisationssoziologen und Industriepsychologen – die Fähigkeit zur Teamarbeit sein. Ein Mitarbeiter, der sich mit seinen Kollegen gut versteht, sollte nach Forschungen, wie sie zum Beispiel der Engländer Dr. Meredith Belbin (Cambridge) durchgeführt hat, höher bewertet werden als ein hochqualifizierter, aber egozentrischer Mann. Ein ideales Team sollte nach seinen Erfahrungen mindestens vier Charaktertypen enthalten: einen „Einfallsmann", einen „Koordinator", einen „Späher" (der sozusagen der Außenminister der Gruppe ist) und einen „Umsetzer", der Nägel mit Köpfen zu machen versteht.

Die Berufsforscher sind sich noch in einem anderen Punkt weitgehend einig: Die Berufstätigen sollten schon vor der Wahl ihres Berufs, aber auch während ihrer Beschäftigung weit besser als bisher über die Ziele und das Funktionieren des Betriebes informiert werden. Die fehlende Transparenz der meisten Unternehmen, die Unklarheit über das, was sie anstreben und wohin sie sich entwickeln wollen oder sollen, führt zu Gleichgültigkeit, Zynismus und ist nach Ansicht der Fachleute für die berufliche Unzufriedenheit vieler verantwortlich. Wenn sie einen Sinn in ihrer Arbeit sehen sollen, müssen sie mehr darüber wissen, als dies heute der Fall ist. Erst dann werden sie wirklich zu Mitarbeitern.

Schaubild: Berufe nach Wirtschaftssektoren 1967 und die Veränderung der Streuung im Zeitraum 1961/1967

Siehe S. 177

Herman Kahn / Anthony J. Wiener

Im Jahre 1967 veröffentlichten H. Kahn und A. J. Wiener ihre erste große Studie über „mögliche Zukünfte": The Year 2000. A Framework For Speculation On The Next Thirty-Three Years. Aus dem Teil E 3 („Die Vermehrung wissenschaftlicher und technischer Kenntnisse") des 1. Kapitels („Wandel und Kontinuität") haben wir die Tabellen 18 und 19 entnommen; die Tabelle 18 enthält im Original allerdings 100 „wahrscheinliche" Neuerungen. Nach Kahn/Wiener sind die einzelnen Punkte „absichtlich in ungeordneter, zusammengewürfelter Weise aneinandergereiht"; Merkmale der Punkte in Tabelle 18 sind: Es kann sich um eine bedeutsame Veränderung mit unterschiedlicher Wirkung handeln (aufsehenerregend; weit verbreitet; vielseitig verwendbar ...). Die Wahrscheinlichkeit des Eintreffens wird mit 90–95% angegeben. Es handelt sich grundsätzlich um „technische Neuheiten, Revolution oder Umwälzung".

25 technische Neuerungen, welche im letzten Drittel des 20. Jahrhunderts sehr wahrscheinlich realisiert werden

1. Vielseitige Anwendungsmöglichkeiten von Lasern und Masern für Peilen, Messungen, als Kommunikationsmittel, zum Schneiden und Schweißen von Metallen, zur Beheizung, Energieübertragung, Beleuchtung, zur Vernichtung (Verteidigung) und für andere Zwecke
2. Werkstoffe, die gegen Belastung und hohe Temperaturen besonders widerstandsfähig sind
3. Neue oder verbesserte Hochleistungsgewebe (aus Papier, Fasern und Kunststoff)
4. Neue oder verbesserte Werkstoffe für Ausrüstungsgegenstände und Geräte (Kunststoff, Glas, Legierungen, keramische Stoffe, intermetallische Verbindungen und *Cermets*)
5. Neue Luftfahrzeuge (Luftkissenfahrzeuge, Kurz- und Senkrechtstarter, Riesenhelikopter, Großraum- und Überschalldüsenflugzeuge)
6. Erweiterte kommerzielle Anwendung von Sprengstoffen mit Richtungseffekt
7. Verläßlichere und langfristigere Wettervorhersagen
8. Intensive und/oder extensive Ausweitung der tropischen Land- und Forstwirtschaft
9. Neue Energiequellen für Dauerinstallationen (z. B. magnetohydrodynamische, elektronische und thermoelektrische, radioaktive usw.)
10. Neue Energiequellen für Bodentransporte (Batterien, Brennstoffzellen, elektromagnetische Felder als Antrieb oder als Antriebshilfe, Düsenmotoren, Turbinen usw.)
11. Extensive und intensive weltweite Anwendung von Höhenflugkameras zur Herstellung von Landkarten, für Schürfuntersuchungen, Volkszählungen, Landgewinnung und geologische Untersuchungen
12. Neue Methoden des Wassertransports (Riesenunterseeboote, flexible „Container-Schiffe" für besondere Zwecke, häufigere Anwendung von großen, automatisierten Einzweckschiffen für Schüttgut usw.)
13. Weitgehende Verminderung vererblicher und angeborener Gebrechen
14. Extensive Anwendung von Cyborgmethoden (mechanischen Hilfs- oder Ersatzmitteln für menschliche Organe, Sinne, Gliedmaßen oder sonstige Körperteile)

15. Neue Methoden zur Erhaltung und Verbesserung der Umwelt
16. Relativ wirksame Appetit- und Gewichtskontrolle
17. Neue Methoden und Institutionen der Erwachsenenbildung
18. Neue, nützliche Tier- und Pflanzenarten
19. „Winterschlaf" des Menschen für kurze Zeiträume (Stunden oder Tage) für medizinische Zwecke
20. Billige Herstellung und billige Beschaffung von Einzelgegenständen auf Bestellung mit Hilfe von Datenverarbeitungsanlagen und automatisierter Produktion
21. Gesteuerte und hoch wirksame Entspannungs- und Schlafzustände
22. Eine verfeinerte und komplizierte Architektur (z. B. geodäsische Kuppeln, Phantasiebauten, Häuser aus „aufgeblasenen" Kunsthäuten und eigenartigen Werkstoffen)
23. Neue oder bessere Ausnützung der Weltmeere (Gewinnung von Bodenschätzen und Mineralien, planmäßiger „Ackerbau" auf dem Meerboden, Energiequellen usw.)
24. Dreidimensionale Photographie, Illustrationen, Filme, Fernsehen
25. Automatisierte oder stark mechanisierte Haushaltung und Instandhaltung der Wohnungen

Einige weniger wahrscheinliche, aber bedeutsame Möglichkeiten

1. „Echte" künstliche Intelligenz
2. Praktische Anwendung der anhaltenden Kernfusion zur Erzeugung von Neutronen und anderen Formen der Kernenergie
3. Künstliches Wachstum neuer Gliedmaßen und Organe (entweder am Körper oder in speziellen Apparaten für spätere Verpflanzungen)
4. Supraleiter (bei Zimmertemperatur)
5. Allgemeine Verwendung von Raketen für den kommerziellen oder privaten Verkehr (innerhalb oder außerhalb des Erdbereiches)
6. Wirksame chemische oder biologische Behandlung der meisten Geisteskrankheiten
7. Fast vollkommene Kontrolle über Randveränderungen in der Vererbung
8. Scheintod (auf Jahre oder Jahrhunderte)
9. Praktische Werkstoffe, deren Festigkeit an der „theoretischen" Grenze liegt
10. Umwandlung von Säugetieren (Menschen?) zu Flüssigkeitsatmern
11. Direkte Eingabe in menschliche Gedächtnisbanken
12. Direkte Erhöhung der menschlichen geistigen Leistungsfähigkeit durch mechanische oder durch elektronische Verbindung des Gehirns mit einem Computer
13. Starke Verjüngung und bedeutende Verlängerung der Lebenskraft und Lebenserwartung – vielleicht auf 100 oder 150 Jahre
14. Chemische oder biologische Beeinflussung von Charakter oder Intelligenz
15. Automatisierte Autobahnen

16. Häufige Verwendung von Fließbandgehsteigen für den lokalen Fußgängerverkehr
17. Großangelegte, bemannte Mond- oder Planetenstationen
18. Elektrizität um weniger als 0,3 Mill pro Kilowattstunde
19. Bestätigung verschiedener außersinnlicher Erscheinungen
20. Weltraumtechnik
21. Modifizierung des Sonnensystems
22. Empfängnis und Aufziehen von tierischen (menschlichen?) Fötussen im Laboratorium
23. Erzeugung einer Droge, welche dem Soma Huxleys gleichkommt
24. Technisches Äquivalent der Telepathie
25. Teilweise direkter Einfluß auf individuelle Denkvorgänge

Es ist des Lernens kein Ende

Walter R. Fuchs

„Lernen" ist ein Stichwort, das selten eine fröhliche Stimmung aufkommen läßt: Jedermann ist zwar davon überzeugt, daß man ums Lernen nicht herumkommt, aber meistens wird es doch als recht anstrengendes „Geschäft" angesehen. Man träumt dann z. B. vom *völlig mühelosen Lernen im Schlaf:* Aldous Huxley hat in seinem berühmten Roman aus dem Jahre 1932, der die Zukunft in einer „Schönen neuen Welt" malt, dahingehend die Phantasie reichlich mit pseudowissenschaftlichen Spekulationen genährt. Doch die experimentellen Befunde der Psychologen lassen uns in dieser Hinsicht noch nicht in eine allzu rosige Zukunft blicken.

Auch der Wunschtraum von der *„Lernpille"* scheint wenig aussichtsreich: Gewiß wird es der modernen Naturforschung gelegentlich gelingen, „Gedächtnismoleküle" zu isolieren und effektiv zu übertragen. Aber das „geschluckte" oder „geimpfte" Wissen wird über bescheidenste Ausmaße wohl nie hinauskommen und für den lernenden Menschen *praktisch bedeutungslos* sein: Wer *selbst,* „aus eigener Kraft" *lernt,* der wird noch für lange Zeit im Vorteil sein gegenüber dem „Gedächtnis-Chemikalien-Schlucker" ...

Biologisch betrachtet erscheint es nämlich als durchaus *zweckmäßig,* daß jedes Lebewesen seine „ureigenen" Erfahrungen macht, daß es *selbständig* „lernt", sich in seiner Umwelt zurechtzufinden und mit ihr auseinanderzusetzen. Ansonsten hätten die Organismen im Laufe der vielen Jahrmillionen ihrer Stammesgeschichte die *Vererbungsmechanismen* wohl anders „programmiert". Doch die individuellen Erfahrungen von „Oma" oder „Papa" werden ja gerade *nicht vererbt:* Die Nachkommenschaft soll sich selbst „lernend" zurechtfinden ...

Unsere vielzitierte „schnellebige Zeit" kennt die – relative – *„Stabilität" des Milieus* aus der „guten alten Zeit" nicht mehr: Bevor man so richtig mit der „neuen" veränderten Umwelt „vertraut" ist, schickt sie sich auch schon wieder an, ihr Gesicht zu verändern. Sprunghaft, unregelmäßig, für viele Menschen unerwartet erfolgen die Veränderungen: Wie ein verwegener Rennfahrer bedient die Zivilisation bisweilen das Gaspedal. „Umwälzende" Ereignisse stehen auf der Tagesordnung: Der zivilisatorische Prozeß entwickelt ein geradezu atemberaubendes Tempo: „Ein alter Mann ist doch kein D-Zug!" durfte man vor wenigen Jahren noch witzeln – heute ist das „Jet-Tempo" eine durchaus „normale" Angelegenheit . . .

Tatsächlich ist die *Veränderung nahezu aller Sachverhalte das charakteristische Merkmal unserer Industriekultur* geworden: Sie hat die Sorge, ja die Angst vieler Menschen vor „dem Morgen" wachsen lassen. Betrifft sie tatsächlich konkrete Erscheinungen wie Atombomben, „Denkmaschinen", Roboter, „Raumschiffe" oder „Lernautomaten"? Sollen wir diese Angst vor dem, was „morgen" sein wird, durch vage Kennzeichnungen wie „gegenstandslose Stimmung" kennzeichnen? Oder können wir mit Hoimar von Dithfurth knapp und klar diagnostizieren: „Die *Angst vor der Zukunft* ist in Wirklichkeit *noch niemals durch konkrete Entwicklungen ausgelöst* worden, sondern immer nur durch *die Ablösung des Gewohnten durch das Unbekannte,* durch die *Veränderung* als solche."

Diese unsere „Welt im Wandel", in der wir uns heute und morgen zurechtfinden müssen, ist durch eine stattliche Summe von – großen und kleinen – Veränderungen bestimmt. Viele Menschen befürchten bereits, daß sie einfach nicht mehr „mithalten" können, wenn dieses explosive Tempo des zivilisatorischen Prozesses im gleichen oder noch stärkeren Maße wächst. Sie kommen sich vor wie die kleine *Alice im Wunderland* aus den Romanen von Lewis Carroll, die „hinter den Spiegeln" mit der „Schwarzen Königin" folgendes aufregendes Erlebnis hatte: „Wenn Alice später daran zurückdachte, kam sie nie mehr ganz dahinter, wie es damit eigentlich zugegangen war: Nur so viel weiß sie noch, daß die Königin sie auf einmal an der Hand hielt und aus Leibeskräften rannte; und wie die Königin so schnell dahinsauste, daß sie nur noch mit größter Mühe nachkam; und dabei rief die Königin noch dauernd: ‚Schneller!', aber Alice wußte genau, daß es schneller einfach nicht mehr ging – nur bekam sie nicht mehr genug Luft, um das auch zu sagen."

Auch in unserer Zeit und in weit realeren Gefilden glauben viele Menschen genau zu wissen, daß es „schneller einfach nicht mehr geht", obwohl auch hier ständig irgend jemand „Schneller!" zu rufen scheint: Die Erkenntnisse der modernen Naturwissenschaft und Technik *zwingen* uns nämlich geradezu, *mitzurennen, um wenigstens unseren Platz zu halten.* Selbstzufriedenheit und „Lorbeereffekte" können sich dabei bitter rächen: Da nützt kein national getrübter „stolzer" Blick zurück auf die „ruhmreiche" Geschichte der arabischen Mathematik, der französischen Chemie, der englischen Physik und der italienischen Technik – es sei denn, ein effektiver „Lernantrieb" würde damit ausgelöst. „Kalküle" mit deutschen Nobelpreisträgern der Naturwissenschaft bis zur Mitte der dreißiger Jahre erweisen sich als Milchmädchenrechnungen. Was zählt, ist die Effektivität des Heute und die sinnvolle Planung des Morgen. Unser „Wettrennen", vor allem auf *technologischem* Gebiet, wird vermutlich nach den gleichen erstaunlichen Spielregeln erfolgen wie bei Alices Lauf „hinter den Spiegeln." Lesen wir dazu weiter in der Geschichte von Lewis Carroll:

„ ‚Sind wir bald da?' keuchte Alice endlich mit letzter Kraft.

‚Bald da!' gab die Königin zurück. ‚Seit zehn Minuten sind wir daran vorbei! Schneller!' Und schweigend rannten sie eine Weile fort.

‚Jetzt! Jetzt!' rief die Königin. ‚Schneller! Schneller!' Und nun sausten sie so schnell dahin, daß sie beinahe nur noch durch die Luft segelten. Im nächsten Moment saß Alice schwindlig und atemlos am Boden.

Die Königin lehnte sich mit dem Rücken an einen Baum und sagte gütig: ‚Jetzt darfst du ein wenig rasten.'

Voller Überraschung sah sich Alice um: *‚Aber ich glaube fast, wir sind die ganze Zeit unter diesem Baum geblieben! Es ist ja alles wie vorher!'*

‚Selbstverständlich' sagte die Königin, ‚was dachtest du denn?'

‚Nun, in unserer Gegend' sagte Alice, noch immer ein wenig atemlos, ‚kommt man im allgemeinen woanders hin, wenn man so schnell und lange läuft wie wir eben'.

‚Behäbige Gegend' sagte die Königin. *‚Hierzulande mußt du so schnell rennen, wie du kannst, wenn du am gleichen Fleck bleiben willst. Und um woandershin zu kommen, muß man noch mindestens doppelt so schnell laufen!' "*

In der Tat scheint unsere von der modernen Naturforschung und Technik gezeichnete Welt heute eher jenem Reich der „Schwarzen Königin" zu ähneln als der „behäbigen Gegend", aus der Alice stammt – dem „merry old England" vor rund hundert Jahren. Der letzte Ausspruch der „Königin" scheint geradezu ein Schlüsselsatz zum Verständnis unserer Zeit zu sein. Was Wunder: Der Dichter „Lewis Carroll" der „Alice im Wunderland" war schließlich der *Mathematiker und Logiker* Charles L. Dodgson vom Christ Church College zu Oxford. Und unser Zeitalter ist im wesentlichen ein „mathematisches" oder „mathematisiertes". Wenn vom „Zeitalter der *exakten Wissenschaft"* die Rede ist oder auch vom *„naturwissenschaftlichen"*, vom *„technischen"* oder *„kybernetischen"*, dann ist immer die *Mathematik* im Spiel, diese dynamischste und „entwicklungsfreudigste" aller exakten Wissenschaften.

Ein „Brückenschlag" zwischen den einzelnen hochspezialisierten Forschungsrichtungen in Wissenschaft und Technik muß in jedem Fall ein *mathematischer* sein: Biologen greifen heute zu Büchern über „Boolesche Algebra", Ärzte zu Werken über „Informationstheorie", Psychologen zu Bänden über „Wahrscheinlichkeitstheorie" usw. Ohne die traditionellen *Experimentiertechniken* der Physiker und Chemiker, ohne die *„Ingenieurkunst"* der Techniker läßt es sich heute zudem weder in Medizin und Psychologie noch in Biologie und Erziehungswissenschaft vernünftig arbeiten. Der strenge *„Dialog" von Experiment und Theorie* ist Kennzeichen einer „mathematisierten" Wissenschaft. Seit den Tagen des ersten „modernen" Physikers, Galileo Galilei, wird er praktiziert. Er vor allem hat unsere „Welt im Wandel" geschaffen: Sie ist leider keine „behäbige Gegend" mehr . . .

Dennoch liegt kein Grund zur Verzweiflung vor: Schließlich ist der Mensch von allen Lebewesen unseres Planeten Erde dadurch ausgezeichnet, daß er eine *nahezu unbegrenzte Lernfähigkeit* besitzt. „Permanentes"

Lernen ist gewiß die beste „Waffe" des Menschen gegen die „permanente" Veränderung seiner Welt. Die „lernende" Auseinandersetzung mit der künstlichen, der manipulierten Umwelt erfordert aber neue Spielregeln. Sie müssen *gelernt* werden. Natürlich gilt es nach wie vor, auch andere Sachverhalte und Fertigkeiten *lernend* zu „erwerben": Aber zum Verständnis der „Welt, in der wir leben" gehören heute mehr denn je eine gewisse Vertrautheit mit Methoden und Ergebnissen der Mathematik, der Naturwissenschaften und der Technik. Dazu bedarf es einer grundlegenden *Reform der derzeitigen Lerntechniken und Lerninhalte*.

All diese *Industriekulturen* verändern ja nicht nur – stetig oder sprunghaft – ihren „Maschinenpark": In ähnlicher Weise ändert sich auch die *soziale* Umwelt, das wirtschaftliche Wachstum. Es wird immer mehr zum vertrauten Erscheinungsbild gehören, daß der „Normalbürger" zwei- bis dreimal im Laufe seines Lebens den Beruf wechselt. Künftig wird die Fragebogenrubrik „Beruf des Vaters" markante Abweichungen zum Tätigkeitsbereich des Befragten ergeben. Den Ratschlag „Schuster, bleib bei deinen Leisten" wird man in der „mobilen" Gesellschaft genauso vergessen müssen wie den des zweiten Paulusbriefes an Timotheus: „Du aber bleibe in dem, das du gelernet hast" . . .

Es ist eine Binsenweisheit, daß in einer solchen mobilen Gesellschaft das *Lernen weder mit dem vierzehnten noch mit dem vierundzwanzigsten Lebensjahr aufhören kann.* Wer „umsattelt", der muß auch „umlernen". Wer am sozialen Aufstieg teilhaben will, der muß „dazulernen". Wer die ständig wechselnde technische Umwelt begreifen will, muß eine gleichbleibend starke „Lernbereitschaft" zeigen: *Lernen wird damit zum eigentlichen „Geschäft" der Menschen aller Altersstufen und Berufe* – mit den Worten des spöttelnden Wilhelm Busch: „Also lautet der Beschluß, *daß der Mensch was lernen muß."*

Um sich zu behaupten, muß man heute jedoch *ein Leben lang lernen: „longlife education"* (englisch) und *„éducation permanente"* (französisch) sind die wichtigsten Schlagwörter der „neuen *Lerngesellschaft*". Eine alte Talmud-Weisheit wird zu ihrem Leitspruch: *„Wenn du viel gelernt hast, bilde dir nichts darauf ein; denn das ist deine Bestimmung!"*

Das heißt wiederum aber nicht, daß wir kein Aufhebens ums Lernen machen sollen. Im Gegenteil: Es genügt heute nicht mehr, daß sich jeder einzelne ins stille Kämmerlein zurückzieht und das Wie und Was seines Lernens nach eigenem Gutdünken abwickelt. Die „neue" Lerngesellschaft muß eine *informierte Lerngesellschaft* sein: Schließlich müssen *immer mehr Menschen in immer kürzerer Zeit immer mehr lernen, gut behalten und sicher anwenden können.*

Schaubild: Anteilmäßige Verteilung der Erwerbstätigen 1964 — nach 8 Berufsbereichen und 87 Gruppen

– dargestellt und angegeben sind Anteilswerte je 10 000 Erwerbstätigen (= 100%) –

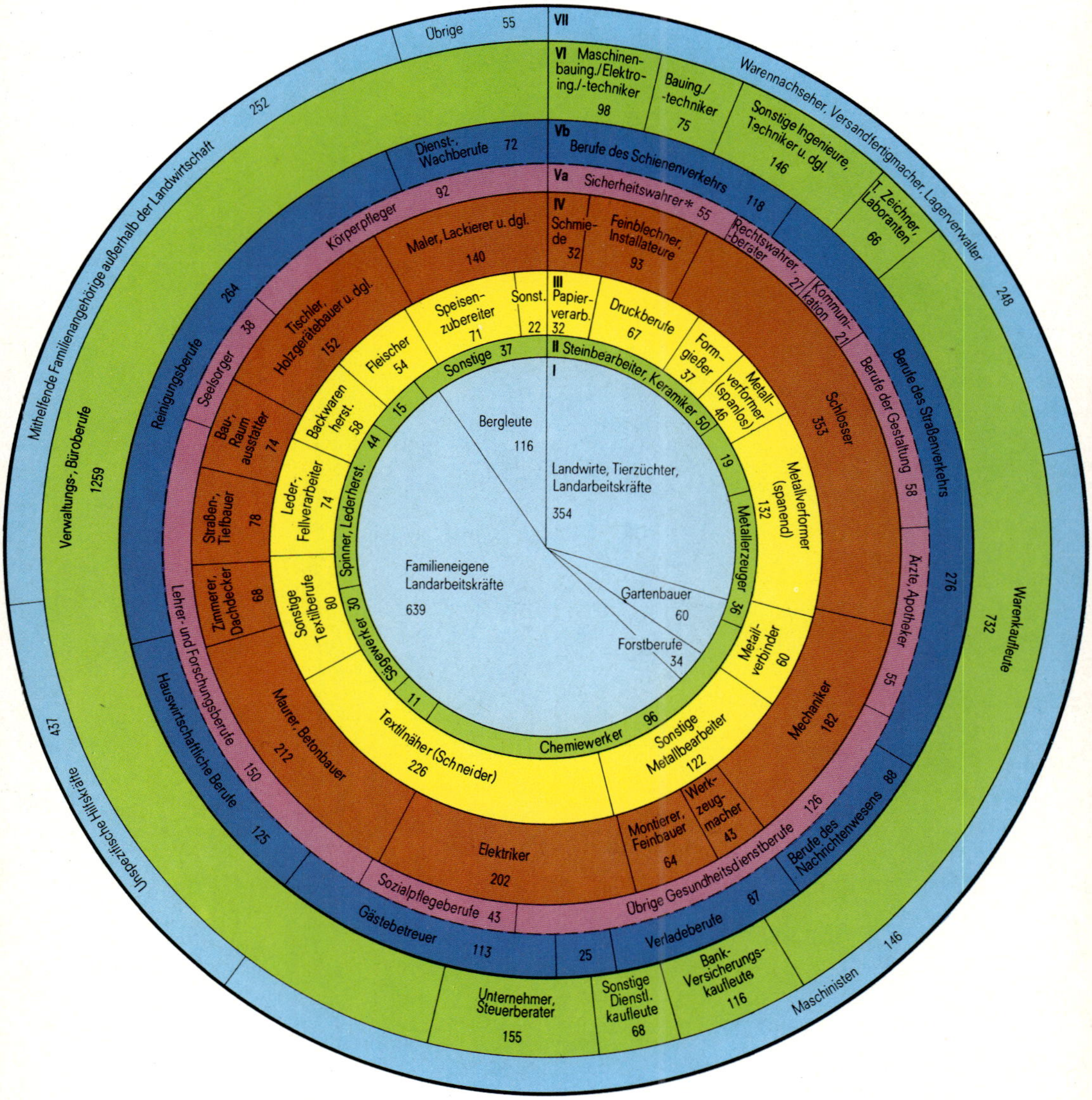

Anteilswerte der 8 Berufsbereiche[1]:

I.	Gewinner von Naturprodukten, Mineralien	1 202
II.	Hersteller und Aufbereiter von Grundstoffen	339
III.	Verarbeiter und Bearbeiter von Grundstoffen	1 080
IV.	Montage-, Wartungsberufe	1 694
Va.	Person-/gemeinschaftsbez. Dienstleistungsberufe	664
Vb.	Sachbez. Dienstleistungsberufe	1 169
VI.	Verteilende, verwaltende, planende Berufe	2 714
VII.	Nicht sektoral oder produktgebundene Berufe	1 138
	zusammen	10 000

[1] Summendifferenzen durch das Runden der Zahlen

* ohne Soldaten

Schaubild: Berufe nach Wirtschaftssektoren 1967 und die Veränderung der Streuung im Zeitraum 1961/1967

Von je 100 Erwerbstätigen des Berufsbereiches . . . / waren 1967 im Wirtschaftssektor . . . tätig: [1])	Erwerbstätige insgesamt 1967 in % ↓	Primärbereich		Sekundärer Sektor			Tertiärer Sektor			
		0 Land-, Forstwirtschaft	1 Energiewirtschaft, Bergbau	2a Grundstofferzeugung	2b+3 Investitionsgütererzeug., Baugew.	2c Verbrauchsgüterherst.	5 Verkehrsgewerbe	4+6 Handel, Banken, Versicherungen	7+8 Dienstleistungsgewerbe, Verbände	9 Staat[2])
1	2	3	4	5	6	7	8	9	10	11
I Gewinner von Naturprodukten, Mineralien	(grün) ↘↘	(rot) =	(orange) ↘↘	(weiß) ↘↘	(weiß)	(weiß)	(weiß)	(weiß)	(gelb) ↗↗	(gelb) ↗↗
II Hersteller und Aufbereiter von Grundstoffen	(gelb) ↘↘	(weiß)	(gelb) ↗↗	(blau) ↘↘	(orange) ↗↗	(blau) ↗	(weiß)	(weiß) ↘	(gelb) ↗↗	(weiß)
III Verarbeiter und Bearbeiter von Grundstoffen	(orange) ↘	(weiß)	(weiß)	(grün) ↗↗	(blau) ↘	(blau) =	(weiß) ↗	(gelb) ↗	(orange) ↗↗	(gelb) =
IV Montage-, Wartungsberufe, einschl. Maler, Lackierer	(grün) =	(weiß)	(orange) ↘	(orange) ↗↗	(rot) =	(orange) ↘	(orange) ↘	(gelb) =	(gelb) ↗↗	(gelb) =
Va Person-/gemeinschaftsbezogene Dienstleistungen	(orange) ↗	(weiß) ↘↘	(weiß)	(gelb) ↗↗	(gelb) ↗↗	(gelb) ↗↗	(weiß)	(gelb) ↗	(rot) =	(grün) =
Vb Sachbezogene Dienstleistungen	(grün) =	(weiß)	(gelb) ↘↘	(orange) ↘	(orange) ↗↗	(orange) ↗↗	(blau) ↘	(orange) ↗	(blau) ↘	(orange) ↗
VI Verteilende, verwaltende, planende Berufe	(blau) ↗	(weiß)	(gelb) ↘	(orange) ↗	(grün) ↗	(orange) =	(orange) =	(blau) ↘	(grün) ↗	(grün) =
VII Nicht branchen- oder produktgebundene Berufe	(grün) =	(weiß)	(gelb) ↘	(grün) =	(blau) =	(grün) =	(gelb) ↘	(grün) ↘	(orange) ↘	(orange) ↗↗
Erwerbstätige insgesamt in %	100,0 %	(grün) ↘↘	(gelb) ↘↘	(orange) =	(grün) =	(grün) =	(orange) =	(grün) ↗	(grün) ↗	(orange) ↗

[1]) **Anteilswerte 1967:**

(weiß) = 0–1 % (gelb) = 1,1–3,0 % (orange) = 3,1–10,0 % (grün) = 10,1–25,0 % (blau) = 25,1–66,7 % (rot) = über 66,7 %

Veränderungen 1961/67: = = ± 5 % gleichbleibend; ↘ = −5,1 – −20,0 % abnehmend; ↘↘ = mehr als −20,0 % stark abnehmend; ↗ = +5,1 – +20,0 % zunehmend; ↗↗ = mehr als +20 % stark zunehmend

– angegeben ist jeweils die Veränderung der Anteilswerte (%) 1961/67 je Berufsbereich / Wirtschaftssektor

[2]) einschl. „Verteidigung, Stationierungsstreitkräfte" und „ohne Angabe"

Anhang

(Alphabetisches Register mit Autorenbiographien, Quellenangaben, Werkhinweisen, Wort- und Sacherklärungen)

Aichinger, Ilse

geb. 1921 in Wien, lebt heute in Großgmain bei Salzburg — Mitglied der „Gruppe 47", einer Vereinigung deutscher Schriftsteller; sie zählt zu den hervorragendsten Erzählern der Gegenwart, gestaltet in knapper, hintergründiger Weise Vorgänge aus dem Zwischenreich von Wirklichkeit und Traum — vor allem Kurzerzählungen und szenische Skizzen, auch Hörspiele.

Werke u. a.:
Die größere Hoffnung (Roman, 1948), Fischer Tb 1432, Frankfurt/M., [2]1975 — Besuch im Pfarrhaus (Hörspiele und Dialoge), Fischer, Frankfurt/M. 1961 — Auckland. Vier Hörspiele, Fischer, Frankfurt/M. 1969 — Dialoge, Erzählungen, Gedichte, Reclams UB 7939 — Schlechte Wörter, Erzählungen, Fischer, Frankfurt 1976

Das Plakat **137**

Vorlage: Im Reich des Grauens. Die besten unheimlichen Geschichten. Ausgewählt von Eileen Margo. Illustriert von Heinrich Heuer. Lizenzausgabe für den Bertelsmann Lesering mit Genehmigung des Mosaik Verlages, Hamburg o. J.

Anacker, Heinrich

geb. 1901 in Aarau, Verfasser lyrischer Chöre und hymnischer Sprechspiele als politische Gemeinschaftsdichtung im Sinne des Nationalsozialismus. Mit seinem Buch „Ein Volk, ein Reich, ein Führer" hat er 1938 die Einverleibung Österreichs in das Deutsche Reich gefeiert.

Stein und Steinmetz **71**

Vorlage: Die Trommel, SA-Gedichte. Eher, München 1935

Führer, der: hier: Adolf Hitler (1889—1945)
Michelangelo: Michelangelo Buonarroti-Simoni (1475—1564), ital. Bildhauer, Maler und Baumeister
Monument, das: Denkmal — vgl. monumental

Bachmann, Ingeborg

geb. 1926 in Klagenfurt/Österreich, gest. 1973 in Rom. Studium der Philosophie, Promotion zum Dr. phil. Von 1951 bis 1953 war sie Redakteurin der Sendergruppe Rot-Weiß-Rot in Wien, dann freie Schriftstellerin und Mitglied der „Gruppe 47", einer Vereinigung deutscher Schriftsteller. Seit 1953 lebte sie mit Unterbrechungen (München, Zürich, Amerika — Dozentur für Poetik an der Universität Frankfurt) in Rom. I. B. ist eine der bedeutendsten Lyrikerinnen der Nachkriegszeit. Thema ihrer Gedichte ist oft die Entfremdung des modernen Menschen von einer urtümlich heilen Welt, die in einer biblischen Metaphorik vorgestellt wird. Als Hörspielautorin, Erzählerin und Essayistin bemüht sich I. B. um eine philosophische Bestimmung des dichterischen Standorts.

Werke u. a.:

Die gestundete Zeit, Gedichte, Piper, München [6]1974 — Anrufung des großen Bären, Gedichte, Piper 1974 — Der gute Gott von Manhattan, Die Zikaden, Hörspiele, 1963, dtv Sonderreihe 5314 — Das dreißigste Jahr, 1966, dtv Allg. Reihe 344 — Simultan. Neue Erzählungen, 1974, dtv. Allg. Reihe 1031

Alle Tage **74**

Vorlage: Die gestundete Zeit. Piper & Co., München 1964, [6]1974

Becher, Johannes R.

geb. 1891 in München, gest. 1958 in Berlin. Studien der Philosophie und Medizin. Er schrieb zunächst expressionistische Gedichte, später in konventionellen Formen meist politische Lyrik, aber auch Dramen und Romane. 1918 Mitglied der KPD. 1933 Emigration, 1935—1945 in der UdSSR. Nach 1945 Rückkehr nach Ostberlin, wo er Präsident der Dt. Akademie der Künste und Minister für Kultur war. Er ist Autor der DDR-Nationalhymne.

Werke u. a.:

An Europa (1916) — An alle! (1919) — Wir — unsere Zeit. Gedichte (1946) — Schritt der Jahrhundertmitte (1958) — Ausgewählte Gedichte 1911—1918 (dtv-sr 123)

Für Walter Ulbricht **72**

Vorlage: Sternbilder auf Erden. Aufbau-Verlag, Berlin 1955

Sonett, das: Gedicht aus 14 Zeilen, die in je 2 Quartette (Vierzeiler) und 2 Terzette (Dreizeiler) gegliedert sind

Ulbricht, Walter: (1893—1973), deutscher Politiker, Mitbegründer der KPD, von 1960—1971 Vorsitzender des Staatsrates der DDR

Besson, Waldemar

geb. 1929, gest. 1971, Professor für politische Wissenschaft in Erlangen und Konstanz.

Werke u. a.:

Die Außenpolitik der Bundesrepublik. Erfahrungen und Maßstäbe, Piper, München 1970 — Das Weltbild der modernen Demokratie. Bauelemente einer freiheitlichen Staatsordnung, List, München o. J.

Jasper, Gotthard

geb. 1934; seit 1974 Professor für Politologie an der Universität Erlangen.

Das demokratische Menschenbild **40**

Vorlage: Der Staat in dem wir leben. Paul List Verlag, Essen 1972

abstrakt: nur gedacht, nicht an die Wirklichkeit gebunden

Aktivbürger, der: Bürger, der tätig am Staatsleben beteiligt ist

Anthropologie, die: Wissenschaft, die sich vom natur- und geisteswissenschaftlichen Standpunkt aus mit der Erforschung des Menschen beschäftigt

disziplinieren: zur Ordnung erziehen, maßregeln, strafen
einkalkulieren: in eine Berechnung, Erwägung mit einbeziehen
Faktor, der: mitbestimmende Ursache, Umstand
Fehlbarkeit, die: die Möglichkeit, Fehler zu begehen
historisch: dem geschichtlichen Ablauf entsprechend
humanistisch-idealistisch: humanistisch: der Lehre des Humanismus entsprechend, die nach dem Vorbild der griech.-röm. Antike eine menschenwürdige Lebensgestaltung und Persönlichkeitsentfaltung anstrebt; idealistisch: der Lehre des Idealismus entsprechend; sie versucht, das Sein und Wollen des Menschen aus Ideen und Idealen abzuleiten. Der Idealismus ist überzeugt von der wirkenden Kraft des Geistigen
Institution, die: Einrichtung, privates oder öffentliches Unternehmen
klassisch-liberal: klassisch: zeitlos, gültig, überragend, grundlegend liberal: eine Einstellung, die gegenüber einer herrschenden Lehre die Freiheit zu einer abweichenden Meinung gewahrt wissen will
klassische Definition, die: einen Begriff bestimmen durch die Angabe seines Oberbegriffes und seiner speziellen Merkmale; hier: gebräuchliche Definition
konkret: unmittelbar, wirklich vorhanden
Konkretisierung, die: Verwirklichung
kooperationswillig: bereit zur Kooperation, zur Zusammenarbeit
Kriterium, das: unterscheidendes Merkmal, entscheidendes Kennzeichen; Plural: die Kriterien
Mündigkeit, die: sittliche und geistige Reife; die Fähigkeit des Menschen eigenverantwortlich zu entscheiden
Niebuhr, Reinhold: geb. 1892, evang. Theologe,
ökonomisch: wirtschaftlich
Präambel, die: feierliche Erklärung, die eine Verfassungsurkunde oder einen Staatsvertrag einleitet
Prämisse, die: das Vorausgeschickte, die Voraussetzung für Entscheidungen
psychotechnisch: hier: technische Mittel, die so eingesetzt werden, daß sie den freien Willen des Menschen beeinträchtigen oder lähmen
Rechtsstaat, der: im Rechtsstaat sind die Rechte des Staatsbürgers gesetzlich abgesichert. Die Garantie der Grundrechte und die Gewaltenteilung gehören zum Rechtsstaat.
souverän: überlegen; einer Aufgabe, Lage gewachsen; die Hoheitsrechte unbegrenzt ausüben
Sozialstaat, der: ein Staat, der seine Verantwortlichkeit auf die Förderung sozialer Wohlfahrt den Ausgleich sozialer Gegensätze, die Überwindung sozialer Schäden erstreckt
Struktur, die: der Aufbau, die Zusammensetzung, die innere Gliederung
verabsolutieren: absolut setzen, absolut: unbedingt, unbeschränkt, durchaus, gänzlich
Verfassung, die: Zusammenfassung der Grundgesetze des Staates

Bienek, Horst

geb. 1930 in Gleiwitz; studierte bei B. Brecht in Ostberlin Theaterwissenschaft. 1951 wurde er aus politischen Gründen verhaftet und bis 1955 im Lager Workuta in Sibirien gefangen gehalten. Nach der Amnestie 1956 siedelte er in die Bundesrepublik Deutschland über und lebt heute als freier Schriftsteller, Lyriker, Erzähler, Essayist, Rundfunkautor und Verfasser von Kurzfilmen in München.

Werke u. a.:

Gleiwitzer Kindheit. Gedichte aus 20 Jahren, Hanser, München 1976 — Werkstattgespräch mit Schriftstellern, dtv Allg. Reihe 291 — Was war was ist. Gedichte, Hanser, München [2]1969 — Solschenizyn und andere, Essays, 1972, Reihe Hauser 95 — Die Zelle, 1970, dtv 5391

Anweisung für Zeitungsleser **70**

Mit freundlicher Genehmigung des Autors. Vorlage Die Zeit danach Hanser Verlag, München 1976

Feuilleton, das: redaktionelle Sparte bei Zeitungen oder Zeitschriften; die Sparte ‚Feuilleton' umfaßt eine Vielzahl journalistischer Mitteilungsformen (Kritik, Glosse, Erzählung, Nachricht . . .)
Inserat, das: Anzeige
Interview, das: Gespräch eines Journalisten mit einer Persönlichkeit des öffentlichen Lebens; auch: Befragung eines Personenkreises
Kurstabelle, die: Übersicht über den derzeitigen Preis von Wertpapieren — vgl. Börsenkurse, die
Leitartikel, der: längerer Zeitungskommentar, häufig auf der 1. Seite plaziert; der Leitartikel will politisch aufklärend wirken und gibt Interpretationshilfen zu aktuellen Zeitfragen
Redakteur, der: Mitglied einer Redaktion (Zeitung, Funk und Fernsehen) — vgl. *Ressort*, das
Rezensent, der: Kritiker, Beurteiler — vgl. *Rezension*, die; *rezensieren*

Brecht, Bertolt

geb. 1898 in Augsburg, gest. 1956 in Ostberlin. Nach dem Studium der Naturwissenschaften und der Medizin war B. B. als Theaterkritiker und Schriftsteller tätig. In der Weimarer Republik wurde er Marxist und verließ 1933 Deutschland, als Adolf Hitler und die Nationalsozialisten die Macht ergriffen. Nach dem Zusammenbruch des Faschismus, 1947, kehrte er aus dem letzten Exil in den USA zunächst in die Schweiz zurück, war dann von 1949 an bis zu seinem Tod in Ostberlin Theaterregisseur und leitete das nach ihm benannte Ensemble.
Brecht ist der Begründer des „epischen Theaters", das im Gegensatz zum dramatischen die Zuschauer zum kritischen Mitdenken bewegen soll und ihnen die Lösung der dramatischen Konflikte aufgibt. Bekannt wurde Brecht nicht nur durch seine Theaterstücke, sondern auch durch seine Kurzprosa, seine Lyrik und seine „Schriften zum Theater".

Werke u. a.:

Mutter Courage und ihre Kinder, Drama, 1941 — Der gute Mensch von Sezuan, Lehrstück, 1942 — Das Leben des Galilei, Drama 1943 — Herr Puntila und sein Knecht Matti, Drama, 1948 — Kalendergeschichten, 1949 — Gedichte und Lieder, 1956 — Schriften zum Theater, 1957
Gesamtausgabe: Gesammelte Werke in 20 Bdn., Suhrkamp Verlag, Frankfurt 1962

Wenn die Haifische Menschen wären **65**

Vorlage: Gesammelte Werke. 20 Bände. Suhrkamp Verlag, Frankfurt 1967
egoistisch: auf sich selbst bezogen, selbstsüchtig

materialistisch: der Materialismus ist eine philosophische Theorie, nach der die Grundlage alles Wirklichen als Materie (Stoff) gedeutet werden kann. ‚Materialistisch' (hier) nicht an Idealen orientiert, nur auf den eigenen Vorteil aus.
marxistisch: Karl Marx und Friedrich Engels gelten seit der Veröffentlichung des Kommunistischen Manifeste (1847/48) als Begründer der marxistischen Theorie.
sanitär: auf die Gesundheit bezogen (lat. sanitas: die Gesundheit); vgl. auch Sanitäter, Sanitätsdienst

Deschner, Karlheinz

geb. 1924 in Bamberg. Studium der Literaturwissenschaft und Theologie, Promotion, freier Schriftsteller.

Werke u. a.:
Kirche des Un-Heils, 1974, Heyne Tb Allg. 5091 — Das Kreuz mit der Kirche, 1977, Heyne Tb Sachbücher 7032

Stimmen aus Staub 126

Mit freundlicher Genehmigung des Autors. Vorlage: PEN Prosa, Lyrik, Essay. Neue Texte deutscher Autoren. Horst Erdmann Verlag, Tübingen und Basel 1971

Aura, die: „Hauch", Unbehagen
Halluzination, die: Sinnestäuschung, Sinnesempfindung (besonders von Auge und Ohr), die von Dingen oder Vorgängen der Außenwelt zu stammen scheint, in Wirklichkeit aber nicht vorhanden ist
Jahnn: wahrscheinlich ist der Schriftsteller Hans Henny Jahnn (1894—1959) gemeint
Kollaps, der: plötzlicher Schwächeanfall, Zusammenbruch infolge Kreislaufversagens eines wichtigen Organs
Melancholie, die: Schwermut
Ministrant, der: Meßdiener

Eidesformeln

Ärztlicher Eid in der Sowjetunion 39

Vorlage: Opposition. Eine neue Geisteskrankheit in der Sowjetunion? Eine Dokumentation von Wladimir Bukowskij. Carl Hanser Verlag, München 1971

kommunistische Moral, die: hier: den verbindlichen Auffassungen oder Idealen des Kommunismus entsprechend
Kompetenz, die: Zuständigkeit
Präsidium des Obersten Sowjet, das: Oberster Sowjet: das seit 1936 bestehende Parlament der Sowjetunion, das zugleich höchstes Staatsorgan ist. Das Präsidium des Obersten Sowjets stellt das kollegiale Staatsoberhaupt dar.
Prinzip, das: Grundsatz

Genfer Gelöbnis 39

Vorlage: Ärztekammer Bielefeld

Engert, Jürgen

(persönl. Daten waren nicht zu erhalten)

Lästige Wahlhelfer 95

Mit freundlicher Genehmigung des Autors. Vorlage: Die Zeit vom 8.7.1965

authentisch: glaubwürdig, echt
Fellow-Traveller, der: hier: Mitläufer

Konzipierung, die: konzipieren: verfassen, entwerfen — vgl. *Konzept*
Literat, der: Schriftsteller
Obulus, der: ursprünglich kleine Münze und Gewicht in Griechenland; heute übertragen: kleiner Beitrag
Parnaß, der: auch Parnassos: Berg in Griechenland (2459 m hoch). Am Südabhang lag das alte Delphi — vgl. *Orakel von Delphi.* Der Parnaß galt im Altertum als Sitz des Apollo (Gott der Dichtkunst) und der Musen (neun Göttinnen der Künste); daher ist der Parnaß Sinnbild der Dichtkunst
provozieren: herausfordern, aufreizen
Ressentiment, das: heimlicher Neid, hier auch Vorurteil

Enzensberger, Hans Magnus

geb. 1929 in Kaufbeuren/Allgäu, studierte Philosophie, Sprach- und Literaturwissenschaft in Erlangen, Frankfurt und Freiburg. Rundfunk- und Verlagstätigkeit, von 1964—65 Dozent für Poetik in Frankfurt, heute freier Schriftsteller in Berlin.

E. ist einer der namhaftesten Lyriker des deutschen Sprachraums; nach sürrealistischen Anfängen (Verteidigung der Wölfe, 1957) wandte er sich in seinen Gedichten immer mehr der Alltagssprache, ihren Klischees und Redensarten zu, zerstörte die gewohnten Zusammenhänge, und verdeutlichte damit ihre — auch politische — Herrschaft über die Menschen (Landessprache, 1960). In diesem Zusammenhang galt E.'s besonderes Interesse den Massenmedien und ihrer manipulativen Sprachgewalt (Einzelheiten 1: Bewußtseinsindustrie, Essays 1964). In der von ihm herausgegebenen Kulturzeitschrift ‚Kursbuch' verkündet E. 1969 im Zusammenhang mit der Studentenbewegung den ‚Tod der bürgerlichen Literatur' und forderte sich selbst und seine Schriftstellerkollegen zur direkten politischen Auseinandersetzung auf. Sein Drama ‚Das Verhör von Habana' (1970), das die kubanische Revolution zum Thema hat, gibt dafür ein Beispiel.

In den letzten Jahren scheint E. zu traditionellen literarischen Formen zurückgefunden zu haben (Mausoleum, Balladen 1975).

Werke u. a.:

Blindenschrift. Gedichte, Suhrkamp, Frankfurt ²1965 — Einzelheiten 1, 75. Tsd. 1971, Einzelheiten 2. Poesie und Politik, Suhrkamp, Frankfurt 1976 — Das Verhör von Habana, Suhrkamp, Frankfurt (es 553) 1974 — Der kurze Sommer der Anarchie. Roman, Suhrkamp, Frankfurt 1977 — Mausoleum, Suhrkamp, Frankfurt 1976

verteidigung der wölfe gegen die lämmer **72**

Vorlage: Gedichte/Die Entstehung eines Gedichts, Suhrkamp, Frankfurt 1962 (es 20)

applaudieren: Beifall zollen, klatschen — vgl. *Applaus,* der
Kapaun, der: kastrierter, gemästeter Hahn
lechzen: verlangen, hungern, dürsten, schmachten nach
Nasenring, der: eiserner Ring, der durch die Nasenscheidewand der Bullen gezogen wird. Am Nasenring wird eine Kette befestigt, um den Bullen daran zu führen.
Politruk, der: politischer Offizier einer sowjetischen Truppeneinheit
Schakal, der: hundeartiges Raubtier, das in den südlichen Steppen und Wüsten lebt
Wucherer, der: Ausbeuter; jemand, der z. B. überhöhte Zinsen für geliehenes Geld nimmt — vgl. *Wucher,* der

Frank, Hannelore

geb. 1927, gest. 1973. Studium der Theologie, zuletzt Pastorin in List auf Sylt

Werke u. a.:

Leben angesichts des Todes, Kreuz-Verlag, 1977 — Lebenskunst für Christenmenschen, Kreuz-Verlag, 1977

Berufsziel: „Ich heirat' ja doch" **166**

Mit freundlicher Genehmigung von Pastor Henning Frank. Vorlage: Frankfurter Allgemeine Zeitung vom 5.8.1972

hochtoupiert: toupieren: (Bildung zu Toupet, das: Halbperücke, Haarersatzstück) das Haar mit dem Kamm aufrauhen, um es voller erscheinen zu lassen
Mobilität, die: Bezeichnung in der Statistik für die Häufigkeit des Wohnsitzwechsels; jetzt auch für die Bereitschaft, den Wohnsitz zu wechseln, den Beruf zu ändern
penibel: sehr eigen, peinlich bedacht auf; hier im Sinne von sorgfältig, genau
Reno-Gehilfin, die: Gehilfin im Rechtsanwalts- bzw. Notarbüro

Fuchs, Walter R.

geb. 1937 in Princeton/New Jersey, gest. 1976. Zunächst Feinmechaniker, Elektrotechniker und Technischer Zeichner; Studium der Physik, Mathematik und Elektrotechnik, Promotion. Wissenschaftsredakteur bei Funk und Fernsehen, Sachbuchautor.

Werke u. a.:

Bevor die Erde sich bewegte. Eine Weltgeschichte der Physik, Dt. Verlags-Anstalt, Stuttgart 1975; rororo Sachbuch 7127, 1978 — Formel und Phantasie. Eine Weltgeschichte der Mathematik, Dt. Verlags-Anstalt, Stuttgart 1976 — Leben unter fernen Sonnen? Knaur Tb 426, 1976.

Es ist des Lernens kein Ende **173**

Vorlage: Exakte Geheimnisse: Knaurs Buch vom neuen Lernen. Droemersche Verlagsanstalt Th. Knaur Nachf., München/Zürich 1969

Carroll, Lewis: (1832—1898) lehrte in Oxford am Christ College Mathematik und Logik und verbrachte ein äußerlich ereignisloses Leben als Sonderling. Für die Kinder seines Oxforder Freundes Dekan Liddlle erdachte er das Nonsens-Märchen „Alice im Wunderland", das weltweit verbreitet ist.

diagnostizieren: Feststellen einer Krankheit durch einen Arzt — vgl. *Diagnose*, die
Dialog von Experiment und Theorie, der: Dialog, das: Zwiegespräch. Hier ist das Miteinander von Experiment und Theorie gemeint: was theoretisch erforscht wurde, muß experimentell geprüft werden; das Ergebnis des Experiments wirkt auf die Theorie zurück: bei Erfolg wird in der gleichen Richtung weitergeforscht; bei Mißerfolg müssen neue Wege beschritten werden.
Dithfurth, Hoimar von: geboren 1921 in Berlin, ist Professor für Psychiatrie und Neurologe an der Universität Heidelberg. Seit mehreren Jahren arbeitet er als Wissenschaftsjournalist. Im ZDF moderiert er die populärwissenschaftliche Sendereihe „Querschnitt". (Für die ARD leitet das vergleichbare Magazin „Bilder aus der Wissenschaft" Alexander von Cube.)

Werke (Auswahl): Kinder des Weltalls (1970), Am Anfang war der Wasserstoff (1972)
effektiv: wirksam, wirkungsvoll, erfolgreich

Effektivität, die: vgl. effektiv

Fragebogenrubrik, die: Spalte, Reihe in einem Fragebogen

Galilei Galileo: (1564—1642) erforschte die Gesetze des freien Falls, erfand eine Vorrichtung zur genaueren Bestimmung der Wärme (Thermoskop), baute ein Fernrohr, mit dem er die Unebenheiten der Mondoberfläche, die Zusammensetzung der Milchstraße, die Monde des Jupiter u. a. entdeckte. Wegen der Verteidigung des kopernikanischen Weltsystems (nicht die Erde, sondern die Sonne ist Mittelpunkt des Planetensystems) wurde er mehrfach von der Kirche verfolgt und mußte dieser Lehre abschwören — vgl. Bertolt Brechts gleichnamiges Drama und den Ausschnitt in „AUFRISSE D 1/E 5"

Gefilde, die: dichterisch für Felder; hier: Bereiche

Kalkül, der: eigentlich: Berechnung, Überschlag; hier besser das „Vorweisen", „Nennen"

kybernetisch: Kybernetik, die Forschungsrichtung, die vergleichende Betrachtungen über Steuerungs- und Regelungsvorgänge im menschlichen Körper, in Natur und Technik anstellt; Informationstheorie

Lorbeereffekt, der: Wenn ein Mensch für seine Leistungen zu häufig gelobt wird, „ruht er sich auf seinen Lorbeeren aus", d. h. es besteht kein Anreiz für weitere Leistungen. Der Lorbeerkranz wurde in der Antike den Siegern im Wettstreit überreicht.

permanent: ständig, dauernd

Talmud-Weisheit, die: Talmud, der: (hebr.) „Lehre", Sammlung der Gesetze und religiösen Überlieferungen des Judentums; die mündliche Überlieferung des von Moses auf dem Sinai Verkündeten, um 200 n. Chr. schriftlich festgehalten. Der Talmud regelte das jüdische Leben bis ins einzelne und prägte die jüdische Religion.

zivilisatorischer Prozeß: Prozeß hier im Sinne von Fortschritt

Gesetzestexte

Die Grundrechte von Virginia vom 12. Juni 1776, Artikel 1—3 — 33

Vorlage: Die Menschenrechte (Uni-Taschenbücher 123). Verlag Ferdinand Schöningh, Paderborn 1972

Virginia: Bundesstaat im Osten der USA, zwischen dem Atlantischen Ozean und den Appalachen. Virginia ist einer der 13 Gründungsstaaten der USA, hier wurden die Grundrechte der USA beschlossen und veröffentlicht.

12 Paragraphen der "Bill of Rigths" für Krankenhauspatienten — 125

Frankfurter Allgemeine Zeitung vom 17.1.1973

Bill of Rigths: eigentlich englisches Gesetz von 1689, in dem wichtige Rechte des Parlaments (etwa der Etat) gegenüber dem König festgelegt sind. Hier werden in Anlehnung an die historischen „Bill of Rights" Grundrechte für den Krankenhauspatienten gefordert.

Diagnose, die: hier: Erkennen einer Krankheit aus dem Untersuchungsbefund und den Mitteilungen, die der Kranke selbst macht

Prognose, die: Vorhersage (hier: des Krankheitsverlaufs)

Rekonvaleszent, der: Genesender, Gesundender

Therapie, die: auf die Diagnose des Arztes folgt die Therapie, die Heilbehandlung. Sie ist spezifisch, wenn sie genau auf den Krankheitserreger abgestimmt ist, oder unspezifisch, wenn die Abwehrkräfte des Körpers allgemein verstärkt werden.

Ginott, Haim G.

ist amerikanischer Jugendpsychologe und Familienberater. Er studierte klinische Psychologie und lehrt jetzt an der New York University.

Werke u. a.:

Gruppenpsychotherapie mit Kindern, Theorie und Praxis der Spieltherapie (dt. 1966) Julius Beltz-Verlag, Weinheim [6]1973 — Eltern und Kinder, rororo Ratgeber 6081 — Takt und Taktik im Klassenzimmer, Vandenhoeck und Ruprecht, Göttingen, Zürich 1974

Die Rolle des Geschlechts **12**

Vorlage: Eltern und Kinder. Hallwag Verlag, Bern (auch rororo 6081)

Identifizierung, die: Gleichsetzung, hier: bewußte Anerkennung des eigenen Geschlechts
Instanz, die: zuständige, maßgebende Stelle
Karikatur, die: Zerrbild, Spottfigur
traditionsgebunden: von der Tradition (der Überlieferung) abhängig
Trans World Airlines: Amerikanische Luftverkehrsgesellschaft
UNO: United Nations Organisation = Organisation der Vereinigten Nationen

Goethe, Johann Wolfgang

geb. 1747 in Frankfurt/M., gest. 1832 in Weimar. Was das erste von sechs Kindern, die jedoch, außer seiner Schwester Cornelia, alle früh verstarben. Mit ihr verbrachte er seine Kindheit und Jugend im Frankfurter Patrizierhaus am Hirschgraben. Der vermögende Vater, der kaiserliche Rat Johann Caspar G., widmete sich selbst der umfassenden Ausbildung seiner Kinder. 1765 ging G. auf Wunsch seines Vaters als Student der Rechte nach Leipzig, paßte sich dort der französisierenden Mode an und verfaßte erste Gelegenheitsdichtungen im Geiste der Zeit. 1770—1771 schloß er seine Studien, die er nie besonders ernthaft betrieben hatte, in Straßburg ab. Hier traf er J. G. Herber, der ihn mit der Volks- und Naturdichtung und mit Shakespeare bekannt machte, eine Begegnung, die G.'s gesamtes Schaffen beeinflußte.
1773 schloß G. seine Arbeiten am ‚Götz von Berlichingen' ab, ein Drama der Freiheit des großen einzelnen, das ihn rasch populär und zum Hauptvertreter einer Bewegung junger, aufbegehrender Literaten machte, die als ‚Sturm und Drang' in die Literaturgeschichte eingegangen ist. Es folgten Balladen und Hymnen, die der Naturbegeisterung und der Feier des genialen einzelnen Ausdruck verliehen. In Wetzlar verliebte sich G. ebenso leidenschaftlich wie unglücklich in die — verheiratete — Charlotte Buff, ein Liebeskonflikt, den er sich in den ‚Leiden des jungen Werther' (1774) von der Seele schrieb, einem leidenschaftlichen Briefroman, der seinem Helden aus den sozialen Zwängen nur den Selbstmord als Ausweg läßt. Der Roman machte seinen Dichter endgültig populär. Gefühlsdichtungen ähnlicher Art folgten: die Dramen ‚Clavigo' (1774) und ‚Stella'.
1775 berief Karl-August von Weimar G. an seinen Hof, machte ihn 1776 zum geheimen Legationsrat, 1779 zum geheimen Rat und 1782 zum Präsidenten der Finanzkammer und erhob ihn gleichzeitig in den Adel, für einen Bürgerlichen dieser Zeit eine einzigartige Karriere. Staats- und Verwaltungsaufgaben ließen G.'s literarische Tätigkeit weitgehend versiegen, bis er sich schließlich vom Hof losriß und — von ihm dennoch weiter finanziert — auf die Reise nach Italien machte (1786—88). Darüber: ‚Die Italienische Reise', 1816—17), die ihm die für sein weiteres Schaffen entscheidenden Eindrücke der Antike und der Renaissance brachte. Ernst-heitere Lebensbejahung

im Geist der Renaissance und klassische Sprachgestaltung nach antiken Vorbildern bestimmten die Werke der Folgezeit: ‚Egmont‘ (1887), ‚Torquato Tasso‘ (1889), ‚Iphygenie auf Tauris‘ (1787-Versfassung).

Die folgenden Jahre (1794—1805) führten zur Freundschaft und engen Zusammenarbeit mit Friedrich Schiller, mit dem er sich in den gemeinsam verfaßten ‚Xenien‘ von der übrigen literarischen Welt absetzte und sich über sie erhob. Auf Schillers Drängen nahm G. ein altes Vorhaben wieder auf: die ‚Faust-‘Dichtung.

Als welterschütterndes Ereignis wurde von allen Gebildeten in Deutschland die ‚Französische Revolution‘ (1789) aufgenommen, erst von den meisten stürmisch begrüßt, dann, als sich der ‚Schrecken‘ (auch nach Deutschland) ausbreitete, scharf verurteilt. G., der stets einen Kompromiß zwischen Adel und Bürgertum anstrebte, stand ihr als einer der wenigen von Anfang an skeptisch gegenüber. In seinen Werken ‚Der Groß Cophta‘ (1791), ‚Der Bürgergeneral‘ (1793) aber auch im bürgerlichen Epos ‚Hermann und Dorothea‘ (1797) und dem im ‚Balladenjahr‘ 1797 entstandenen ‚Zauberlehrling‘ bringt er sein Erschrecken vor einer losgelassenen oder gar ‚Pöbelherrschaft‘ zum Ausdruck. Statt Revolution ist G.'s Programm die ‚Veradelung der Bürger‘, für die sein Bildungsroman ‚Wilhelm Meisters Lehrjahre‘ (1795—96) wirbt.

Das Todesjahr Schillers, 1805, brachte für G.'s Schaffen einen Einschnitt; hatte er sich schon zusammen mit Schiller von seinen Dichterkollegen abgesetzt, so stilisierte sich nun der ‚Alters-Goethe‘ als einsames Genie voll lakonischer Weisheit. 1806 wurde der erste Teil des ‚Faust‘ abgeschlossen; im selben Jahr heiratete Goethe seine langjährige Lebensgefährtin Christiane Vulpius, eine einfache Frau aus dem Volke. 1809 erschienen die ‚Wahlverwandtschaften‘, in denen menschliche Beziehungen in Analogie zu Naturverbindungen gesehen werden. Die letzten Hauptarbeiten galten ‚Wilhelm Meisters Wanderjahren‘ (1829), die den Bildungsroman fortsetzen, dem 2. Teil des ‚Faust‘ und besonders der Abschluß der Selbstbiographie ‚Aus meinem Leben. Dichtung und Wahrheit‘ (1811—22), in denen G. sein Leben so schildert, wie er es überliefert haben wollte. Neben seinen literarischen Arbeiten hat sich G. zeitlebens mit naturwissenschaftlichen Fragen, mit Studien auf dem Gebiet der Mineralogie, Botanik und Anatomie beschäftigt.

Werke u. a.:

Dramen u. a.: Götz von Berlichingen (1773) — Clavigo (1774) — Stella (1776) — Iphigenie auf Tauris (1779) — Egmont (1788) — Faust I (1790) — Torquato Tasso (1790) — Faust II (1833)

Romane u. a.: Die Leiden des jungen Werthers (1774) — Wilhelm Meisters Lehrjahre (1795 f.) — Die Wahlverwandtschaften (1809) — Wilhelm Meisters Wanderjahre (1821) — Naturwissenschaftliche Schriften u. a.: Versuch, die Metamorphose der Pflanzen zu erklären (1790) — Zur Farbenlehre (1810)

Aus: Dichtung und Wahrheit **149**

Vorlage: Goethes Werke. Hamburger Ausgabe Bd. 10 Christian Wegner Verlag, Hamburg, 1. Auflage 1959, 3. Auflage 1963

Die Leiden des jungen Werthers **144**

Vorlage: Goethes Werke. Hamburger Ausgabe Bd. 6. Christian Wegner Verlag, Hamburg 1. Aufl. 1951, 5. Aufl. 1963

Ausgabe für die Hand des Schülers: Die Leiden des jungen Werthers, Reclams UB 67

didaktisch: hier: erziehlich, lehrhaft
Marionette, die: Figur des Puppentheaters mit beweglichen Gliedern; sie wird vom Puppenspieler an Fäden geführt.
Raritätenkasten, der: kleines Raritätenkabinett
Rezension, die: Buchbesprechung
Schloße, die: Hagel
verlechter Eimer: leckender Eimer

Grass, Günter

geb. 1927 in Danzig als Sohn deutsch-polnischer Eltern. Nach dem 2. Weltkrieg und der Aussiedlung war G. als Bergarbeiter und Steinmetz tätig, studierte dann an der Kunstakademie in Düsseldorf und lebt seit 1960 als freier Schriftsteller und Grafiker in West-Berlin.
In der aus den drei Werken: ‚Die Blechtrommel' (Roman 1959), ‚Katz und Maus' (Novelle 1961) und ‚Hundejahre' (Roman 1963) bestehenden, sog. ‚Danziger Trilogie' stellt G. das kleinbürgerliche Leben im Danzig der Nazi-Zeit dar. Zauber- und Märchenmotive, grotesk satirische Übertreibungen und breit ausgespielte Vulgaritäten dienen seiner vitalen Sprache dabei als Stilmittel. Seit Mitte der sechziger Jahre engagiert sich G. intensiv für die SPD und ihren evolutionären Sozialismus. Die Werke „Dich singe ich Demokratie' (Wahlreden 1965), ‚Die Plebejer proben den Aufstand' (Trauerspiel 1966), ‚Örtlich betäubt' (Roman 1969), und ‚Aus dem Tagebuch einer Schnecke' (politisches Tagebuch 1972) dokumentieren dieses Engagement.
In seinem jüngsten Roman: ‚Der Butt' (1977) knüpft G. wieder an die Tradition der ‚Danziger Trilogie' an, möchte aber nun in mythischen Metaphern die ganze Weltgeschichte aus der Küchenperspektive der ‚Isebill' erzählen.

Werke u. a.:

Die Blechtrommel, Slg. Luchterhand 147, [6]1977 — Hundejahre, Slg. Luchterhand 149, [2]1976 — Aus dem Tagebuch einer Schnecke, rororo 1751, 1974 — Der Butt, Roman, Luchterhand, Neuwied 1977 — Gesammelte Gedichte, Slg. Luchterhand 34, [3]1976 — Katz und Maus, Slg. Luchterhand 148, [8]1976; Reclams UB 8137

In Ohnmacht gefallen 87

Mit freundlicher Genehmigung des Autors. Vorlage: Ausgefragt. Hermann Luchterhand Verlag, Neuwied u. Darmstadt 1967

Jungbürgerrede: Über Erwachsene und Verwachsene 87

Mit freundlicher Genehmigung des Autors. Vorlage: PEN Prosa, Lyrik, Essay. Neue Texte deutscher Autoren. Horst Erdmann Verlag, Tübingen und Basel 1971

Aggression, die: in der Psychologie feindselige Einstellung, feindseliges Verhalten gegenüber anderen; sonst auch Angriff, Angriffslust
Agonie, die: der Todeskampf
apportieren: herbeibringen
Arsenal, das: eigentlich Zeughaus, in dem Uniformen und Waffen aufbewahrt wurden; hier: aus der Fülle dieses Wortfeldes
attestieren: bescheinigen
Bankrott, der: (ital.) zerbrochene Bank. Zahlungsunfähigkeit oder finanzieller Zusammenbruch eines Schuldners

Diktion, die: Ausdrucksweise

eiserne Portion, die: im soldatischen Bereich eine Portion Lebensmittel, die nur im äußersten Notfall angegriffen werden darf — auch eiserne Ration genannt

Familienquerele, die: Familienstreitigkeit

Fetisch, der: magischer Gegenstand

Garant, der: Gewährsmann, Bürge

Idealismus, der: hier: ein nicht auf materielle Interessen bezogenes Verhalten, sondern ein Verhalten, das von Idealen (Wunschvorstellungen, Leitbildern) bestimmt wird

ideologisch: Ideologie, die: der Begriff hat zwei Bedeutungsseiten 1. neutral: weltanschaulich; 2. kritisch: ein Bewußtsein, das den grundlegenden sozialen, gesellschaftlichen und wirtschaftlichen Verhältnissen nicht mehr entspricht

infantil: kindlich, kindisch, unentwickelt; infantiles Adaptionsvermögen, das: unentwickeltes Anpassungsvermögen; infantile Geste, die: Geste, eigentlich Gebärde, Ausdrucksverhalten, hier: kindisches Verhalten; Komponente, die: Teil eines Ganzen

Instanz, die: sachliche Zuständigkeit innerhalb einer gestuften Behörde. Instanzenweg z. B. Amtsgericht, Landgericht, Oberlandesgericht, Bundesgerichtshof

Irrationalismus, der: Denkweise, die sich gegen die ausschließlich verstandesmäßige Erklärung von Verhalten und Einstellungen zur Wehr setzt. Beim Irrationalismus überwiegen Gefühl und Willen. Grass weist auf die politische Gefahr des Irrationalismus hin.

Lamento, das: (lat.) hier: Gejammer, Wehklagen; ursprünglich waren mit Lamentationen die fünf Klagelieder des Propheten Jeremias auf die Zerstörung der Stadt Jerusalem gemeint (586 v. Chr.)

latent: versteckt, verborgen, aufgespeichert

latente Fluchtbereitschaft, die: hier: verborgene Bereitschaft, aus der Verantwortung und Bindung des Erwachsenen zu fliehen

mystifizieren: hier: zum Glaubenssatz erheben, zur Weltanschauung machen: Nicht der einzelne trägt Schuld und Verantwortung, sondern die Gesellschaft, die Verhältnisse sind schuld.

Nonkonformisten, die: Gruppe derer, die sich der Anpassung an soziale, politische, kulturelle Verhältnisse bewußt und ständig widersetzen

Okkupation, die: Besetzung eines Landes durch feindliche Truppen; hier ist die Besetzung der Tschechoslowakei durch Soldaten der UdSSR und der DDR gemeint. Aus der Sicht der Ostblockstaaten handelt es sich nicht um eine Okkupation, da die Soldaten als „Freunde" kamen.

partielle Unreife, die: partiell: teilweise vorhanden. Ergebnis wie auslösendes Moment seiner partiellen Unreife: hier ist Anfang und Ende der teilweise vorhandenen Unreife gemeint

partizipieren: Anteil haben, teilhaben

Perfektion, die: Vollkommenheit, Vollendung, Richtigkeit

permanent: andauernd

pragmatisch: auf Tatsachen beruhend, sachlich, nützlich

Provokation, die: Herausforderung

pubertär: noch nicht erwachsen

Pubertät, die: Zeit der Geschlechtsreife

pueril: (lat.) knabenhaft, kindlich — vgl. auch *Puerilismus*, der: Bezeichnung für das vom Erwachsenen gezeigte kindliche Verhalten als Folge psychischer Störungen

Reservat, das: hier: Fluchtwinkel, Schutzgebiet

säkularisiert: verweltlicht

sakral: geweiht, heilig

Skepsis, die: der Zweifel

Status, der: der Zustand, die Stellung; hier ist der neue rechtliche und politische Stand der Volljährigkeit gemeint

Substanz, die: hier: das Eigentliche, das Wesentliche

Symptome, die: Symptom, das: Anzeichen, Merkmal

Tendenz, die: Richtung, Absicht

Toleranz, die: Duldung, Duldsamkeit; d. h. etwa: einen anderen Menschen achten, auch wenn er eine andere Meinung vertritt als man selbst

Trauma, das: seelische Erschütterung

Traumata, die: Plural von Trauma: in der Psychologie Bezeichnung für gefühlsmäßige (emotionale) Ursachen von seelischen (psychischen) Störungen

trister Kreislauf: trist: traurig, trostlos; der Kreislauf steht hier für eine sich ständig wiederholende Erscheinung

Utopie, die: (griech.) „Nirgendland", „Nirgendheim"; ein gesellschaftlicher Idealzustand, dem alle menschlichen Mängel fehlen — vgl. auch *Paradies*. Name und Sache sind abgeleitet aus der gleichnamigen Schrift des Engländers Thomas More "Utopia" (Löwen 1516). Vergleiche den Zusammenhang, in dem das Wort von Grass verwendet wird.

Redensarten: am Gängelband der Karriere laufen: Karriere, die: eigentlich schnellste Gangart, schärfster Galopp des Pferdes. In übertragener Bedeutung: berufliche Laufbahn, für die man alles zu tun bereit ist. Gängelband, das: Laufleine (Longe), an der Pferde eine bestimmte Gangart lernen — vgl. *gängeln:* den Gang vorgeben, bestimmen

den alten Hut entleeren: hier sind überkommene Begriffe gemeint, die heute zum Teil in Frage gestellt werden. Unter dem Hut wurden früher wertvolle Dinge mit herumgetragen — etwa Geld oder Papiere.

etwas wie Sauerbier anbieten: etwas anbieten, was niemand mehr haben will: Sauerbier (sauer gewordenes Bier) will keiner mehr trinken.

Die Tribüne **80**

Mit freundlicher Genehmigung des Autors. Vorlage: Die Blechtrommel. Hermann Luchterhand Verlag, Neuwied und Darmstadt 1960

Chaiselongue, die: (frz.) gepolsterte Liege mit Kopflehne

Charleston, der: Tanz, der in den Zwanziger Jahren dieses Jahrhunderts aus den USA nach Europa kam; er war bei Konservativen und nationalistisch Denkenden verpönt, weil viele Schwarze Schöpfer und Interpreten dieser Musik waren.

Jonas im Walfisch, der: Der Autor Grass vergleicht Oskar im Innern der Tribüne mit der biblischen Gestalt des Propheten Jonas im Walfisch (Altes Testament); beide — Oskar und Jonas — leisten Widerstand.

Krethi und Plethi: Kreter und Philister (in der Leibwache König Davids im Alten Testament). Beide Volksstämme waren keine Juden, gehörten nicht zum auserwählten Volk. Sie waren zwar tüchtige Krieger, galten aber trotzdem als Menschen zweiter Klasse — Gesindel.

sidolgeputztes Blech: Sidol: Putzmittel für Metalle, heute auch für Glas

zelebrieren: eigentlich: feierlich die Messe begehen; hier im übertragenen Sinne auf eine politische Veranstaltung bezogen; damit wird diese der Messe gleichgesetzt.

Aus dem Wörterbuch des Nationalsozialismus:

BdM-Führerin, die: BdM: Bund deutscher Mädel, weibliche Jugendorganisation zur Zeit des Nationalsozialismus

Frauenschaftsführerin, die: Frauenschaft, die: Organisation der Frauen zur Zeit des Nationalsozialismus

Gauschulungsleiter, der: die NSDAP hatte das Deutsche Reich in Gaue — Verwaltungsbezirke, Organisationsbereiche — eingeteilt, in Anlehnung an die germanischen Gaue. An der Spitze eines Gaues stand der Gauleiter; der Gauschulungsleiter übernahm die politische Schulung bei den Bewohnern des Gaues.

Hakenkreuzbanner, das: Fahne der NSDAP: schwarzes Hakenkreuz in weißer Kreisfläche auf rotem Grund

„Heim ins Reich": Die Politik der NSDAP zielte dahin, deutsche Volksgruppen, die durch den Versailler Vertrag zu einem anderen Staat gehörten, z. B. Sudetendeutsche, Ostoberschlesier, Westpreußen, Österreicher, wieder „heim ins Reich" zu holen, d. h. ins Deutsche Reich. Über die Methoden — ob friedlich — auf dem Verhandlungswege — oder kriegerisch, darüber wurde zunächst nichts ausgesagt.

Kreisleiter, der: Parteivorsitzender eines Kreises

Maiwiese, die: Die NSDAP bezeichnete sich selbst als nationalsozialistische deutsche Arbeiterpartei; in Anlehnung an die Arbeitertradition übernahm sie den 1. Mai als den Tag der Arbeit, dieser Tag wurde ursprünglich von den Gewerkschaften in Massenversammlungen auf einem Feld (Maifeld) oder einer Wiese (Maiwiese) gefeiert.

Pg's, die: Abkürzung für Parteigenossen

Röhmputsch, der: Ernst Röhm war bei den Nazis Stabschef der SA; Gegenspieler Hitlers in der Partei. Hitler entledigte sich seiner am 30.6.34 und konnte damit auch andere unbequeme Parteigenossen beseitigen.

SA, die: Abkürzung für Sturmabteilung der NSDAP: Führer in dieser Zeit (1933/34) Ernst Röhm. Die SA trug braune Uniformen. Deshalb wurden die Nazis „die Braunen" genannt.

schwarze SS, die: Abkürzung für **S**chutz**s**taffel. 1935 zum persönlichen Schutz Hitlers gegründet, später in Konkurrenz zur SA stehend (Führer Himmler). Die SS trug im Gegensatz zur SA schwarze Uniformen.

Sturmbannführer, der: höherer Dienstgrad in der SA

Der Henneberger

mitteldeutscher Wanderdichter aus der Grafschaft Henneberg, dichtete in der Zeit von 1254—1273.

Ritter **32**

Vorlage: Die Deutsche Literatur, Texte und Zeugnisse. Mittelalter, Erster Teilband, Hrsg. von Helmut de Boor, C. H. Beck, München 1965

Der mittelhochdeutsche Text in neuhochdeutscher Übertragung:

Wer ein Ritter von hohem Ansehen werden will,
der ziehe die Tugend an als sein bestes Kleid
und lasse es Könige und Fürsten sehen,
auch die Würdigsten und jeden, der es will,
das gereicht ihm zu Ruhm und immerwährender Ehre,
auch loben ihn die ehrenhaften Frauen.
Das Schwert nehme er zu ritterlichem Handeln,
um sich gegen Sünde und Schande zu wehren.
Er liebe Gott, sei recht beraten,
dann wächst sein Ruhm in allen Landen.
Den Schild nehme er um des Friedens willen,

damit er schütze gegen Missetat
und führe ein ritterliches Leben:
seid gewiß, daß dann sein Lob
allgemeine Zustimmung findet.

Herzfeld, Wolfgang

Auf zum Kampf! **73**

Vorlage: Deutschlands Kriegsgesänge aus dem Weltkrieg 1914. Gesammelt von C. Peter. Verlag Gerhard Stalling, Oldenburg o.J.

Banner, das: Fahne
Franken, die: westgermanischer Stamm; hier als abwertende Sammelbezeichnung für Franzosen
Meuchelmord, der: hinterhältiger Mord — vgl. *Meuchelmörder*, der
Serben, die: südslawisches Volk — vgl. *Serbien*

Ibsen, Henrik

geb. 1828, gest. 1906. Ibsen war zunächst Apothekerlehrling, studierte dann Medizin, arbeitete von 1851—57 als Dramaturg und Regisseur und war von 1857—62 künstlerischer Leiter des „Norwegischen Theaters" in Oslo. In diesen Aufgaben war er allerdings wenig erfolgreich. Seine Bedeutung erhielt Ibsen als Dramatiker, der mit seinen Werken großen Einfluß auf den europäischen Realismus und Naturalismus ausübte.
In „Stützen der Gesellschaft", 1877, „Nora", 1879, „Gespenster", 1881, „Die Wildente", 1884, „Rosmersholm", 1886, übt Ibsen Kritik an der heuchlerischen bürgerlichen Moral und tritt für die Emanzipation der Frau und die Rechte des einzelnen gegenüber der Gesellschaft ein. Ibsens spätere Dramen arbeiten stärker die psychologischen Gründe des Geschehens heraus („Die Frau am Meer", 1888, „Hedda Gabler", 1890). Sein Alterswerk ist nicht mehr realistisch, sondern symbolisch zu verstehen („Baumeister Solneß", 1892, „John Gabriel Borkmann", 1896, „Wenn wir Toten erwachen". 1899).

Werke u. a.:
Baumeister Solneß, Schöninghs Dt. Textausgaben, Paderborn o.J. — Hedda Gabler, Reclams UB 2773 — Peer Gynt, Reclams UB 2309 — Dramen in zwei Bänden, O. Winkler-Verlag, München o. J.

Nora **16**

Vorlage: Die Stützen der Gesellschaft/Nora. Goldmann Verlag, München 1961 (GGT 810)

Moral, die: sittliche Ordnung
Phrase, die: leere, allgemeine Redensart

Interview

mit Ulrich Plenzdorf **161**

Vorlage: Programmheft der Uraufführung am Landestheater Halle

Jungk, Robert

geb. 1913 in Berlin. Er studierte bis 1933 Philosophie und Psychologie, emigrierte dann nach Paris. In Frankreich und Spanien arbeitete er an Dokumentarfilmen; zwischen 1940 und 1945 schrieb er unter einem Pseudonym für die ‚Weltwoche' (Zürich) und promovierte mit einem historischen Thema. 1945 kehrte er als Korrespondent des ‚Observer' nach Deutschland zurück. Als Ergebnis eines mehrjährigen Amerika-Aufenthalts erschien 1952 sein erstes berühmt gewordenes Buch ‚Die Zukunft hat schon begonnen'. — Jungk gilt heute als einer der führenden Wissenschaftsjournalisten und als einer der bekanntesten Futurologen. Er ist Inhaber des ersten in der Bundesrepublik Deutschland errichteten Lehrstuhls für Zukunftsforschung (Futurologie) an der Technischen Universität Berlin.

Werke u. a.:

Die Zukunft hat schon begonnen. Amerikas Allmacht und Ohnmacht, rororo sachbuch 6653 — Heller als tausend Sonnen. Das Schicksal der Atomforscher, rororo sachbuch 6629 — Der Jahrtausendmensch. Bericht aus den Werkstätten der neuen Gesellschaft, rororo sachbuch 6967

Die Berufe wandeln sich **168**

Mit freundlicher Genehmigung des Autors. Vorlage X-Magazin für Naturwissenschaft und Technik Heft 3/1973. Deutsche Verlags-Anstalt, Stuttgart 1973

Beschäftigungstherapeut, der: Therapeuth, der: (griech. Diener, Pfleger) Heilkundiger, behandelnder Arzt — vgl. *Therapie*, die: Kranken-, Heilbehandlung

futurologische Milchmädchenrechnung, die: futurologisch: die Zukunft betreffend; — vgl. *Futurologie*, die: Wissenschaft, die sich mit den zu erwartenden zukünftigen Entwicklungen, besonders auf technischem und wirtschaftlichem Gebiet, beschäftigt.

Milchmädchenrechnung: Nach der Fabel „La laitière et le pot au lait" von La Fontaine die „Rechnung" eines Mädchens, das sich auf dem Weg zum Markt große Geschäfte aus dem Verkauf der Milch erträumt, vor Freude hüpft und dabei den Milchtopf fallen läßt.

Industriepsychologen, die: Psychologen, die in der Industrie tätig sind; sie untersuchen die Auswirkungen der Arbeit (etwa am Fließband) auf den Menschen. — Vgl. in diesem Text „*Organisationssoziologie*".

Koordinator, der: jemand, der etwas koordiniert, zusammenfügt, aufeinander abstimmt, in ein Gefüge einbaut — vgl. *Koordinaten* (Abszisse — Ordinate)

Kreativität, die: schöpferisches Denken, auch Phantasie

Nuklearingenieur, der: Ingenieur, der in der Kernforschung und Auswertung der Kernenergie arbeitet

Organisationssoziologe, der: der Soziologe untersucht die Wirkung und Bedingungen menschlichen Zusammenlebens. In einem Betrieb muß das Zusammenleben organisiert werden; hier arbeitet eine Gruppe von Menschen (Team) zusammen; das klappt nicht immer reibungslos; in diesem Falle organisiert der Soziologe das Team neu (er tauscht Leute aus).

Transparenz, die: das Durchscheinen, die Durchsichtigkeit; hier: eine Sache so klarlegen, daß sie durchschaut werden kann

Zynismus, der: Gemeinheit, Schamlosigkeit — vgl. *Zyniker*, der: bissiger Spötter über die Wertgefühle anderer — vgl. *zynisch:* gemein, spöttisch abwertend

Kafka, Franz

geb. 1883 in Prag, gest. 1924 in Wien. Er stand zeitlebens unter dem Eindruck seines gefürchteten Vaters, eines jüdischen Kaufmanns. Nach dem Studium der Germanistik und der Rechtswissenschaft, das er mit der Promotion zum Dr. jur. abschloß, war er von 1908—1922 Angestellter einer Arbeiter-Unfall-Versicherung. Seit 1917 war er tuberkulosekrank. Nur einige Frzählungen hat er selbst zur Veröffentlichung bestimmt, sein ganzes literarisches Werk wurde erst nach seinem Tode bekannt. In Romanen, Erzählungen und Parabeln hat er persönliches Erleben und allgemeine Welterfahrung gleichnishaft beschrieben. Die Vieldeutigkeit seiner Werke ist von der Literaturwissenschaft erst teilweise erschlossen.

Werke u. a.:

Brief an den Vater, Fischer Tb 1629 — Der Prozeß, Fischer Tb 676, [14]1976 — Das Schloß, Fischer Tb 900, [10]1976 — Sämtliche Erzählungen, Fischer Tb 1978, [11]1976 — Gesammelte Werke, 7 Bde., Hrsg. von Max Brod, Fischer Tb Kassetten-Ausgabe o. J.

Kleine Fabel 67

Vorlage: Hochzeitsvorbereitungen auf dem Lande. © 1953 by Schocken Books Inc., New York

Kahn, Herman

geb. 1922, ist Physiker und Mathematiker und Leiter des Hudson-Instituts für Zukunftsforschung in New York.

Wiener, Anthony J.

Mitarbeiter von H. Kahn am Hudson-Institut, Futurologe.

Werke u. a.:

Angriff auf die Zukunft. Die 70er und 80er Jahre. 1975, rororo sachbuch 6893 — Bald werden sie die Ersten sein. Japan um 2000, Molden, Wien 1970

Technische Neuerungen 171

Vorlage: Ihr werdet es erleben. Verlag Fritz Molden, Wien-München-Zürich 1968

Äquivalent, das: Gegenwert, Ausgleich, hier mehr im Sinne von Entsprechung — vgl. *äquivalent:* gleichviel wert sein, gleichwertig

Cermets: (aus Keramik und Metall): ein Verbundwerkstoff aus Keramik und metallischen Bestandteilen (z. B. Oxiden und Boriden), der pulvermetallurgisch hergestellt wird. Cermets haben hohe Temperaturbeständigkeit und im Vergleich zu keramischen Werkstoffen erhöhte Wärmeleitfähigkeit und befriedigende Festigkeitseigenschaften.

extensiv: räumlich nach außen wirkend

flexibel: biegsam, hier: veränderbar

Fötus, der: auch Fetus, der: Leibesfrucht vom 3. Monat an — vgl. *Embryo*, der

geodäsisch: Geodäsie, die: (griech.) Vermessungskunde, Lehre von der Land- bzw. Erdmessung. Bei der Landmessung wird die Erdkrümmung vernachlässigt, bei der Erdmessung berücksichtigt.

keramischer Stoff: ein Stoff aus Ton oder Lehm — vgl. *Keramik*, die: Töpfer-, Tonwaren

Kernfusion, die: Kernverschmelzung, durch sie wird Energie frei — vgl. *Kernkraftwerk*

kommerziell: auf Gewerbe und Handel bezogen, kaufmännisch

Laser, der: (engl.) Abkürzung für "light amplification by stimulated emission of radiation", Lichtverstärkung durch angeregte Emission von Strahlung. Der Laser ist ein Gerät zur Herstellung sehr intensiver, äußerst stark gerichteter und zusammenhängender Lichtstrahlen.

Legierung, die: Metallmischung, Metallverbindung, -verschmelzung

magnetohydrodynamisch: magnetische Steuerung von Strömungen — vgl. *Hydrodynamik*, die: Lehre von den Strömungsgesetzen von Flüssigkeiten und Gasen

Maser, der: (engl.) Abkürzung für "microwave amplification by stimulated emission of radiation", Mikrowellenverstärkung durch angeregte Strahlungsemission. Gerät zur Verstärkung und Erzeugung elektromagnetischer Wellen mit Wellenlängen im Zentimeterbereich.

Mill, der: ein Mill bedeutet im Amerikanischen ein Zehntel Cent

Riesenhelikopter, der: Riesenhubschrauber

Soma, der: indisches Rausch- und Göttergetränk, wie Nektar; Glücksdroge in Aldous Huxleys Roman "Brave New World" (Schöne neue Welt)

Supraleiter, der: Leitung mit kaum noch meßbarem elektrischem Widerstand. Die Supraleitfähigkeit, 1911 von K. Onnes entdeckt, tritt bei einigen Metallen und Metallegierungen in der Nähe des absoluten Nullpunktes auf.

Telepathie, die: Bezeichnung für Gedanken- und Gefühlsübertragung; sie wird von vielen Psychologen nicht ernst genommen (Bereich der Parapsychologie)

thermoelektrisch: wärmeelektrisch

Kaiser, Georg

geb. 1878, gest. 1945, stammte aus einer Kaufmannsfamilie und war drei Jahre als Kaufmann in Südamerika, Spanien und Italien tätig. Nach seiner Rückkehr nach Deutschland lebte er als freier Schriftsteller meist in Magdeburg. 1933 erhielt Kaiser Bühnenverbot. Emigration in die Schweiz. Neben Komödien und Volksstücken wurde er vor allem durch seine expressionistischen Dramen bekannt.

Werke u. a.:
Die Bürger von Calais (1914) — Die Koralle (1917) — Gas I (1918) — Gas II (1920) — Kolportage (1924) — Der Soldat Tanaka (1940) — Floß der Medusa (1943) — Die Bürger von Calais, Bayrische Verlagsanstalt, 13. Auflage — Gas, Schauspiel in fünf Akten, Ullstein Tb 4986, 1978 — Villa aurea, Roman, Bibl. Suhrkamp 578, 1978

Die Insel der tausendjährigen Menschen **128**

Vorlage: Georg Kaiser, Werke Bd. 4. Ullstein Verlag, Berlin 1971

Heros, der: Halbgott, Held in der griechischen Sage; vollbrachte wunderbare Taten — vgl. *Herakles, Herkules*

Repräsentant, der: Vertreter, Volksvertreter, Abgeordneter — vgl. *Repräsentantenhaus*, die zweite Kammer der Volksvertretung in den USA

Kleist, Heinrich von

geb. 1777 in Frankfurt/O., gest. 1811 in Wannsee bei Potsdam, stammt aus einer preußischen Offiziersfamilie. 1792 Eintritt in das 2. Gardebataillon Potsdam, Teilnahme an der Belagerung von Mainz 1793 und am Rheinfeldzug 1796. 1799 freiwilliges Ausscheiden aus dem Dienst und Beginn des Studiums der Philosophie, Physik, Mathematik, Staatswissenschaften in Frankfurt/O., unter dem Einfluß von Kant Erkenntniskritik, Aufgabe des Studiums (1800). In Berlin vorübergehend Volontär im Finanzdepartement. Okt. 1802 1. Schweizer Reise, Plan eines einfachen Lebens als Landwirt. 1803 Bekanntschaft mit Goethe und Schiller, 2. Schweizer Reise. In Paris seelischer Zusammenbruch und Vernichtung seiner Papiere. 1811 unter dem Eindruck der persönlichen Niederlage als Dichter und der politischen Niederlage der Nation

Freitod. — Kleist gilt als bedeutendster Dramatiker und Erzähler zwischen Klassik und Romantik. Dichter des absolut setzenden und dann an der Wirklichkeit scheiternden Gefühls.

Werke u. a.:
Dramen: Amphitrion (1807) — Penthesilea (1808) — Das Käthchen von Heilbronn (1810), Schöninghs Dt. Textausgabe, Paderborn o.J. — Der zerbrochene Krug (1811), Reclams UB 91 — Prinz Friedrich von Homburg (im Nachlaß, hrsg. 1821), Schöninghs Dt. Textausgaben, Paderborn o. J
Erzählungen: Michael Kohlhaas, Schöninghs Dt. Textausgaben, Paderborn o. J. — Die Marquise von O., mit Materialien und Bildern aus dem Film von Eric Rohmer, Inset Tb 299 — Der Zweikampf. Der Findling, Reclams UB 7792

Das Bettelweib von Locarno **130**

Vorlage: Heinrich von Kleist, Sämtliche Werke. Droemersche Verlagsanstalt, München o. J.

Hausgesinde, das: Gesinde: Bezeichnung für Dienstboten, Menschen in persönlicher Abhängigkeit, die zu häuslichen Arbeitsleistungen verpflichtet waren. In Grund- und Gutsherrschaften waren die Bauern häufig verpflichtet, ihre Kinder auf Anforderung der Herrschaft als Gesinde zuzustellen (Erbuntertänigkeit). Der Gesindezwangsdienst entfiel mit der Bauernbefreiung.
Marchese, der: hoher ital. Adelstitel, vgl. frz. Marquis
Mißwachs, der: veraltet für Mißernte

Der neue (glücklichere) Werther **150**

Vorlage: LGW Goethes ‚Werther' als Modell für kritisches Lesen. Ernst Klett, Stuttgart 1974

Kontor, das: Geschäftsraum eines Kaufmanns
Pistol, das: heute: die Pistole (bezeichnete früher eine spanische Goldmünze)
Prinzipal, der: Geschäftsinhaber, Geschäftsleiter, Lehrherr
Schlagfluß, der: Schlaganfall

Kroeber-Keneth, Ludwig

geb. 1899, Studium der Psychologie, Arbeit als Betriebspsychologe, Personalleiter großer Konzerne, Lehraufträge für Betriebspsychologie, Personalpraxis und für Graphologie.

Werke u. a.:
Die Auslese der Begabten, Econ-Verlag 1966, Düsseldorf — Kroeber-Keneth's Menschenkunde, Econ-Verlag, Düsseldorf 1977

Berufsanfänger **163**

Mit freundlicher Genehmigung des Autors. Vorlage: Frankfurter Allgemeine Zeitung vom 27. Juli 1974

affektiv: hier: gefühlsmäßig — vgl. *Affekt*, der: Gemütsbewegung, stärkere Erregung (er handelte im Affekt: d. h. unter Ausschaltung sonst bestehender Hemmungen)
Dualismus, der: Zweiheit; hier: zweiseitige Ausbildung
illusionistisch: auch illusionär: auf Täuschung, Selbsttäuschung beruhend, eingebildet, nicht zu verwirklichen

konfrontieren: eigentlich gegenüberstellen — vgl. *Front, frontal;* hier im Sinne von „die Probleme erkennen, erfahren, auf die Probleme gestoßen werden"

Meistersinger-Zeiten, die: Die Handwerkszünfte setzten im 13. - 17. Jahrhundert die Tradition mittelhochdeutscher Lyrik nach strengen Regeln für Text und Melodie und meist ohne individuelle Gestaltungsfreiheit in Singschulen fort. Der bekannteste Meistersinger war Hans Sachs (1494—1576) in Nürnberg.

Paradestück des Reformkarussells, das: Parade, die: prunkvoller Aufmarsch, Truppenschau — vgl. aber Parade (Abwehr) des Torhüters. Hier wird auf die dauernden („sich drehenden" — vgl. *Karussell*) Reformen (Neuerungen, Änderungen) im Bildungswesen angespielt, die der Autor nicht gutheißt.

verbale Aufklärung, die: Aufklärung durch das Wort — vgl. *verbum*

Leuenberger, Robert

geb. 1916 in Burgdorf bei Bern. Nach den Studien der Theologie, der Germanistik und Geschichte seit 1946 Lehrer am Gymnasium in Biel, 1957 Studentenpfarrer in Basel, 1965 Professor für praktische Theologie in Zürich, 1974 Rektor der Universität Zürich.

Werke u. a.:

Taufe in der Krise. Feststellungen — Fragen — Konsequenzen — Modelle, Quell-Verlag, 1973

Die Tabuisierung des Todes 119

Vorlage: Der Tod. Schicksal und Aufgabe. Theologischer Verlag, Zürich 1971

Absurdität, die: absurd: widersinnig, unvernünftig, ungewöhnlich

Anthropologie, die: Wissenschaft, die sich mit der Abstammung, Entwicklung und Ausbreitung der menschlichen Art beschäftigt. Hier: Lehre vom Menschen

Arkanbereich, der: Arkanum, das: Geheimnis, Geheimmittel

Berufsethos, das: „Beruf" leitet sich her von Berufung (im biblischen Sinne durch Gott: Moses), zu etwas berufen sein, einer Sache oder Menschen dienen. Gegensatz dazu: Job, Verdienen. Das Berufsethos gebietet bestimmte Verhaltensweisen — vgl. *medizinische Ethik*

brutum factum, das: (lat.) rohe Tatsache — vgl. *brutal:* roh

diffizil: schwierig, schwer zu behandeln

Funktionssystem, das: Funktion, die: hier: Tätigkeit, Arbeit. System, das: hier: einheitlich geordnetes Ganzes. Gemeint sind hier etwa der Blutkreislauf, das Nervensystem u. a.

Herztransplantation, die: Herzverpflanzung. Die erste bekanntgewordene Herztransplantation gelang dem Südafrikaner Dr. Barnard.

Identifizierung, die: hier: Gleichsetzung

identisch: hier: eins sein

institutioneller Habitus der Medizin: Habitus, der: Erscheinungsbild; institutionell: neuere Ableitung von Institution; hier: gesellschaftlich anerkannte Form einer Gruppe; gemeint ist hier das Bild, das sich der „Mann auf der Straße" vom Mediziner macht

integrieren: ergänzen, zusammenschließen

irreversibel: nicht umkehrbar, hier auch im Sinne von unwiderruflich

Komplexheit, die: hier etwa: Veilschichtigkeit

konfrontiert werden: gegenübergestellt werden — vgl. auch *Konfrontation,* die: ursprünglich Gegenüberstellung von Angeklagten und Zeugen; heute in viel weiterem Sinne gebraucht

Krematorium, das: Einäscherungsanlage

makaber: totenähnlich, hier: abstoßend, unangenehm
makabre Spekulation, die: Spekulation, die: hier: wissenschaftlicher Forscherdrang, ohne daß bisher Erfahrungen oder Erkenntnisse vorliegen, Vermutung
medizinische Ethik, die: Ethik = Sittenlehre. Angesprochen ist hier die Frage, ob der Arzt einem unheilbar Kranken die Wahrheit sagen soll oder nicht — vgl. auch *Berufsethos*
Mobilität der modernen Wohn- und Arbeitswelt, die: Mobilität, die: eigentlich die Beweglichkeit — vgl. *mobil; Automobil.* In der Bevölkerungsstatistik Bezeichnung für die Häufigkeit des Wohnsitzwechsels
Phänomen, das: hier: Erscheinung, Vorgang
Psychiater, der: Facharzt für Geistes- und Gemütskrankheiten und seelischen Störungen
rigoros: streng, unerbittlich, hart
Tabu, das: Es gibt zwei Bedeutungen des Tabus: 1. Bei Naturvölkern (vor allem den Polynesiern) das Verbot, einen heiligen Gegenstand zu berühren oder eine göttliche Person zu benennen; bei den Polynesiern aber auch ein Wirtschaftstabu zum Zwecke der Speicherung von Nahrungsmitteln. 2. etwas, wovon man nicht sprechen darf.
Tabuisierung, die: Verwirklichung eines Tabus; hier: nicht über den Tod sprechen
transbiologische Anthropologie, die: hier: Lehre vom Menschen, die über die biologischen Fakten hinausgeht
transzendieren: überschreiten, übersteigen
vorindustrielle Welt, die: gemeint ist die Zeit, in der es keine oder nur wenig Industrie gab
Zirkulation, die: der Kreislauf

Löbsack, Theo

geb. 1923 in Thale/Harz. Studium der Naturwissenschaften, Promotion zum Dr. rer. nat., freier Schriftsteller und Mitarbeiter großer Zeitungen. Für seine allgemeinverständliche Darstellung naturwissenschaftlicher Forschungsergebnisse und ihrer Bedeutung für den modernen Menschen wurde er mehrfach ausgezeichnet.

Werke u. a.:
Versuch und Irrtum. Der Mensch: Fehlschlag der Natur. Bertelsmann, Gütersloh 1974 — Wunder, Wahn und Wirklichkeit. Naturwissenschaft und Glaube, Bertelsmann, Gütersloh 1976 — Maß aller Dinge? Was die Wissenschaft vom Menschen weiß, Bertelsmann, Gütersloh 1977

Die manipulierte Seele 46

Vorlage: Die manipulierte Seele. Econ Verlag, Düsseldorf 1967 (auch dtv 746)
Arsenal, das: Zeughaus, Lagerhaus für Kriegsgerät; hier etwa: große Zahl von ...
Biophysiker, der: jemand, der Biophysik betreibt; die Biophysik ist ein neuerer Forschungszweig, der mikrobiologische Vorgänge unter Zuhilfenahme physikalischer Erkenntnisse erforscht
deprimiert: niedergeschlagen; vgl. *Depression*, die
Elektrode, die: Stromleiter aus Metall oder Kohle, draht- oder plattenförmig; vgl. *Kathode*, die — *Anode*, die
ethisch: sittlich; vgl. *Ethik*, die
Fotozelle, die: lichtelektrische Zelle, verwandelt Licht in elektrische Energie
genormte Programme, die: einheitlich festgesetzte Programme; vgl. *Norm*, die
George Orwells 'Big Brother': Die Gestalt des Big Brother entstammt dem utopischen Staatsroman ‚1984' des engl. Autors G. Orwell (1903—1950); gemeint ist damit die Allgegenwart des totalitären Staates

Halluzination, die: Sinnestäuschung
kopulieren: vgl. *Kopulation*, die: Verbindung, Befruchtung, Geschlechtsverkehr bei Tieren
motorische Reaktionen, die: Bewegungsabläufe; vgl. *Motor*, der — *reagieren*
Neurophysiologe, der: jemand, der Neurophysiologie betreibt; die Neurophysiologie ist die Lehre von den Tätigkeiten und Reaktionen der Nerven
pharmakologisch: vgl. *Pharmakologie*, die: Lehre von der Wirkung der Arzneimittel
psychische Reaktionen, die: seelische Reaktionen; vgl. *Psyche*, die
psychologisch: sich auf die Psychologie beziehend, zur Psychologie gehörend — vgl. *Psychologie*, die; *Psychologe*, der
Pupillenreflex, der: richtiger: Pupillarreflex, der: reflektorische Zusammenziehung der Pupillenmuskeln bei Lichteinfall
Schläfenlappenregion, die: vgl. *Schläfen*, die: lappenförmige Teile des Schädels zwischen Auge und Ohr
Spekulation, die: Vermutung, Berechnung; in der Wirtschaft ein risikoreiches Geschäft — vgl. *Spekulant*, der
spekulativ: vermutend, berechnend, in Begriffen denkend — vgl. *spekulieren*
Stimulation, die: meist: Stimulierung, die: Anregung — vgl. *stimulieren; Stimulantien*, die
therapeutisch: vgl. *Therapie*, die: Lehre von der Behandlung der Krankheiten — vgl. *Therapeutik*, die: Behandlung der Krankheiten

Lukas

Verfasser des 3. Evangeliums und der Apostelgeschichte. Er hat sein Evangelium wahrscheinlich nach dem Jahre 70 n. Chr. verfaßt.

Aus der Bergpredigt (Lk 6) **32**

Vorlage: Das Neue Testament. Übersetzt und erläutert von Konstantin Rösch/Kaspistran Bott, Verlag Ferd. Schöningh, Paderborn 1967

Marti, Kurt

geb. 1921 in Bern/Schweiz, evangelisch-reformierter Pfarrer.

Werke u. a.:
Das Herz der Igel. Texte für die Schule, Zytglogge, Bern [2]1972 — Meergedichte, Alpengedichte, Fietkau, 1975

sie hat nicht von sich reden gemacht **29**

Vorlage: Leichenreden. Luchterhand, Darmstadt u. Neuwied 6. Aufl. 1972

Coiffeuse, die: Friseuse
magisch: zauberhaft, geheimnisvoll
Welschland, das: bezeichnet eindeutig die romanischen Länder (Italien, Frankreich), wird heute aber eher als Bezeichnung des fremden Landes überhaupt gebraucht.

Marx, Karl

geb. 1818 in Trier, gest. 1881 in London. Marx studierte Rechtswissenschaft, Geschichte und Philosophie, wandte sich später ökonomischen Studien und Problemen des

Sozialismus zu. Sein Hauptwerk sind die drei Bände „Das Kapital, Kritik der politischen Ökonomie", eine kritische Analyse des Produktionsprozesses im Kapitalismus. Das Kommunistische Manifest wurde von Marx und Engels gemeinsam 1847/48 als Programm des „Bundes der Kommunisten" verfaßt.

Engels, Friedrich

geb. 1820 in Wuppertal-Barmen, gest. 1895 in London. Als Sohn eines Textilfabrikanten konnte er den mittellosen Marx unterstützen. Nach Marx war er der Führer des internationalen Sozialismus.

Werke u. a.:
Das Kapital, Ullstein Tb Bd. 1—3 (2805—07)

Aus dem Manifest der Kommunistischen Partei **33**

Werke u. a.:
Marx/Engels: Studienausgabe, hrsg. von J. Fetscher, Bd. 1—4, Fischer Tb 6059—62, 1974—1976

Vorlage: Philipp Reclam Verlag jun., Stuttgart 1969 (Reclams UB 8323)

absolute Monarchie, die: der absolute Monarch ist nicht durch eine Verfassung und ein Parlament eingeschränkt wie bei der Staatsform der konstitutionellen bzw. parlamentarischen Monarchie

appellieren: sich gezielt an jemanden wenden, um ihn zu bestimmten Handlungen zu veranlassen; ansprechen, antreiben, auffordern

Aristokratie, die: Adel

Assoziation, die: hier: Vereinigung, Genossenschaft

Bildungselement, das: Grundbestandteil von etwas zu Bildendem; wesentlicher Bestandteil und Merkmal einer Gruppe (Klasse)

Bourgeoisie, die: Klasse des besitzenden Bürgertums

Bourgeois, der: Angehöriger der Klasse der Bürger; (franz. bourg = Burg, Marktflecken, althochdeutsch burg = Burg, Stadt, vgl. *Hamburg, Augsburg, Limburg* usw.)

Bourgeois-Ideologe, der: bürgerlicher Ideologe, Ideologie = im Marxismus theoretisches System, das die ökonomischen und gesellschaftlichen Verhältnisse widerspiegelt

despotisch: willkürlich — vgl. *Despot*, der: unrechtmäßiger Gewaltherrscher

Emeute, die: veraltet für Aufstand, Meuterei

Expropriation, die: Enteignung

feudalistische Absolutismus, der: unbeschränkte (absolute) Lehnsherrschaft; Feudalismus ist die Herrschaft des grundbesitzenden Adels und des Klerus. Die Wirtschaftsform des Feudalismus ist die Agrarwirtschaft.

Individuum, das: menschliche Einzelpersönlichkeit

Isolierung, die: Vereinzelung, Absonderung des einzelnen oder einer Gruppe von anderen

Klasse, die: Gruppe mit besonderen gemeinsamen Merkmalen, hier unter sozialem Gesichtspunkt (lat. classis bezeichnete schon eine Bürgerklasse, wobei die Einteilung nach dem Vermögen geschah)

Koalition, die: Vereinigung von Parteien zur Durchsetzung gemeinsamer Ziele

Kollision, die: Zusammenstoß, Zwiespalt

Kommune, die: hier: mit bestimmten Freiheiten versehenes Gemeinwesen des Mittelalters

Kommunikationsmittel, das: Mittel, das der Verbindung und Verständigung zwischen Menschen dient
Konfiskation, die: Beschlagnahme, Einziehung
konservativ: bewahrend, am bisherigen Zustand festhaltend
Leibeigene, der: im Mittelalter der mit dem Leben im Besitz des Grundherrn befindliche Mensch (alte Bedeutung von Leib = Leben; alte Bedeutung von eigen = in Besitz genommen)
Lohnarbeit, die: vorwiegend körperliche Arbeit, die nach Anweisung von außen gegen einen feststehenden Lohn geleistet wird
Lokalkampf, der: örtlich (lokal) begrenzt; hier im Gegensatz zu national = das ganze Volk bzw. Land betreffend
Minorität, die: Minderheit
Monopol, das: Marktform, bei der das Angebot in einer Hand vereinigt ist. Der freie Wettbewerb am Markt wird dadurch unterbunden.
Progressivsteuer, die: nicht festgeschriebene Steuer, d. h. mit steigendem Einkommen steigen Steuersätze und Steuerbeträge
passiv: untätig, teilnahmslos, duldend; Gegensatz: aktiv
Pauper, der: Armer, kann nur den notdürftigsten Lebensunterhalt erwerben, muß sogar von Unterstützung leben
Pauperismus, der: (Massen-) Elend, Armut
Phase, die: zeitlicher Abschnitt
Produktionskraft, die: Produktionskräfte sind a) der über entsprechende Fertigkeiten verfügende Mensch b) die Produktionsmittel: Werkzeuge, Maschinen. Von den Produktivkräften und den Produktionsverhältnissen hängt die Produktion ab.
Produktionsverhältnisse, bürgerliche, die: die Produktionsverhältnisse (= Beziehungen zwischen den produzierenden Menschen) sind bestimmt von dem Besitz an Produktionsmitteln. Die Produktionsverhältnisse haben bestimmte Klassenstrukturen zur Folge. Bei bürgerlichen Produktionsverhältnissen ist eine kleine Gruppe Besitzer der Produktionsmittel (Kapitalisten), während die (im Marxschen Sinne) produktiv Arbeitenden (Proletariat) nur Lohnempfänger sind.
Proletariat, das: Arbeiterklasse, wirtschaftlich abhängig und ohne Besitz von Produktionsmitteln. vgl. *Proletarier,* der: für Lohn arbeitender, besitzloser Erwerbstätiger
reaktionär: rückschrittlich, den Fortschritt aufhaltend
verproviantieren: Proviant, der: Verpflegung; verproviantieren: mit Proviant versorgen, hier: den Lebensunterhalt sicherstellen
Vizinalweg, der: ursprünglich nachbarlicher Weg, Nebenstraße; hier: kleine Landstraße
Zehnstundenbill, die: engl. Ten Hours Bill. "bill" ist eine Gesetzesvorlage. Eine ganze Bewegung kämpfte für die Ten Hours Bill, durch die 1833 die tägliche Arbeitszeit für Jugendliche unter 18 Jahren auf 10 Stunden beschränkt wurde.
zentralisieren: auf ein Zentrum (Mittelpunkt) beziehen, zusammenziehen
Zentralkomitee, das: Abk. ZK, in kommunistischen Parteien die Führungsspitze
Zwangsanleihe, die: eine Anleihe (= langfristige Geldaufnahme), die der Staat zwangsweise einem bestimmten Kreis von Steuerpflichtigen auferlegt

Der Meissner

mitteldeutscher gelehrter Wanderdichter der zweiten Hälfte des 13. Jahrhunderts.

Ein menlich man **15**

Vorlage: Die Deutsche Literatur. Texte und Zeugnisse. Mittelalter, zweiter Band, hrsg. von Helmut de Boor, C. H. Beck, München 1965

Der mittelhochdeutsche Text in neuhochdeutscher Übertragung:

Ein rechter Mann, ein wahrhafter Held,
vor ihm faltet die rechte Frau geziemend die Hände,
Mann und Frau sollen sich dies merken.
Er sei ihr Herr an Leib und Gut,
sie sei Hüterin seines Denkens,
er sei der Mann, sie sei die Frau, so gehört es sich.
Er aber soll sie in Ehren halten,
und sie soll nichts ohne seinen Rat tun, so soll es sein,
dann können sie in Freuden alt werden.
Die rechte Frau erfüllt den Willen ihres Mannes.
Was geschähe, wenn aus dem Mann eine Frau
und aus der Frau ein Mann würde?
Man sagt dann: Herr Weichling,
ihr habt die Art einer Frau.

Musil, Robert

geb. 1880 in Klagenfurt, gest. 1942 in Genf. Als Sohn eines österreichischen Professors für Maschinenbau studierte er technische Wissenschaften in Brünn und war 1902/03 Assistent an der Techn. Hochschule Stuttgart. In Berlin wandte er sich dann der Philosophie und Psychologie zu. Kurze Zeit war er in Wien als Bibliothekar und Redakteur tätig.
Vor dem 1. Weltkrieg machte er verschiedene Reisen, war von 1919—22 in österreichischen Ministerien tätig und lebte danach als freier Schriftsteller. 1938 emigrierte er vor den Nationalsozialisten in die Schweiz. „Der Mann ohne Eigenschaften", sein Hauptwerk, das unvollendet geblieben ist, gibt eine Analyse des Lebens und Denkens der Menschen in Österreich und Deutschland zu Anfang dieses Jahrhunderts und — vorausweisend — in der verwalteten Welt.

Werke u. a.:
Die Verwirrungen des Zöglings Törleß; Bibl. Suhrkamp 448, 1975 — Der Mann ohne Eigenschaften, Rowohlt-Sonderausgabe, Reinbek o. J. — Sämtliche Erzählungen, Rowohlt-Sonderausgabe, Reinbek o. J.
Ausgabe für die Hand des Schülers: Die Verwirrungen des Zöglings Törleß, Rowohlt Tb, rororo 0300

Die Affeninsel **67**

Vorlage: Prosa, Dramen, späte Briefe. © Rowohlt Verlag, GmbH. Hamburg 1957

inspizieren: prüfend, beaufsichtigend
Pincio, der: nördlicher Hügel Roms
Terrainkur, die: Inspektionsgang
Villa Borghese, die: Landhaus in Rom, benannt nach der römischen Adelsfamilie Borghese. Kardinal Sapione Borghese ließ die Villa bauen und begründete eine berühmte Kunstsammlung

Neruda, Pablo

geb. 1904 in Parral, gest. 1973, chilenischer Dichter. Nach dem Studium und einer Tätigkeit am pädagogischen Institut von Santiago in verschiedenen Ländern als

Diplomat tätig. 1936 Mitglied der kommunistischen Partei. Lebte wegen derer Verbot bis 1952 meist in Europa, Rußland und anderen Ostblockstaaten.

Werke u. a.:

Dichtungen 1919—1965, Luchterhand, Neuwied 1977 — Viele sind wir, Slg. Luchterhand 173, [6]1977 — Letzte Gedichte, Slg. Luchterhand 201, [3]1976 — Gedichte, Bibl. Suhrkamp 99, 1967

Holzfäller, wach auf! **74**

Vorlage: Dichtungen, Bd. 1, Erklärung einiger Dinge, Hermann Luchterhand Verlag, Darmstadt

Andentanne, die: Tanne im Andengebirge (Faltengebirge in Südamerika)
Bolivianer, der: Einwohner Boliviens (Staat in Südamerika)
Choreograph, der: Autor einer Choreographie, einer Komposition für ein Ballett
Jefferson: Thomas Jefferson (1743—1826), Verfasser der amerik. Unabhängigkeitserklärung von 1776, 3. Präsident der USA
Kaskadengestein, das: Gestein, zu Kaskaden getürmt — vgl. Kaskade, die: stufenweise abstürzender Wasserfall — hier: Wasserfälle im Kaskadengebirge (Nordamerika)
Kolchos, der: bzw. Kolchose, die: landwirtschaftliche Kollektivwirtschaft in der UdSSR
Kondorhieb, der: Hieb des Kondors, des südamerikanischen Riesengeiers
Lettern, die: Buchstaben, Druckbuchstaben
Partisanenspanien, das: vgl. *Partisan*, der nichtmilitärischer, bewaffneter Kämpfer; Neruda nimmt hier Bezug auf den spanischen Bürgerkrieg (1936—1939) zwischen Faschisten und Volksfrontanhängern (Kommunisten)
Tamarinde, die: Baum in den Tropen, bis 25 Meter hoch
topographische Bezeichnungen: Arizona (Bundesstaat der USA) — **Bio-Bio** (Hauptfluß im mittleren Chile) — **Brooklyn** (Stadtteil von New York) — **Colorado** (Fluß und Bundesstaat der USA) — **Kiew** (Stadt in der UdSSR) — **Manhattan** (Stadtteil von New York) — **Milwaukee** (Stadt in den USA) — **Mississippi** (Fluß und Bundesstaat in den USA) — **Missouri** (Fluß und Bundesstaat in den USA) — **Oregon** (Stadt und Staat in den USA) — **Patagonien** (Landschaft an der Südspitze Südamerikas) — **Rosario** (Stadt in Argentinien) — **Tacoma** (Stadt in den USA) — **Ural** (Gebirge in der UdSSR) — **West Palm** (Stadt in den USA) — **Wisconsin** (Bundesstaat der USA) — **Wyoming** (Bundesstaat der USA) — **Zentralmassiv** (Gebirge in den USA)

Plenzdorf, Ulrich

geb. 1934 in Berlin, Eltern Arbeiter, 1954 Abitur, 1954—55 Philosophiestudium in Leipzig, 1955—58 Bühnenarbeiter bei der DEFA, 1958—59 Soldat, 1959—63 Studium an der Filmhochschule in Berlin, seit 1963 Szenarist im DEFA-Studio (Drehbuch: Die Legende von Paul und Paula).
Uraufführung „Die neuen Leiden des jungen W.“ am 18. Mai 1972 in Halle. Buchveröffentlichung „Die neuen Leiden des jungen W.“ im Hinstroff Verlag, Rostock 1973 und Suhrkamp Verlag, Frankfurt/M. 1973. Heinrich-Mann-Preis 1973 von der Akademie der Künste der DDR.

Werke u. a.:

Die Legende von Paul und Paula. Filmerzählung, Suhrkamp, Frankfurt 1976

Die neuen Leiden des jungen W. 152

Vorlage: Die neuen Leiden des jungen W. — Suhrkamp Verlag, Frankfurt/M. 1974

Code, der: Geheimschlüssel, Geheimsprache
DIN: Abkürzung für Deutsche Industrie Norm
E-Motor, der: Elektromotor
FDJ: Abkürzung für Freie Deutsche Jugend: Jugendorganisation in der DDR
Händelsohn Bacholdy: Kombination mehrerer deutscher Komponistennamen: Händel, Mendelsohn-Bartholdy, Bach
Hugenotte, der: Bezeichnung der frz. Protestanten
Hydraulik, die: Vorrichtung, die mit Flüssigkeitsdruck arbeitet
Küchenpaneel: Holzvertäfelung in der Küche
Manufakturperiode, die: Zeit, in der in den Betrieben noch handwerklich gearbeitet wird. Ein Paar Schuhe wird z. B. im MA noch von einem Schuhmacher hergestellt — im Gegensatz zur heutigen industriell-maschinellen Produktion, bei der der Arbeiter nur noch Teile des Produkts fertigt; vielfach gleichbedeutend mit dem Verlust des Bezugs zum Produkt
ökonomisch: Wirtschaftlich rationell
tiffig: umgangssprachlich Ausdruck für: engstirnig, nicht zeitgemäß. Hier: altmodisch, wenig chic
Trafo, der: Abkürzung für Transformator
VEB: Abkürzung für Volkseigener Betrieb
VP: Abkürzung für Volkspolizei (DDR)

Poe, Edgar Allan

geb. 1809 in Boston, gest. 1849 in Baltimore. Studium an der Universität von Virginia, Journalist, Herausgeber verschiedener Zeitschriften; er begründete die literarische Kriminalgeschichte, deren neue Heroen Detektive mit scharfem analytischen Verstand sind; bekannt wurde er aber insbesonders durch seine anspruchsvollen Gruselgeschichten, die der alltäglichen Wirklichkeit eine hinterhältige und morbide Doppelbödigkeit abgewinnen, in seinen theoretischen Schriften entwickelt er eine folgenreiche Theorie der Kurzgeschichte, nach der diese vom ersten Wort an auf einen vorbedachten Endeffekt zusteuern muß — auf diese Weise eine Einheit der Stimmung beim Leser ermöglichend. Er stellte ähnliche Prinzipien für lyrische Gedichte auf.
Seine Dichtung wirkte stark auf die frz. Schriftsteller Baudelaire und Mallarmé (seine Übersetzer)

Werke u. a.:
Der Doppelmord in der Rue Morgue, Goldmann TB 523/1975 — Der Fall des Hauses Ascher, Insel-Verlag, Frankfurt 1972 — Im Wirbel des Maelström u. a. Novellen, Reclams UB 7626 — Phantastische Erzählungen, Insel-Bücherei 129 — Verbrechergeschichten, Ullstein TB 272

Das Faß Amontillado 132

Vorlage: Edgar Allan Poe, Erzählungen. Parkland Verlag, Stuttgart © Transitbooks AG, Zürich 1974

azurn: himmelblau
Devise, die: Wahlspruch, vgl. *Devisen,* die: ausländisches Zahlungsmittel
Enthusiasmus, der: Begeisterung
Harlekinsgewand, das: Harlekin, der: eigentlich: Hexenjagd, wilde lustige Teufelsschar; seit 1642 eingeführte Bezeichnung für frz. Harlequin, die lustige

Person des italienischen Theaters dieser Zeit — daraus leitet sich der deutsche Hanswurst her.

lateinische Sprüche: in pace requiescat!: Ruhe in Frieden, nemo me impune lacessit: niemand darf mich ungestraft reizen

Loge, die: gemeint ist hier die Zugehörigkeit zur (geheimen) Freimaurerloge, ihre Mitglieder sind die Freimaurer, die für Toleranz, freie Entfaltung der Persönlichkeit, Hilfsbereitschaft und Brüderlichkeit eintreten.

Das Brauchtum der Freimaurer ist alt und wurzelt in der Herkunft der Freimaurer aus den mittelalterlichen Bauhütten; die Kunst des Bauens war nur wenigen bekannt (Dombau) und wurde in kleinen Zirkeln geheimgehalten. Heute ist der Gegenstand des „Bauens" für die Freimaurer der einzelne Mensch und darüberhinaus die ganze Menschheit.

Maurer, der: hier ist nicht der Beruf des Maurers gemeint, sondern die Zugehörigkeit zur Freimaurerloge (s. o.) die durch besondere Zeichen (s. Text: Maurerkelle, die besondere Geste) nachgewiesen werden konnte.

Weine:
Amontillado: schwerer portugiesischer Wein
Grave: schwerer französischer Wein
Medoc: schwerer französischer Wein aus der Landschaft Médoc
Sherry: spanischer Wein aus der Gegend von Jerez

Pressenotizen:

Das neueste Spiel in Amerika: Menschen totfahren — für 25 Cents 111

Bild-Zeitung vom 6.7.1976

makaber: unheimlich, schaudernerregend
Importeur, der: Wareneinführer im Großhandel — vgl. *Import*, der

Das wäre die Schallmauer 118

Welt am Sonntag vom 25.3.1973

Desorganisation, die: Auflösung, Unordnung; Gegensatz: Organisation, die: planmäßige Gestaltung, Aufbau; auch Gruppe, Verband mit bestimmten Zielen (Jugendorganisation)

Der Dichter und die Politik 96

Hamburger Abendblatt vom 7.7.1965

Ambition, die: Ehrgeiz
nebulos: nebelhaft, verschwommen — vgl. *Nebel*
skurril: possenhaft, ausgefallen, sonderbar

Die harten Männer mit dem weichen Keks 110

Hör zu

Biedermann und die Brandstifter: Schauspiel von Max Frisch, in dem Herr Biedermann zwei Freunde in sein Haus aufnimmt und zuläßt, wie diese ihm das Haus über dem Kopf anzünden
Glorienschein, der: Heiligenschein — vgl. *Glorie*, die: Ruhm, Glanz
Heldenkult, der: Heldenverehrung — vgl. *Kult*, der: Gottesdienst, Verehrung

Keks, der: hier als „einen weichen Keks haben“ = dumm sein infolge Gehirnerweichung, umgangssprachlich
Leitbild, das: Vorbild
präsentieren: überreichen, darbieten, vorlegen, vorzeigen
stupid: auch: stupide: dumm, beschränkt, stumpfsinnig — vgl. *Stupidität*, die

Solschenizyn dem Staatsanwalt vorgeführt **107**

Frankfurter Allgemeine Zeitung vom 13.2.1974

Solschenizyn weigert sich **106**

Frankfurter Allgemeine Zeitung vom 12.2.1974

Solschenizyn zur Ausreise in die Bundesrepublik gezwungen **107**

Frankfurter Allgemeine Zeitung vom 14.2.1974

basieren: sich gründen, beruhen auf — vgl. *Basis*
Kampagne, die: ursprünglich Feldzug, hier gebraucht im Sinne von Angriff — vgl. *Pressekampagne;* — vgl. auch etwa: *Zuckerrübenkampagne:* Hauptbetriebszeit
PEN-Club, der: internationale Schriftstellervereinigung; das Wort PEN wurde gebildet aus den Anfangsbuchstaben von **p**oets, **e**ssayists, **n**ovelists

Reichardt, Robert

geb. 1927 in Basel. Studium der Mathematik und der Sozialwissenschaften, Promotion; wissenschaftlicher Mitarbeiter in den USA, der Schweiz und in Österreich. Seit 1966 ist er Professor für Soziologie an der Universität Wien.

Manipulationen in der heutigen Gesellschaft **57**

Mit freundlicher Genehmigung des Autors. Vorlage: Universitas, Zeitschrift für Wissenschaft, Kunst und Kultur, Heft 10, 1973

Aggression, die: Angriff, Einfall, hier etwa: Angriffslust — vgl. *aggressiv*
akzeptabel: annehmbar — vgl. *akzeptieren*
Anarchie, die: Gesetzlosigkeit — vgl. *Anarchist*, der
Arsenal, das: Zeughaus, Lagerhaus für Kriegsgerät; hier etwa: Fülle der Möglichkeiten
basieren: beruhen auf, sich gründen auf
chaotisch: ungeordnet, ungeformt, wirr durcheinander — vgl. *Chaos*, das
Depression, die: in der Psychologie Niedergeschlagenheit, in der Wirtschaft Bezeichnung für eine Krise, in der Geographie Senke unter NN — vgl. *deprimiert*
Detailinformation, die: Mitteilung, Nachricht . . . über Einzelheiten
drastisch: handgreiflich, derb, stark
Effekt, der: Wirkung, Erfolg — vgl. *effektiv*
Effizienz, die: Wirksamkeit, Leistungsfähigkeit — vgl. engl. efficiency
Entsperrungscodes, die: vgl. *Code*, der: „Schlüssel“, der den Zugriff zu den gespeicherten Informationen ermöglicht.
ethisch: sittlich — vgl. *Ethik*, die
flexibel: biegsam, geschmeidig, veränderlich
fluoreszierend: von: fluoreszieren: aufleuchten, leuchten — vgl. *Fluoreszenz*, die
Frequenz, die: Zahl der . . . (Lidschläge, Pulsschläge, Atemzüge); allgemein: Häufigkeit

Geigerzähler, der: Meßgerät in der Atomphysik, entwickelt von Hans Geiger (1882 bis 1945) und W. Müller (Geiger-Müller-Zählrohr)
Halluzination, die: Sinnestäuschung
illegal: ungesetzlich, unrechtmäßig — vgl. *illegitim; Illegalität*, die
inadäquat: unangemessen, nicht passend, nicht entsprechend
Induktionsströme, die: in der Physik durch Einwirken magnetischer Kräfte auf Stromleiter entstandene Ströme
Infrarot-Photographie, die: für Forschung und Technik wichtiges Teilgebiet der Photographie; das benutzte Filmmaterial spricht nur auf infrarotes Licht an; bei den Aufnahmen werden Rotfilter verwandt
Innovation, die: Erneuerung, neues Forschungsgebiet — vgl. *Innovationsprozeß*, der: neue Entwicklung, Erneuerungsvorgang
Integrität, die: Unverletzlichkeit, Unversehrtheit, Unbescholtenheit — vgl. *integer*
Inventar: das: Bestandsverzeichnis
konzipieren: verfassen, entwerfen
kreativ: schöpferisch, erfinderisch — vgl. *Kreatur*, die (Biologie); *Kreation*, die (Mode)
Lethargie, die: Schläfrigkeit, Teilnahmslosigkeit, Trägheit, Interessenlosigkeit — vgl. *lethargisch*
Lokalisierung, die: von: lokalisieren: örtlich begrenzen, den Ort bestimmen, zuordnen — vgl. *lokal; Lokalität*, die
meteorologisch: zur Meteorologie gehörend, sich auf das Wetter bzw. das Klima beziehend — vgl. *Meteorologe*, der
Neurologie, die: Lehre von den Nerven und Nervenkrankheiten
parabolisch: parabelförmig — vgl. *Parabel*, die: krumme Linie, Kegelschnitt; aber: *Parabel*, die: Gleichniserzählung
partikularistisch: eigensüchtig, begrenzte Ziele verfolgend — vgl. Partikularismus, der: Sonderbestrebungen, Kleinstaaterei — vgl. *partikular*
pathologisch: krankhaft — vgl. *Pathologie*, die; *Pathologe*, der
Perspektive, die: Ausblick, Aussicht (auf die Zukunft)
physisch: natürlich, körperlich — vgl. *physiologisch*
Polygraph, der: eig. ‚Vielschreiber', Mehrzweckgerät; Lügendetektor (mißt verschiedene Körperreaktionen wie Pulsfrequenz, Schweißausbrüche, Muskelspannungen usw.)
Population, die: Bevölkerung, Gesamtheit der Individuen einer Art in einem bestimmten Bereich; auch Zahl der Personen, die an einem Test beteiligt waren — vgl. *populär; Popularität*, die
populärwissenschaftliche Literatur: Zweig der Literatur, der wissenschaftliche Themen möglichst allgemeinverständlich darstellen will
potentiell: der Anlage nach möglich — vgl. *Potential*, das; *Potenz*, die
Priorität, die: Vorrangigkeit, Vorrang; Vorzugsrecht
Procedere, das: lat., Vorgehen; vgl. *Prozeß*
Projektion, die: eig. Abbildung räumlicher Gebilde auf eine oder mehrere Bildebenen; hier: Übertragung
Proportion, die: Verhältnis von Teilen untereinander; in der Mathematik die Gleichheit zweier Verhältnisse — vgl. *proportional*
psychisch: seelisch — vgl. *Psyche*, die
radioaktiv: Strahlen aussendend, strahlend — vgl. *Radioaktivität*, die
Raffinement, das: hier: „raffiniert" eingesetzte wissenschaftliche Erkenntnisse, vgl. *Raffinesse*, die: Schlauheit, Durchtriebenheit
Rassendiskrimination, die: meist: Diskriminierung, die: unterschiedliche, herab-

setzende Behandlung aufgrund der rassischen Zugehörigkeit (vgl. Verhältnis Neger-Weiße in den USA; Apartheid in Südafrika)

Regime, das: Regierungssystem, Regierungsform, Herrschaft

resultieren: sich als Resultat ergeben, daraus folgen — vgl. *Resultat*, das

Selektion, die: Auswahl, Auslese — vgl. *selektiv*

subjektiv: zum Subjekt gehörend, persönlich, einseitig, parteiisch — vgl. *Subjekt*, das; *Subjektivismus*, der

Teleskopie, die: Beobachten mit dem Fernrohr (Teleskop, das)

Televisoren, die: Fernsehaufnahmegeräte — vgl. *Television*, die

temporär: zeitweilig, zeitweise, vorübergehend — vgl. *Tempus*, das; Tempo, das

Tendenz, die: Entwicklungsrichtung, Streben in bestimmter Richtung, Absicht, Strömung — vgl. *tendenziös*

Terrorismus, der: Schreckensherrschaft — vgl. *Terror*, der; *terrorisieren*

totalitär: alles erfassend, umfassend — vgl. *totalitärer Staat*, der

Transduktion, die: lat., Überführung, Übertragung von Genmaterial durch Bakteriophagen zwischen Bakterien; 1952 von J. Lederberg nachgewiesen

Transformation, die: lat. Umformung, Umwandlung von Genmaterial

Tranquillizer, der: Beruhigungsmittel; Tranquillantien sind Stoffe, die die pharmazeutische Industrie zur Behandlung seelischer Erkrankungen herstellt.

Verhaltensdisposition, die: die Summe der Faktoren, die in einer Situation zu einem bestimmten Verhalten führt — vgl. *Disposition*, die: Neigung, Anlage

Roberts, Frank

(persönliche Daten waren nicht zu erhalten)

Das Mordspiel **112**

Vorlage: X-Magazin für Naturwissenschaft und Technik Heft 4/1971. Deutsche Verlags-Anstalt, Stuttgart 1971

Alptraum, der: auch Alpdrücken: nächtlicher Beklemmungszustand, verbunden mit Angstzuständen. Im Volksglauben ist der Alp die Seele eines Menschen, die während des Schlafes den eigenen Körper verläßt und einen anderen quält.

Barbarei, die: — vgl. *Barbar*, der: bei den Griechen ein Nichtgrieche, Ausländer; dann Ungebildeter, grausamer Mensch

Beliebtheitsindex, der: Index, der: Namen- oder Sachverzeichnis; hier: statistische Meßziffer für den Grad der Beliebtheit

Energieschub, der: in der Raketentechnik gebraucht; hier im übertragenen Sinne: die Tabletten sollen schnell neue Energie, neue Kraft spenden

S.S.K.F.S.-Statistik, die: offensichtlich Abkürzung für den Namen einer Statistik, die Aufschluß gibt über Aussehen und Verhalten der Menschen

Schaubilder 176/177

Anteilmäßige Verteilung der Erwerbstätigen 1964 — nach 8 Berufsbereichen und 87 Gruppen

Berufe nach Wirtschaftssektoren 1967 und die Veränderung der Streuung im Zeitraum 1961/1967

Materialien aus der Arbeitsmarkt- und Berufsforschung. Hrsg. vom Institut für Arbeitsmarkt- und Berufsforschung der Bundesanstalt für Arbeit. Schaubilder: Asta Marienfeld (IAB-Projekt 4/55), Erlangen 1972

Schopenhauer, Arthur

geb. 1788 in Danzig, gest. 1860 in Frankfurt/Main. Er wuchs als Sohn eines Großkaufmanns in Hamburg auf und machte mit den Eltern weite Reisen. In Göttingen, Berlin und Jena studierte er Philosophie. Von 1814—1818 war er in Jena, bis 1822 und später mit Unterbrechungen in Berlin als Privatdozent tätig. Er lebte schließlich als Privatgelehrter in Frankfurt. Seine philosophischen Werke sind vom Pessimismus bestimmt, sie übten wegen ihres Sprachstils zugleich aber großen Einfluß auf die Literatur aus, so auch auf Friedrich Nietzsche, Richard Wagner, Wilhelm Raabe und Thomas Mann.

Werke u. a.:

Aphorismen zur Lebensweisheit, Kröner Tb 16, [15]1974 — Welt und Mensch, Reclams UB 8451

Die Stachelschweine 65

Vorlage: Reinhard Dithmar, Fabeln, Parabeln und Gleichnisse. dtv-Buch Nr. 4047, Deutscher Taschenbuchverlag, München 1970

Monotonie, die: Eintönigkeit, vgl. auch monoton

Schwarzer, Alice

geb. 1942 in Wuppertal, Journalistin, Theoretikerin der Frauenemanzipations-Bewegung, Herausgeberin der Frauenzeitschrift „Emma", lebt heute in Köln.

Werke u. a.:

Der kleine Unterschied und seine großen Folgen, Fischer Tb 1805, 1977

Liselotte M., 47 25

Vorlage: Frauenarbeit — Frauenbefreiung. Hrsg. v. Alice Schwarzer. Suhrkamp Verlag, Frankfurt 1973 (auch Suhrkamp 637)

Autodidakt, der: jemand, der sich Bildung, fachliches Wissen und Können ohne die Hilfe eines Lehrers aneignet.

Geplänkel, das: Auseinandersetzung, hier eher als unverbindliches Gespräch denn als Unterhaltung zu verstehen

profitieren: einen Vorteil aus etwas ziehen

Solschenizyn, Alexander

geb. 1918 in Kislowodsk, war Mathematiklehrer und Offizier im 2. Weltkrieg. Er war nach Kriegsende bis 1953 im Arbeitslager und wurde dann nach Mittelasien verbannt. 1956/57 wurde er rehabilitiert, 1969 aus dem sowjetischen Schriftstellerverband ausgeschlossen. 1970 erhielt er den Nobelpreis für Literatur, den er damals jedoch nicht in Empfang nehmen konnte. 1974 wurde er aus der Sowjetunion ausgewiesen. Er lebt heute in den USA.

Werke u. a.:

Krebsstation, Bd. 1, rororo 1395, Bd. 2 rororo 1434 — Der Archipel Gulag, Bd. 1—3, Scherz-Verlag, München 1976 — August Vierzehn, Slg. Luchterhand 183, [2]1974 — Der erste Kreis der Hölle. Roman, Fischer Tb 1410, [5]1974 — Die großen Erzählungen,

Ein Tag im Leben des Iwan Denissowitsch **97**

Vorlage: Ein Tag im Leben des Iwan Denissowitsch. F. A. Herbig Verlagsbuchhandlung, München o. J. (auch dtv 751)

Abendappell, der: Appell: Aufruf; abends mußten die Sträflinge antreten und wurden vom Wachpersonal aufgerufen und überprüft.
Brigade, die: ursprünglich größere Truppeneinheit (zwei Regimenter); in den kommunistisch regierten Ländern wurde der Begriff auf den Bereich der Arbeit übertragen: Arbeitsbrigade; hier sind die Sträflinge gemeint.
Bunker, der: im gleichen Sinne wie Karzer gebraucht: Arrestzellen, in die ursprünglich Soldaten (hier die Sträflinge) bei kleineren Vergehen eingewiesen wurden — vgl. auch *„zehn Tage verschärften"* (Arrest)
Eskorte, die: hier: das Wachkommando, die Aufseher, die die Sträflinge zur Arbeit begleiten
Filzung, die: von filzen: nach verbotenen Gegenständen durchsuchen, die im Filz der Wattejacken verborgen wurden
Karzer, der: s. Bunker
Kuddelmuddel, der oder das: Durcheinander, Wirrwarr, im nord- und westdeutschen Sprachgebrauch gebräuchlich
Lazarettkoje, die: Koje, die: ursprünglich (enge) Schlafstelle auf Schiffen; Lazarett, das: Krankenhaus für Soldaten (hier: für Sträflinge ein Bett in der Krankenstation)
Mittagsration, die: Ration; zugeteilte Mahlzeit
Pope, der: volkstümliche Bezeichnung für einen Priester der Ostkirche
Reglement, das: — vgl. *Regel;* eine bestimmte Ordnung
Schakal, der: hundeartiges Raubtier in Steppen Südosteuropas, Asiens und Afrikas. Es stiehlt größeren Raubtieren (z. B. dem Löwen) die Beute oder frißt das, was der Löwe übriggelassen hat. — Vgl. hier die Übertragung des Begriffs auf einen Menschen.
Sergeant, der: ein Soldat im Dienstgrad des Unteroffiziers
Stabsbaracke, die: die Baracke, in der der Stab (die Offiziere des Lagers) wohnt
Stinktier, das: Skunk. Lebt in Nordamerika und ist mit dem Dachs verwandt; hier als Schimpfwort gebraucht
türmen: umgangssprachlich für weglaufen, fliehen
wie von der Tarantel gestochen reagieren: Redensart. Die Tarantel ist eine giftige Spinne, deren Biß sehr schmerzhaft ist und tödlich sein kann.

Lebt nicht mit der Lüge! **102**

Vorlage: Offener Brief an die sowjetische Führung. Hermann Luchterhand Verlag, Darmstadt und Neuwied 1974

Akte Zivilcourage: Courage, die: Mut; ursprünglich wurde Mut nur Soldaten zugetraut; Zivilcourage ist der Mut des Bürgers, auf Mißstände bei einzelnen Mächtigen oder innerhalb einer Gesellschaft hinzuweisen, auch wenn dieser Hinweis ihm zum Schaden gereicht. Vgl. J. F. Kennedy: Zivilcourage, Econ, Düsseldorf [1]1964
Auditorium, das: die Zuhörerschaft, auch Hörsaal einer Hochschule
Bühnenmanuskript, das: Manuskript: ursprünglich das Handgeschriebene; hier: Schriftstück, Text für die Bühne, das Theater
Gandhi Mahatma: (1869—1948) indischer Reformator, kämpfte für die Freiheit Indiens, für Selbstregierung und Befreiung von der englischen Herrschaft und trat für eine Überwindung des Gegensatzes zwischen Hindus und Moslems ein, sowie für eine Milderung der Kastenunterschiede. Der bürgerliche Ungehorsam nach

Gandhi: Gandhi entwickelte eigene Methoden des politischen Widerstandes, den gewaltlosen Widerstand gegen die (englische) Staatsgewalt, indem er die Zusammenarbeit verweigerte und für Unrecht gehaltene Gesetze brach.

Politschulung, die: politische Schulung im kommunistischen Bereich

Prahlerei mit dem Kosmos, die: gemeint sind hier die Erfolge der Sowjets mit dem Sputnik, dem ersten Raumschiff in der Geschichte. Dieser Prahlerei wird Armut und Verfall im eigenen Land entgegengehalten.

Puschkin, Alexander Sergejewitsch: russischer Dichter (1799—1837); Schöpfer der neuen russischen Schriftsprache und Literatur, besonders der Lyrik; schrieb den Versroman „Eugen Onegin" und das Drama „Boris Godunow", die beide vertont wurden.

Samisdat: „Samisdatelstwo" bedeutete früher „Selbstverlag"; nach der Oktoberrevolution wurden die Selbstverlage verboten; von da an wurden viele (von der Zensur nicht genehmigte Werke) in handschriftlich gefertigten Kopien in Umlauf gebracht. 1962 erschien unter dem Verlagsnamen „Samisdat" das lit. Magazin „Phoenix"; die Herausgeber, u. a. A. Ginsburg, wurden verhaftet und zu Arbeitslager verurteilt.

das Sein bestimmt das Bewußtsein: von Solschenizyn leicht abgewandelter Glaubenssatz des historischen Materialismus, der Philosophie des Kommunismus.
Marx: „. . . nicht das Bewußtsein bestimmt das Leben (Sein), sondern das Leben (Sein) das Bewußtsein." und „. . . das Bewußtsein kann nie etwas anderes sein als das bewußte Sein und das bewußte Sein der Menschen ist ihr wirklicher Lebensprozeß."
Dieser Satz meint nichts anderes, als daß das Sein — die Umwelt, die Verhältnisse — geändert werden muß, um das Bewußtsein — die Einstellungen und das daraus folgende Verhalten — zu ändern. Wenn die Umwelt, die Verhältnisse verändert werden, ändere sich der Mensch.

Skulptur, die: hier: Bildhauerkunst

das wahrhaft große Volk Europas — das tschechoslowakische: Solschenizyn meint hier den sog. „Prager Frühling", freiere Zustände im kommunistischen Bereich. Sie wurden durch die sowjetische Besetzung der Tschechoslowakei beendet („. . . das von uns verratene, von uns betrogene . . .")

Steiner, Gerold

(persönliche Daten waren nicht zu erhalten)

Mechanismen kommerzieller Werbung **50**

Vorlage: Kreatur Mensch. Heinz Moos Verlag, München 1969

ästhetisch: schön; auch: überfeinert; zur Ästhetik gehörend — vgl. *Ästhetik*, die: Lehre vom Schönen

Aggression, die: Angriff, Einfall, Angriffslust — vgl. *aggressiv*

appellieren: anrufen, aufrufen, auffordern — vgl. *Appell*, der

Appetenz, die: hier gebraucht im Sinne von Appetit, der: Eßlust, Hunger

Arrangement, das: Anordnung, Einrichtung

Assoziation, die: in der Psychologie die unwillkürliche Verknüpfung von Vorstellungen, Ideen

assoziieren: verknüpfen, Verbindungen herstellen; sonst auch: sich zusammenschließen (z. B. mit der EG assoziierte Länder)

Assoziationskette, die: Folge von unwillkürlichen Verknüpfungen

attraktiv: ansehnlich, anziehend — vgl. *Attraktion*, die

Attrappe, die: täuschend ähnliche Nachbildung
Crescendo, das: ital., zunehmende Tonstärke
Dressur, die: Abrichtung von Tieren für bestimmtes Verhalten
emotional: gefühlsbetont, erregt — vgl. *Emotion*, die
etabliert: von: etablieren: gründen, errichten, niederlassen, sich einrichten; also: etablierter Bürger . . .
Euphorisierter, der: von: Euphorie, die (griech.): gesteigertes Wohlgefühl, Überschwang; kann künstlich hervorgerufen werden, z. B. durch Drogen oder Alkohol — vgl. *euphorisch*
fanfarenartig: einer Fanfare ähnlich — vgl. *Fanfare*, die: Trompetensignal
Flirt, der (engl.): Liebelei — vgl. *flirten*
Gesamtkonstellation, die: Gesamtlage, Umstände
Gestik, die: Sprache der Bewegungen — vgl. *Geste*, die; *gestikulieren*
gieren: gierig sein; auch: pendelartiges Abweichen vom Kurs bei Schiffen
Identität, die: Wesensgleichheit, Wesenseinheit, völlige Gleichheit
identisch: ein und dasselbe
imitieren: nachahmen — vgl. *Imitation*, die
Imponiergehabe, das: Verhalten männlicher Tiere vor der Paarung; allgemein: durch Kleidung, Bewegung usw. Eindruck machen — vgl. *imponieren*
Initiator, der: Urheber, Anreger, Anstifter — vgl. *Initiative*, die
Instinkt, der: angeborener innerer Trieb, Naturtrieb, erblich fixiertes Verhalten der tierischen Lebewesen — vgl. *instinktiv:* triebmäßig, gefühlsmäßig, unwillkürlich
Instinktmechanismen, die: selbsttätige Abläufe der angeborenen Triebe
Konsumrequisit, das: aus: Konsum, der: Verbrauch; Requisit, das: Gerät, Ausstattungszubehör
korrelieren: in Wechselbeziehung stehen — vgl. *Korrelation*, die
Mimik, die: Sprache des menschlichen Gesichtes; Gebärdensprache — vgl. *Pantomime*, die
modekonform: übereinstimmend mit der jeweils herrschenden Mode — vgl. *Konformität*, die
Nische, die: eigtl. Wandvertiefung; hier etwa: durch Appetenz und Instinktmechanismen geprägte Bereitschaft des Menschen für bestimmte Artikel — vgl. *ökologische Nische*
Prägung, die: Lernvorgang bei Tieren; der Vorgang der Prägung wurde von Konrad Lorenz in Versuchen mit Graugänsen nachgewiesen: die junge Graugans erkennt das erste Wesen, das sie nach der Geburt sieht, als Mutter an, wenn es sich bewegt und Laute von sich gibt.
Primitivmechanismus, die: urtümliche Verhaltensweisen — vgl. *primitiv; Mechanismus*, der
provozieren: herausfordern, aufstacheln — vgl. *Provokation*, die
psychologisch: sich auf die Psychologie beziehend, zur Psychologie gehörend — vgl. *Psychologie*, die; *Psychologe*, der
Qualitätskonstanz, die: Gleichbleiben der Qualität
rational: vernunftgemäß, sinnvoll — vgl. *Rationalität*, die
Rhythmus, der: geregelter Wechsel, taktmäßige Gliederung, Zeitmaß, Gleichmaß — vgl. *rhythmisch; Rhythmen*, die
Sozialprestige, das: gesellschaftliche Geltung, gesellschaftliches Ansehen
Sozialstatus, der: Stand, Zustand, Position in der Gesellschaft
stereotyp: feststehend, starr, abgedroschen
Stimulans, das: anregendes Mittel, Reizmittel — vgl. *stimulieren; Stimulation*, die
suggerieren: einreden, eingehen, beeinflussen — vgl. *Suggestion*, die

Symmetrie, die: Ebenmäßigkeit, Gleichmaß, Ebenmaß; spiegelbildliche Lage von Figuren zu einem Punkt usw.
Variante, die: Spielart, Abweichung von einem Typus — vgl. *variabel; Variabilität*, die
Verbrämung, die: von: verbrämen: am Rand verzieren; hier etwa; umgeben, verdecken . . .

Toffler, Alvin

geb. 1928 in New York, Journalist, Schriftsteller. Seit 1960 veröffentlichte Toffler zahlreiche Untersuchungen und Aufsätze, die sich mit Zukunfts- und gesellschaftspolitischen Fragen beschäftigen. 1970 erschien sein Buch „Der Zukunftsschock". Hier analysiert Toffler die Folgen der überschnellen Veränderungen, die auf allen Gebieten auf den Menschen zukommen, und gibt Anregungen, wie dieser „Schock" vom einzelnen verarbeitet werden kann.

Vorstellungsbilder im Wandel **43**

Vorlage: Der Zukunftsschock. Scherz Verlag, Bern-München 1970 (auch Knaur 339, 1973)

Werke u. a.:

Kursbuch ins Dritte Jahrtausend. Ein Kompendium der Zukunftsforschung, Ullstein Tb 3163, 1975

Beatles, die: engl. Pop-Gruppe in den 60er Jahren
Cockney-Mädchen, das: Cockney: Londoner Dialekt, der von den unteren Schichten der Londoner Bevölkerung gesprochen wird; Cockney-Mädchen: Mädchen aus der Londoner Unterschicht
Conférencier, der: jemand, der in unterhaltender Art die verbindenden Worte zwischen verschiedenen Darbietungen spricht
Nikita Chruschtschow: sowjetischer Politiker 1894—1971. Von 1958—1964 Minister-Präsident der UdSSR
Bob Dylan: amerik. Liedersänger und Komponist. Seine z. T. satirischen Lieder behandeln soziale, politische Themen. Dylan setzte sich intensiv für die Bürgerrechtsbewegung ein.
fiktiv: erdacht, nicht in Wirklichkeit existierend
forcieren: stark fördern, unterstützen
Image-Bombe, die: Image, das: das Bild, das sich die anderen von einer Person gemacht haben. Dies Bild braucht nicht der Wirklichkeit zu entsprechen. Der Begriff „Image-Bombe" steht hier für das plötzliche Einwirken eines Bildes auf eine große Menge von Menschen.
katapultieren: emporschleudern
Jacqueline Kennedy: Witwe des 1963 ermordeten Präsidenten der USA
Norman Mailer: amerik. Schriftsteller, geboren 1923, wurde bekannt durch die realistische Schilderung des Krieges in dem Roman „Die Nackten und die Toten" (1948)
Marotten-Fabrik, die: Marotte: Laune, Liebhaberei, Schrulle, wunderliche Neigung. Mit dem Begriff „Marotten-Fabrik" sind hier Fabriken gemeint, die durch ihre Produkte modebedingte, kurzfristige Launen unterstützen.
Persönlichkeitsstruktur, die: der Aufbau, das Gefüge der Eigenschaften, das das jeweils Besondere einer Persönlichkeit ausmacht

psychoökonomische Produkte: die Vorsilbe ‚psycho' bezeichnet etwas, das mit der Seele, dem Geist des Menschen in Verbindung steht.
Ökonomisch: wirtschaftlich. Psychoökonomische Produkte meint hier Dinge oder Vorstellungen, die bewußt erzeugt werden, um dem Geist der Menschen, ihren Wunschvorstellungen und Hoffnungen entgegenzukommen. Durch dies Entgegenkommen verleiten sie den Menschen zum Konsum, d. h. zum Kaufen.

Jack Ruby: Barbesitzer, von dem der Mörder des amerik. Präsidenten Kennedy, Lee Oswald erschossen wurde. Ruby beging später Selbstmord.

Jean Paul Sartre: franz. Philosoph und Schriftsteller, geboren 1905, Hauptvertreter des franz. Existentialismus („Das Sein und das Nichts", 1943), Autor zahlreicher Dramen („Die Fliegen", „Die schmutzigen Hände", „Die Eingeschlossenen")

Superindustrialismus, der: Industrialismus meint die soziale Auswirkung der Industrialisierung. Er umfaßt zum einen die Trennung von Arbeit und Kapital, zum anderen die Abhängigkeit zwischen gesteigerter Produktion und wachsendem Konsum. Superindustrialismus meint hier die übersteigerte Form des Industrialismus.

Ulrich, Key, L.

geb. 1922 in Hamburg, Journalistin bei der ‚Frankfurter Allgemeinen Zeitung'

Immer noch das Bild vom Heimchen am Herd 30

Mit freundlicher Genehmigung der Autorin. Vorlage: Frankfurter Allgemeine Zeitung vom 12.6.1974

akzeptieren: annehmen

dekorativ: schmückend

Emanzipation, die: ursprünglich Begriff der römischen Rechtssprache: mancipium (lat.): aus der Hausgewalt des Vaters entlassen. Später wurde der Begriff übertragen auf die rechtliche und tatsächlich durchgesetzte Befreiung z. B. der Leibeigenen, der Sklaven, der Juden, der verschiedenen Rassen und der Frauen von irgendeiner Autorität.

engagieren: hier: sich engagieren: sich aktiv einsetzen

Fazit, das: Ergebnis, Summe einer Rechnung

ignorieren: absichtlich nicht beachten

jobben: Job, der: Beschäftigung; oft wird darunter eine Arbeit, die nur im Verdienst ihre Befriedigung findet, verstanden.

Kabelfernsehen, das: Fernsehen, das wegen der Übertragung durch Kabel (im Gegensatz zur drahtlosen Übertragung) die Wahl beliebig vieler, auch örtlicher Sonderprogramme, zuläßt

kommerziell: wirtschaftlich, finanziell

komplex: vieles Verschiedene umfassend

posieren: vgl. *Pose*, die: schauspielerische Geste; posieren: sich in Pose setzen

subventionieren: durch öffentliche Mittel unterstützen

Tabuthema, das: vgl. *Tabu*, das: ursprünglich das Verbotene, das Unantastbare; dann etwas, von dem man nicht gern spricht

Trend, der: Richtung einer Entwicklung

UN: Vereinte Nationen: Organisation (1945 gegründet) zahlreicher Mitgliedstaaten zum Zweck der Erhaltung des Weltfriedens, der kulturellen Zusammenarbeit, zum Schutz der Menschenrechte und zur Erhaltung und Verbesserung der Lebensbedingungen auf der Erde insgesamt.

Version, die: Fassung

Unbekannter Verfasser

Rollerball — Die Welt von morgen

Vorlage: United Artists Corporation, Frankfurt **110**

Aggressions-Ventil, das: Lösungsweg für angestaute feindselige Gefühle
akzeptabel: annehmbar, gangbar
antisozial: gegen die Gemeinschaft gerichtet, gemeinschaftsschädigend
Sponsor, der: Berater, Förderer, Bürge, Geldgeber

Vilar, Esther

geb. 1935 in Buenos Aires, wohin ihre Eltern aus Deutschland emigriert waren. Sie studierte Medizin und lebt z. Z. als Schriftstellerin in München; sie ist Kritikerin der Frauenbewegung.

Werke u. a.:

Der dressierte Mann, dtv Allgemeine Reihe 949, 1973— Das polygame Geschlecht, Knaur Tb 427, 1976

Vom Glück der Sklaven **11**

Mit freundlicher Genehmigung der Autorin. Vorlage: Der dressierte Mann. Caann Verlag, München 1971 (auch dtv 949)

galant: höflich, ritterlich, rücksichtsvoll, aufmerksam
MG: englischer Sportwagen der Firma British Leyland

Wallraff, Günter

geb. 1942 in der Nähe von Köln. Nach dem Besuch des Gymnasiums wurde er Buchhändler. Kriegsdienstverweigerung und seine Arbeit in verschiedenen Industriebetrieben ließen ihn die Konflikte und besonders die Bedingungen in der industriellen Arbeitswelt persönlich erfahren. Bekannt wurde er durch seine Reportagen aus deutschen Großbetrieben.

Werke u. a.:

Industriereportagen. Als Arbeiter in deutschen Großbetrieben, rororo sachb. 6723 — 13 unerwünschte Reportagen, rororo sachb. 6889, 1975 — Neue Reportagen, Untersuchungen und Lehrbeispiele, rororo sachb. 6842, 1974 — Die Reportagen, Kiepenheuer & Witsch, Köln 1976 — Der Aufmacher, Kiepenheuer und Witsch, Köln 1977.

Hier und dort **79**

Mit freundlicher Genehmigung des Autors. Vorlage: Hetmann/Stiller, Hab Sonne im Herzen, Otto Maier Verlag, Ravensburg 1973

Weigel, Hans

geb. 1908 in Wien, freier Schriftsteller. Er lebte von 1938—1945 in der Schweiz, danach in Wien.

Werke u. a.:

O du mein Österreich, dtv. Allg. Reihe 488, 1968 — Lern dieses Volk der Hirten kennen, dtv Allg. Reihe 363, 1966 — Der grüne Stern. Ein satirischer Roman, nolden, Wien 1976.

Vorlage: Die Leiden der jungen Wörter. Ein Antiwörterbuch, Artemis Verlag, Zürich und München 1974 (dtv Allg. Reihe 1159)

Odium, das (lat.): Makel, Ungunst, Haß
reduzieren: zurückführen, verringern, herabsetzen
Wasserhose, die: Wirbelwind mit einem aus einer Wolke herabhängenden Wolkenschlauch, der über Gewässern durch Aufpeitschen und Ansaugen des Wassers eine riesige und breite „Fontäne" aus Wasser und Wassertau erzeugt

A L